U0154374

前瞻教育

叢書主編　黃政傑

教育智庫

台灣教育研究院　策劃

黃政傑　吳麗君　主編

王如哲　蘇永明　陳榮政　李重毅
黃耀農　楊思偉　李宜麟　梁忠銘
潘慧玲　吳清山　林明地　楊慶煜
葉興華　朱俊彥　楊洲松　　合著

五南圖書出版公司 印行

主編序

　　教育智庫之探究，國內甚為少見，既有的著作著眼於英國、美國、日本、新加坡、兩岸之教育智庫分析比較，缺乏持續及系統的研究，然教育智庫對國家社會之教育發展及個人教育成長又十分重要，因而有必要推動國內探討教育智庫之風潮，檢視國內外智庫經驗，反省其利弊得失，提供發展方向。台灣教育研究院舉辦教育智庫學術研討會（2022.1.7），便是這方面的努力。

　　國內對教育智庫的概念常停留於單一智庫思維，又常只凸顯智庫的政策功能，侷限了教育智庫之全方位開展，至為可惜。本書之編輯對教育智庫採取較為寬廣的定義，舉凡開發教育知識、藉以訂定教育政策、解決教育問題、促進教育改革與發展、提升教育品質為目的之組織，均納入教育智庫行列。這些組織包含自許為教育智庫的公民營研究機構，也包含進行教育研究的大學校院、教育學術團體、教育基金會等。

　　本書內容包含國際經驗篇和國內展望篇，先討論英、美、日等國之智庫經驗，再探討國內教育智庫的發展方向。本書除分析教育智庫之性質、目的、功能、價值與倫理外，也希望了解國內外教育智庫相關組織所發揮的智庫功能，檢討其利弊得失，提出改進建言。

　　為確保本書品質，各篇文章之刊登均經匿名雙審通過。本書之出版除感謝作者惠賜鴻文外，也感謝本書各文審查委員之辛勞。再次，感謝五南圖書出版公司協助出版本書，黃文瓊副總編、李敏華責編費心編排，最後特別感謝何昱緹助理的費心聯絡，把握時效。

國立暨南國際大學名譽講座教授
靜宜大學終身榮譽教授
黃政傑

國立臺北教育大學教育學系教授
吳麗君

目　錄

國際經驗篇

第一章

教育智庫的國際發展
動態與重要啟示

王如哲

英國曼徹斯特大學教育研究所博士
國立臺中教育大學教育學系教授

前言

　　教育政策研究與物理或化學等硬性科學（hard sciences）研究不同，後者的結果更加確定和可預測，它通常會確定適用於各種社會環境之可能結果和一般原則。但前者教育決策者面臨著獲取一般社會科學訊息，必須將之應用於特定環境的任務（Kirst, 2000）。例如：面臨教育財政問題的政策制定者依靠一般原則來分析收入與稅率、稅基和補助公式的各種組合之間的關係。考慮到各級政府之間的關係，背景知識對於估計在特定政治環境中可行性和在行政上可行性的情況是必要的。

　　然而，國家政策研究組織（state-based policy research organizations）致力於將一般性的研究結果轉化爲能應用至特定的背景（Kirst, 2000）。更複雜的研究探討了研究和政策分析的間接和微妙影響。例如：Carol Weiss認爲，直接影響政策的不是一項研究的結果，也不是一組相關研究的結果。相反地，她主張從研究中得出的發現、概念和理論觀點會影響到決策過程中。然後，研究結果會滲透到整個過程中，並影響立法者思考教育問題的方式。她稱這是研究的「啟蒙功能」（enlightenment function）（Kirst, 2000）。

 什麼是智庫？

　　智庫（think tanks）是公共政策研究機構評估構成政策基礎的想法之有效性和實用性，並開發出未來政策的新想法。歷史學家 James Allen Smith 撰寫了許多關於智庫的書籍，其中一本書的標題將智庫描述爲「思想經紀人」（The Idea Brokers）（Talbott, 2002）。智庫是獨立的（通常是私人的）政策研究機構，其中包含參與研究特定政策領域或廣泛政策問題的人員，透過一系列途徑來教育社會大眾或對政策制定者提供建議（Stone, 2000b）。

　　智庫被定義爲從事公共政策研究和分析的組織，在世界各地運作，研究每一個可以想像的課題，並在公開和幕後施加影響（Clark & Roodman,

2013）。

　　智庫是獨立的或私人的政策研究組織，在世界各地的數量愈來愈多。智庫通常是作爲非營利組織而建立的。當它們在國際上運作時，通常被歸類爲全球和地區政治中的非國家行動者。在國家內部，它們通常被描述爲來自公民社會（civil society）的第三部門組織（third sector organizations）（Stone, 2000b）。

　　智庫是公共政策研究分析和參與組織，它們針對國內和國際問題進行特定面向政策的研究、分析和建議，從而使政策制定者和社會大眾能夠就公共政策做出明智的決策。智庫可能是附屬機構或獨立機構，結構爲常設機構，而非特設委員會。這些機構通常作爲學術和決策社區之間，以及國家和公民社會之間的橋梁，作爲獨立的聲音服務於公共利益，將應用和基礎研究轉化供政策制定者和社會大眾參考（McGann, 2007）。

　　根據 Gonzales（2022）的觀點，至少可以觀察到四種類型的智庫。第一類是意識型態智庫（ideological tank），指的是具有明確政治或更廣泛的意識型態哲學的組織；它們類似於「倡導智庫」（advocacy tank），這些機構旨在研究和解決問題並遊說立法者採用他們的解決方案。例子包括爲英國的保守黨和工黨提供經濟和政治思想的智庫，以及與德國政黨有關聯的智庫。第二類是專家智庫（specialist tank），其中包括具有專題重點的研究所，最常見的是外交和公共政策，但智庫也會專注於其他問題，例如環境。第三類包括不在國家層面而是在區域層面工作的機構，例如美國國家層面的智庫；或超越國家層面的機構，例如總部設在布魯塞爾的關注歐洲事務的機構聯盟（歐盟）。最後一類是「知行合一」（think and do）智庫，它們除了傳統的研究活動外，還活躍在更實際的層面，例如資助慈善工作。這類智庫與非政府組織（nongovernmental organizations, NGOs）有一些相似之處。

　　政策研究機構和智庫在社會科學文獻中常被忽視。然而，智庫在世界上大量湧現，以至於需要就其出現和國際擴張的原因、尋求影響政策制定者的方式，以及全球社會中的互動方式等問題予以關注。這些政策研究機構不是從事無私的研究，而是尋求在近期和中期對立法內容和有關決策產

生一些影響。它們通常具有塑造我們對政治現實理解的長期目標。儘管大多數機構在這些努力中並非始終如一，甚至經常未能成功，但它們已成為許多國家政策型態中公認的重要特徵（Stone, 2000a）。

 ## 參　世界智庫概覽

憑藉慷慨的基金會和企業支持，以及政府委託研究的機會，智庫的擴張在美國尤為引人注目，美國的憲法架構和薄弱的政黨制度為智庫的出現和發展提供了與政府互動特別有利的環境。美國已經出現了 1,200 多個智庫，在西歐大約有 600 個智庫。近 10 年來，全球智庫協會（ThinkNet）會議聚集全球領先智庫的負責人（Stone, 2000a）。

一、北美和歐洲

北美（墨西哥、加拿大和美國）有 2,058 個智庫，其中 1,872 個在美國。歐洲有 2,219 個智庫。超過 51% 的智庫位於北美和歐洲，較去年有所減少。自 1980 年以來，美國的智庫數量增加了一倍以上。二戰後共識的終結和對福利國家的挑戰，促進了左右政治光譜智庫的發展。自 1970 年代以來，在美國成立的智庫，大部分係針對特定的議題或區域或專門領域。大約有四分之一的美國智庫位於華盛頓特區。但在過去的 12 年中，美國和歐洲的新設立智庫已有所下降（McGann, 2020）。

二、亞洲、拉丁美洲、非洲和中東

智庫可能在其所在的社會中扮演著許多角色。智庫所做的工作和程度存在很大差異。在過去的 90 年中，出現了幾種不同的智庫組織類型，它們在營運風格、招聘模式，以及對學術標準的客觀性和完整性的期望有所不同。在全球範圍內，大多數智庫往往是屬於下面的幾大類（McGann, 2020）（參見表 1）。

表 1　智庫的類別與定義

類別	定義
自治和獨立（autonomous and independent）	獨立於任何人，自主且獨立。 利益團體或捐助者在其運作和政府資助上具有自主權。
準獨立（quasi-independent）	獨立於政府，但準獨立。 由提供大部分資金並對智庫的營運產生重大影響的利益集團、捐助者或委任機構控制。
政府附屬（government affiliated）	政府正式結構的一部分。
準政府（quasi-governmental）	完全由政府撥款和委任資助，但不屬於政府正式結構的一部分。
大學附屬（university affiliated）	某大學的政策研究中心。
政黨附屬（political party affiliated）	正式隸屬於一個政黨。
企業（營利）（corporate（for profit））	營利性公共政策研究。 組織，附屬於公司或僅以營利為目的營運。

資料來源：McGann, 2020, p.14.

　　表 1 這些各類智庫組織通常被視為物質利益的載體，並被視為精通於說服、議程設定和宣傳思想力量。Stone（2000b）曾探討在影響國家和國際組織的思想之爭中，在跨國層面競爭時，非營利型態是否有利於智庫。每年花費數十億美元來支持這些智庫，並且這種龐大經費支出引發有效性問題。這樣的問題很難回答，因為智庫可能對社區和決策者的思維產生的影響，本質上難以衡量。但這並沒有阻止研究人員嘗試各種方法評估智庫的績效，包括量化指標、質性評估和專家排名等，這些方法各有優缺點（Clark & Roodman, 2013）。表 2 顯示智庫數量最多的國家。

　　根據（McGann, 2020）之評估結果，2019 年南亞、東南亞及太平洋地區（不包括印度）頂尖智庫如表 3 所示。

表 2　智庫數量最多的國家

排名	國家	智庫數量
1	美國	1871
2	印度	509
3	中國	507
4	英國	321
5	阿根廷	227
6	德國	218
7	俄羅斯	215
8	法國	203
9	日本	128
10	義大利	114
11	巴西	103
12	加拿大	100
13	南非	92
14	瑞典	90
14	墨西哥	86
16	荷蘭	83
17	瑞士	78
18	奧地利	74
19	以色列	69
20	玻利維亞	66
20	西班牙	66
22	智利	64
22	哥倫比亞	64
22	伊朗	64
25	臺灣	61

（McGann, 2020）p. 41

表3　2019年南亞、東南亞及太平洋地區（不包括印度）頂尖智庫

1. 新加坡國際事務研究所（Singapore Institute of International Affairs, SIIA），新加坡（Singapore）
2. 戰略與國際研究所（Institute of Strategic and International Studies, ISIS），馬來西亞（Malaysia）
3. 國防與戰略研究所（Institute of Defence and Strategic Studies, IDSS），新加坡（Singapore）
4. 戰略與國際研究中心（Centre for Strategic and International Studies, CSIS），印尼（Indonesia）
5. 洛伊國際政策研究所（Lowy Institute for International Policy），澳洲（Australia）
6. 戰略研究中心（Centre for Strategic Studies, CSS），紐西蘭（New Zealand）
7. 公共政策研究中心（Centre for Public Policy Studies, CPPS），馬來西亞（Malaysia）
8. 澳洲國際事務研究所（Australian Institute for International Affairs, AIIA），澳洲（Australia）
9. 臺灣民主基金會（Taiwan Foundation for Democracy, TFD），臺灣（Taiwan）
10. 戰略與國防研究中心（Strategic and Defense Studies Centre, SDSC），澳洲（Australia）
11. 東盟和東亞經濟研究所（Economic Research Institute for ASEAN and East Asia, ERIA），印尼（Indonesia）
12. 泰國發展研究院（Thailand Development Research Institute, TDRI），泰國（Thailand）
13. 東亞研究所（East Asian Institute, EAI），新加坡（Singapore）
14. 東南亞研究所（Institute of Southeast Asian Studies, ISEAS），新加坡（Singapore）
15. 可持續發展政策研究所（Sustainable Development Policy Institute, SDPI），巴基斯坦（Pakistan）
16. 獨立研究中心（Centre for Independent Studies, CIS），澳洲（Australia）
17. 孟加拉發展研究所（Bangladesh Institute of Development Studies, BIDS），孟加拉（Bangladesh）
18. 世界經濟與政治研究所（Institute of World Economics and Politics, IWEP），越南（Vietnam）
19. 臺灣經濟研究所（Taiwan Institute of Economic Research, TIER），臺灣（Taiwan）
20. 巴基斯坦國際事務研究所（Pakistan Institute of International Affairs, PIIA），巴基斯坦（Pakistan）
21. 中華經濟研究院（Chung-Hua Institution for Economic Research, CIER），臺灣（Taiwan）
22. 孟加拉國際與戰略研究所（Bangladesh Institute of International and Strategic Studies, BIISS），孟加拉（Bangladesh）
23. 經濟發展與管理中心（Centre for Economic Development and Administration, CEDA），尼泊爾（Nepal）
24. 政策研究所（Institute of Policy Studies），新加坡（Singapore）

25.國際關係研究所（Institute for International Relations），臺灣（Taiwan）
26.替代解決方案研究所（Alternate Solutions Institute），巴基斯坦（Pakistan）
27.亞洲競爭力研究所（Asia Competitiveness Institute, ACI），新加坡（Singapore）
28.國家政策基金會（National Policy Foundation, NPF），臺灣（Taiwan）
29.社會與環境轉型研究所（Institute for Social and Environmental Transition, ISET-N），尼泊爾（Nepal）
30.政策研究所（Institute of Policy Studies, IPS），孟加拉（Bangladesh）
31.戰略與發展研究所（Institute for Strategic and Development Studies, ISDS），菲律賓（Philippines）
32.柬埔寨合作與和平研究所（Cambodian Institute for Cooperation and Peace, CICP），柬埔寨（Cambodia）
33.區域戰略研究中心（Regional Centre for Strategic Studies, RCSS），斯里蘭卡（Sri Lanka）
34.政策、宣傳和治理研究所（Institute for Policy, Advocacy, and Governance, IPAG），孟加拉（Bangladesh）
35.斯里蘭卡政策研究所（Institute of Policy Studies of Sri Lanka, IPS），斯里蘭卡（Sri Lanka）
36.安全與國際研究所（Institute of Security and International Studies, ISIS），泰國（Thailand）
37.緬甸戰略與國際研究所（Myanmar Institute of Strategic and International Studies, MISIS），緬甸（Myanmar）
38.政策研究所（Institute of Policy Studies, IPS），巴基斯坦（Pakistan）
39.菲律賓發展研究所（Philippine Institute for Development Studies, PIDS），菲律賓（Philippines）
40.社會政策與發展中心（Social Policy and Development Centre, SPDC），巴基斯坦（Pakistan）
41.汶萊達魯薩蘭國政策與戰略研究所（Brunei Darussalam Institute of Policy and Strategic Studies, BDIPSS），汶萊（Brunei）
42.越南外交學院（Diplomatic Academy of Vietnam, DAV），越南（Vietnam）
43.經濟和社會轉型研究中心（Center for Research on Economic and Social Transformation, CREST），巴基斯坦（Pakistan）
44. 越南經濟學院（Vietnam Institute of Economics, VIE），越南（Vietnam）
45.貧困分析中心（Centre for Poverty Analysis, CEPA），斯里蘭卡（Sri Lanka）
46.水政策研究所（Institute of Water Policy），新加坡（Singapore）
47.亞洲與全球化中心（Centre on Asia and Globalization, CAG），新加坡（Singapore）
48.柬埔寨經濟研究所（Economic Institute of Cambodia, EIC），柬埔寨（Cambodia）
49.發展替代方案倡議（Alternative Development Initiative, ADI），孟加拉（Bangladesh）

50. 柬埔寨發展資源研究所（Cambodia Development Resource Institute, CDRI），柬埔寨（Cambodia）

51. 戰略與政策研究中心（Centre for Strategic and Policy Studies, CSPS），汶萊（Brunei）

52. 政治風險評估小組（Political Risks Assessment Group），新加坡（Singapore）

53. 國家能力研究所（Institute of National Capacity Studies, INCS），印尼（Indonesia）

54. 政策對話中心（Centre for Policy Dialogue, CPD），孟加拉（Bangladesh）

55. 孟加拉企業研究所（Bangladesh Enterprise Institute, BEI），孟加拉（Bangladesh）

56. 展望基金會（Prospect Foundation），臺灣（Taiwan）

57. 治理研究所（Institute for Governance Studies, IGS），孟加拉（Bangladesh）

58. 社區和人口研究協會（Associates for Community and Population Research, ACPR），孟加拉（Bangladesh）

59. 越南經濟與政策研究所（Vietnam Institute for Economic and Policy Research, VIEPR），越南（Vietnam）

60. 澳洲戰略政策研究所（Australian Strategic Policy Institute），澳洲（Australia）

61. 應用經濟學研究中心（Applied Economics Research Centre, AERC），巴基斯坦（Pakistan）

62. 遠東和東南亞地區研究中心（Area Study Centre for Far East and Southeast Asia, FESEA），巴基斯坦（Pakistan）

63. 南亞研究中心（Center for South Asian Studies, CSAS），尼泊爾（Nepal）

64. 不丹研究和國民幸福總值研究中心（Centre for Bhutan Studies and GNH Research），不丹（Bhutan）

65. 孟加拉科學與工業研究委員會（Bangladesh Council of Scientific and Industrial Research, BCSIR），孟加拉（Bangladesh）

66. 社會福利與研究所（Institute of Social Welfare and Research, ISWR），孟加拉（Bangladesh）

67. 尼泊爾與亞洲研究中心（Centre for Nepal and Asian Studies, CNAS），尼泊爾（Nepal）

68. （Chula Global Network），泰國（Thailand）

69. 亞洲管理學院（Asian Institute of Management），菲律賓（Philippines）

70. 尼泊爾南亞中心（Nepal South Asia Centre, NESAC），尼泊爾（Nepal）

71. 國際關係與戰略研究中心（Center for International Relations and Strategic Studies, CIRSS），菲律賓（Philippines）

72. 人類與森林中心（Center for People and Forests, RECOFTC），泰國（Thailand）

73. 澳中關係研究院（Australia China Relations Institute, ACRI），澳洲（Australia）

74. 印尼政策研究中心（Center for Indonesian Policy Studies），印尼（Indonesia）

75.生態基金會（Ecologic Foundation），紐西蘭（New Zealand）
76.太平洋島國論壇（Pacific Island Forum），斐濟（Fiji）
77.（Grattan Institute），澳洲（Australia）
78.政策發展中心（Centre for Policy Development, CPD），澳洲（Australia）
79.衝突政策分析研究所（Institute for Policy Analysis of Conflict），澳洲（Australia）
80.公共政策研究所（Institute of Public Policy Studies），泰國（Thailand）
81.經濟與和平研究所（Institute for Economics and Peace, IEP），澳洲（Australia）
82.馬來西亞經濟研究所（Malaysian Institute of Economic Research），馬來西亞（Malaysia）
83.尼泊爾經濟論壇（Nepal Economic Forum, NEF），尼泊爾（Nepal）
84.亞洲及太平洋農村綜合發展中心（Centre on Integrated Rural Development for Asia and the Pacific, CIRDAP），孟加拉（Bangladesh）
85.亞太安全合作委員會（Council for Security Cooperation in the Asia Pacific, CSCAP），馬來西亞（Malaysia）
86.Sajha 基金會（Sajha Foundation），尼泊爾（Nepal）
87.國際對話倡議（Initiatives for International Dialogue, IID），菲律賓（Philippines）
88.（Institut Rakyat），馬來西亞（Malaysia）
89.民主與經濟事務研究所（Institute for Democracy and Economic Affairs, IDEAS），馬來西亞（Malaysia）
90.區域安全研究所（Institute for Regional Security），澳洲（Australia）
91.臺灣日本學會（Taiwan Society of Japan Studies），臺灣（Taiwan）
92.新西蘭國際事務研究所（New Zealand Institute of International Affairs, NZIIA），紐西蘭（New Zealand）
93.孟加拉國政策研究所（Policy Research Institute of Bangladesh, PRI），孟加拉（Bangladesh）
94.Tagaung 政治研究所（Tagaung Institute of Political Studies），緬甸（Myanmar）
95.蘇丹哈吉哈桑納爾博爾基亞國防與戰略研究所（Sultan Haji Hassanal Bolkiah Institute of Defense and Strategic Studies），汶萊（Brunei）
96.Samriddhi，繁榮基金會（Samriddhi, The Prosperity Foundation），尼泊爾（Nepal）
97.越南美國研究所（Vietnam Institute for American Studies），越南（Vietnam）
98.市場經濟政策研究所（Policy Research Institute of Market Economy），巴基斯坦（Pakistan）
99.未來創新泰國研究所（Future Innovative Thailand Institute），泰國（Thailand）
100.國家安全研究所（Institute for National Security Studies），斯里蘭卡（Sri Lanka）
101.亞太和平研究基金會（Foundation on Asia-Pacific Peace Studies），臺灣（Taiwan）

| 102.尼泊爾南亞智庫聯盟（Nepal Consortium for South Asian Think Tanks），尼泊爾（Nepal） |
| 103.戰略與政策研究所（Institute for Strategy and Policy, ISP），緬甸（Myanmar） |
| 104.亞洲理工學院（Asian Institute of Technology），泰國（Thailand） |
| 105.斯里蘭卡國家安全研究所（Institute of National Security Studies Sri Lanka, INSSSL），斯里蘭卡（Sri Lanka） |
| 106.Ateneo 經濟研究與發展中心（Ateneo Center for Economic Research and Development, AC-ERD），菲律賓（Philippines） |
| 107.亞歐研究所（Asia-Europe Institute），馬來西亞（Malaysia） |

資料來源：McGann, 2020, pp.93-96.

　　智庫有一個共同特點為：其中的個人試圖使學術理論和科學規範與政策之相互關聯。然而，智庫在規模、資源，以及研究成果的品質或數量方面存有相當大的差異。世界各地的大多數智庫是相對較小的組織，只擁有少數員工，其年度預算通常遠低於 100 萬美元。相對而言，很少有智庫成為像華盛頓特區（Washington DC）的布魯金斯機構（Brookings Institution）或日本的野村研究所（Nomura Research Institute）這類的跨國組織。

　　智庫也顯示出不同的目標或優先事項。如果智庫是尋求對政府思想產生長期影響，可能會邀請政治人物和官員參加研討會，而不是透過雜誌或學術出版。或者，如果希望塑造為公共辯論之主要議題，智庫可能會更加重視影響媒體。智庫之間另一個明顯的區別是其意識型態傾向。有一些機構強調實用主義或學術方法，另一些機構可能過於保守、新自由主義或社會民主主義，而另一些機構則傾向於生態或女權主義（Stone, 2000b）。

　　至於 21 世紀智庫成長的原因如下（McGann, 2020）：

　　1. 訊息與科技革命；

　　2. 終結國家政府對訊息的壟斷、政策問題的複雜性和技術性、政府規模的擴大，以及對政府和民選官員的信任危機；

　　3. 全球化以及國家和非國家行動者的成長；

　　4. 需要及時、簡明的訊息和分析，「以正確的形式，在正確的人手中，以及在正確的時間」。

　　還有，近期全球智庫數量下降的原因如下（McGann, 2020）：

1. 許多國家的政治和監管環境對智庫和非政府組織愈來愈不利；

2. 減少公共和私人捐助者對政策研究的資助；

3. 公共和私人捐助者傾向於短期的、針對特定項目的資金，而不是投資於想法和機構；

4. 機構能力不足，無法適應變化；

5. 來自倡導組織、營利性諮詢公司、律師事務所和電子媒體的競爭加劇；

6. 機構達到其目的並停止營運。

教育智庫之概況

一、教育政策智庫模式與使命

根據 Weaver（1989）智庫傾向於遵循以下三種模式之一：1.「沒有學生的大學」（university without students）係指高品質的學術研究，專注於長期之影響；2. 契約（government contractors）是政府部門委託資助的，為決策者特定關注的問題；3. 倡導智庫（advocacy think tanks）為研究再加上積極行銷，以主動參與政策的論辯。成立於 1927 年的布魯金斯機構是第一個智庫，符合傳統的「沒有學生的大學」模式，強調學術品質和無黨派屬性。在 1970 年代開始出現倡導模式，該模式具有政策和意識型態重點，旨在改變政策及其辯論。倡導智庫將現有研究總結成為簡短易懂的內容（McLean & Robin, 2017）。

二、頂尖教育政策智庫

全球領先的教育政策智庫，係為政策制定者和社會大眾提供有關教育問題的卓越創新研究和策略分析。這些智庫在廣泛的政策問題上的研究、分析和社會大眾參與方面表現出色，旨在促進辯論、增進相關行為者之間的合作、維持社會大眾的支持和取得資金，並提高國家之整體生活品質（McGann, 2020）。2019 年度頂尖教育政策智庫如表 4 所示。

表 4　2019 年度頂尖教育政策智庫

1. 國立教育政策研究所（National Institute for Educational Policy Research, NIER），日本（Japan）
2. 城市研究所（Urban Institute），美國（United States）
3. 布魯金斯機構（Brookings Institution），美國（United States）
4. 蘭德公司（RAND Corporation），美國（United States）
5. 教育政策中心（Center for Education Policy, SRI International），美國（United States）
6. Mathematica 政策研究（Mathematica Policy Research, MPR），美國（United States）
7. 教育政策研究中心（Center for Education Policy Research, CEPR），美國（United States）
8. 社會和經濟戰略中心（Center for Social and Economic Strategies, CESES），捷克（Czech Republic）
9. 卡托研究所（Cato Institute），美國（United States）
10. 教育政策分析中心（Center for Education Policy Analysis, CEPA），美國（United States）
11. 教育政策分析中心（Center for Educational Policy Analysis, CEPA），匈牙利（Hungary）
12. 教育管理學院教育政策研究中心（Center for Educational Policy Studies, Faculty of Educational Management），俄羅斯（Russia）
13. 教育政策和數據中心（Education Policy and Data Center, EPDC），美國（United States）
14. 美國進步中心（Center for American Progress, CAP），美國（United States）
15. 傳統基金會（Heritage Foundation），美國（United States）
16. 國務院發展研究中心（Development Research Center of the State Council, DRC），中國（China）
17. 教育政策中心（Center for Educational Policy, CEP），烏克蘭（Ukraine）
18. 教育學院（Institute of Education, IOE），英國（United Kingdom）
19. 泰國發展研究所（Thailand Development Research Institute, TDRI），泰國（Thailand）
20. 教育政策研究聯盟（Consortium for Policy Research in Education, CPRE），美國（United States）
21. Fundacion para la Educación Superior y el Desarrollo（Fedesarrollo），哥倫比亞（Colombia）
22. 美國企業公共政策研究所（American Enterprise Institute for Public Policy Research, AEI），美國（United States）
23. 經濟發展委員會（Committee for Economic Development），美國（United States）
24. 公共事務研究所，教育政策計畫（Institute of Public Affairs, Education Policy Program, ISP），波蘭（Poland）

25.海外發展研究所（Overseas Development Institute, ODI），英國（United Kingdom）

26.教育政策中心（Education Policy Center, EPC），立陶宛（Lithuania）

27.教育政策中心（Centre for Education Policy, CEP），塞爾維亞（Serbia）

28.教育政策研究中心（Center for Educational Policy Studies, CEPS），斯洛文尼亞（Slovenia）

29.經濟和社會發展中心（Center for Economic and Social Development, CESD），阿塞拜疆（Azerbaijan）

30.伊斯坦布爾政策中心（Istanbul Policy Center, IPC），土耳其（Turkey）

31.亞當斯密研究所（Adam Smith Institute），英國（United Kingdom）

32.PRAXIS 政策研究中心（PRAXIS Center for Policy Studies），愛沙尼亞（Estonia）

33.菲律賓發展研究所（Philippine Institute for Development Studies, PIDS），菲律賓（Philippines）

34.教育改革圈（Educational Reform Circles），塞爾維亞（Serbia）

35.斯洛伐克治理研究所（Slovak Governance Institute, SGI），斯洛伐克（Slovakia）

36.proMENTE 社會研究（proMENTE Social Research），波斯尼亞和黑塞哥維那（Bosnia and Herzegovina）

37.教育研究中心（Educational Studies Center），烏克蘭（Ukraine）

38.公共政策中心（Centre for Public Policy, PROVIDUS），拉脫維亞（Latvia）

39.民主教育中心（Center for Democratic Education, CDE），阿爾巴尼亞（Albania）

40.Socires，荷蘭（Netherlands）

41.教育研究與發展中心（Centre for Educational Research and Development, CERD），克羅地亞（Croatia）

42.Grattan Institute，澳大利亞（Australia）

43.教育倡議支持基金會（Foundation for Education Initiatives Support），吉爾吉斯斯坦（Kyrgyzstan）

44.馬其頓公民教育中心（Macedonian Civic Education Center, MCEC），馬其頓（Macedonia）

45.國際教育政策、規劃和管理研究所（International Institute for Education Policy, Planning and Management, EPPM），格魯吉亞（Georgia）

46.教育改革倡議（Education Reform Initiative, ERI），土耳其（Turkey）

47.公共政策研究中心（Centre for Public Policy Studies, CPPS），馬來西亞（Malaysia）

48.（Forum za Slobodu Odgoja, FSO），克羅地亞（Croatia）

49.國際政策研究中心（International Centre for Policy Studies, ICPS），烏克蘭（Ukraine）

50.科索沃教育中心（Kosovo Education Center, KEC），科索沃（Kosovo）

51.國際高等教育中心（Center for International Higher Education, CIHE），美國（United States）
52.（Grupo de Análisis para el Desarrollo, GRADE），秘魯（Perú）
53.IMANI 政策和教育中心（IMANI Center for Policy and Education），加納（Ghana）
54.教育政策中心網絡（Network of Education Policy Centers, NEPC），克羅地亞（Croatia）
55.觀察者研究基金會（Observer Research Foundation），印度（India）
56.（Consejo Latinoamericano de Ciencias Sociales, CLACSO），阿根廷（Argentina）
57.東部和南部非洲社會科學研究組織（Organization for Social Science Research in Eastern and Southern Africa, OSSREA），衣索比亞（Ethiopia）
58.灣區理事會經濟研究所（Bay Area Council Economic Institute），美國（United States）
59.行動研究所（Action Institute），義大利（Italy）
60.經濟合作與發展組織（Organization for Economic Co-operation and Development, OECD），法國（France）
61.民主改革基金會（Foundation for Democratic Reforms），印度（India）
62.Fëmijët Janë e Ardhmja（FJA）/ Children Are the Future（CAF），阿爾巴尼亞（Albania）
63.循序漸進教育倡議中心（Center for Educational Initiatives Step by Step），波斯尼亞和黑塞哥維那（Bosnia and Herzegovina）
64.應用政策與誠信中心（Center for Applied Policy and Integrity），保加利亞（Bulgaria）
65.教育自由論壇（Forum for Freedom in Education, FFE），克羅地亞（Croatia）
66.薩格勒布社會研究所（Institute for Social Research in Zagreb, ISRZ），克羅地亞（Croatia）
67.Open Academy Step by Step，克羅地亞（Croatia）
68.布拉格開放社會基金（Open Society Fund Prague），捷克（Czech Republic）
69.PRO DIDACTICA 教育中心（Educational Center PRO DIDACTICA），摩爾多瓦（Moldova）
70.黑山教育中心（Pedagogical Center of Montenegro, PCMNE），黑山（Montenegro）
71.「一個步驟接續一個步驟」教育和文化倡議基金會—馬其頓（Foundation for Educational and Cultural Initiatives「Step by Step」– Macedonia），馬其頓（Macedonia）
72.CPZ-International，知識促進中心（CPZ-International, The Centre for Knowledge Promotion），斯洛文尼亞（Slovenia）
73.教育研究所（Educational Research Institute, ERI），斯洛文尼亞（Slovenia）
74.民主教育中心（Center for Democratic Education, CDE），阿爾巴尼亞（Albania）

資料來源：McGann, 2020, pp.120-122.

伍 教育智庫國際實例

一、美國

後 NCLB（Post-NCLB）時代的聯邦教育政策型態，亦即在不讓任何一個孩子落後（No Child Left Behind Era）之後，另一個發展是教育政策界智庫的成長和多樣化（DeBray-Pelot & McGuinn, 2009）。與 1999 至 2001 年的 NCLB 重新授權時期相比，當時立法過程中，新思想的主要來源來自教育信託基金（Education Trust）、福特漢姆基金會（Fordham Foundation）等。後 NCLB 時期出現了許多有影響力的新加入者，其中包括由前克林頓總參謀長 John Podesta 創立的美國進步中心（Center for American Progress），這是一個進步的、左傾的智庫，擁有自己的教育計畫、教育改革民主黨，以及新美國基金會（New America Foundation），其教育主任 Michael Dannenberg 曾是肯尼迪參議員的教育助手。另一個活躍的新進入者是教育部門，該部門由前民主黨領導委員會和 PPI 政策分析師 Andrew Rotherham 和《美國新聞與世界報導》記者 Thomas Toch 於 2005 年共同創立的。許多新的利益團體和智庫利用通訊科技的最新進展，透過電子郵件、網站、視訊會議傳播他們的觀點（DeBray-Pelot & McGuinn, 2009）。

大多數美國人，甚至是大多數密切關注政治的人，可能很難說出一個智庫的名字或準確解釋智庫的作用。然而在過去的半個世紀裡，智庫已經在政策制定中發揮了核心作用，甚至在周圍的政治角力中產生影響（Troy, 2012）。

與大多數其他西方民主國家相比，思想家在美國的數量更多，而且可能發揮更大的影響力。他們之所以能夠這樣，是因為美國政治體系的許多不同尋常的特徵，特別是總統和國會之間的權力劃分、弱勢和相對非意識型態的政黨，以及行政人員的滲透性（Weaver, 1989）。

二、加州教育政策分析

茲以美國加州為例，分析美國政策形成與教育政策研究人員之間的關

係。一個獨立的「智庫」的經驗，即加州教育政策分析（PACE），提供了 PACE 工作的例子，以幫助讀者了解 PACE 傳播工作的實質。PACE 利用加州大學和史丹佛大學的教授進行政策研究，聘請全職研究人員，並依靠三位聯合主任進行研究（McDonnell & Ream, 1999）。PACE 使用許多管道來傳播其政策研究。這些包括（Kirst, 2000）：

- 記錄加州的教育狀況；
- 確定重要的未來政策問題；
- 分析國家教育政策建議；
- 評估教育改革；
- 彙編和分析影響教育的社會和經濟條件資料，其中包括對加州教育條件和兒童的研究；
- 比較其他州的政策和作法，為加州政策制定者提供比較和觀點；
- 向公職人員提供技術支持和政策設計諮詢；
- 促進政策制定者、專業教育工作者和大學研究人員對教育問題的討論；
- 傳播有關國家重大政策問題和趨勢的訊息；
- 對社會大眾進行民意調查，以確定社會大眾對教育改革問題的看法；
- 與其他機構和研究中心合作，提高政策制定者、專業人員，以及最終社會大眾可獲得的教育訊息和分析的品質。

自 1983 年以來，PACE 在加州制定州政策上有許多顯著的貢獻。以下列出一些具體成就（Kirst, 2000）：

- 《加州教育條件》（*Conditions of Education in California*）自 1984 年以來已經出版了十次，涵蓋了一系列教育政策主題，並為讀者提供與公共教育相關指標之最新資料。該文件以在政策制定者、教育工作者和感興趣的社會大眾成員可取得和有用的架構中提供分析而享有盛譽。
- 1989 年，PACE 製作了《加利福尼亞兒童狀況》（*Conditions of Children in California*）。這本 400 頁的書是透過研究人員和政策制

定者的非凡合作，共同確定與兒童福祉相關的數十個指標而成為可能的發展方向。

• 10 年來，公立學校選擇一直是 PACE 的研究課題。PACE 已就該主題製作了許多文件，其中包括一般政策討論和對加州選擇建議的重要分析。分布最廣的作品是在 1993 年製作的，在全州公投提案 174 的推動下，該提案創建了全州代金券系統。公眾投票、註冊模式和財政影響模式都納入了該系統中，對投票倡議的收益和成本作最佳說明。

• 在過去的兩年中，PACE 開展了兩個項目，其中促進國家機構之間的合作是主要目標。PACE 與加州教育部、加州社區學院校長辦公室和就業發展部合作，為制定從學校到職業發展的州計畫做出了貢獻。此外，PACE 還分析了加州各縣的托兒服務供需情況。

• 分析數十項具體政策建議，包括教師素質、學校財務、教育標準的一致性，以及從中等教育到高等教育的銜接。

 ## 陸 智庫的發展趨勢——教育智庫之動向

　　政策機構不僅限於政策研究、分析和宣傳的核心職能，還從事教育、培訓、會議和研討會活動、網絡、營銷以及與政府和非政府機構各種形式的聯繫。因此，其產出是多樣化的，從出版物（書籍、期刊、通訊）延伸到組織會議和研討會或網站設立，還包括更多的無形服務，如專家評論、社區教育、促進公共辯論、協助公民社會能力建設和協力網絡發展。因此，智庫的服務對象與其服務和產品一樣多樣化。

　　智庫主要是本世紀的一種組織現象。現今智庫活動中愈來愈重要的組成部分就是跨國活動，透過這些活動，可以看到智庫在國家間運作或成為獨特的區域和全球焦點（Stone, 2000a）。然而，智庫的發展經歷了三波浪潮。直到二戰之前，它們主要出現在歐洲或北美。第一波政策研究機構是以國家為基礎建立的，以迎合國家菁英，以因應人民知識水平的提升和公共辯論的壓力。然而，國際聯繫幾乎是不存在的。1945 年的第二波浪潮

的特點是智庫發展更為廣泛。在美國、德國、英國和奧地利等國家，策略研究和外交政策研究所的人數急劇增加，以應對冷戰的敵對行動。隨著政府對經濟和社會干預的增加，社會和經濟政策智庫的數量也在增加。少數機構開始在發展中國家出現。然而，直到最近，鑑於資金來源和接收對象的家庭特徵，這些機構仍然以國家為中心。除了少數外交政策中心、策略研究機構或發展機構之外，相對較少的智庫從事制定跨國政策主題的研究議程和進行跨國互動。

第三波發展是智庫在跨國和全球和區域論壇中表現最為明顯的階段。在許多方面，它們是更廣泛趨勢的政治氛圍產物，並對更廣泛的環境因素作出回應。1974 年 OPEC 石油危機，環境問題日益突出，以及後來威權政權的瓦解，歐盟的持續發展、深化和擴大，蘇聯的解體和隨後的國家建設為智庫創造了新的政治空間。更常見的是，他們透過採用更廣泛的研究議程來應對汙染的跨境政策問題，以及金融和人力資本的國際流動，以承認國家主權受到損害以及經濟和政治全球化的各種進程。

這些動態發展已見證來自多個國家的官員、專家和既得利益者組成的跨國政策社區的出現。國際議題的擴展、對國家主權的挑戰，以及跨國政策團體日益強大的力量，也許是智庫跨國化背後最重要的原因。智庫尋求參與這些社群，並且經常被其他參與者吸引。一些機構已被半納入國際組織或多邊談判，例如透過非正式外交或簽訂契約以監測和實施國際協議和條約。因此，成為國家以外的半正式政策參與者。智庫在全球範圍內的大規模擴展也受到愈來愈多的基金會支持和對此類組織的發展援助的推動，以及「第三部門」（third sector）協會增長的全球現象。除了訊息傳遞外，智庫的數量增加和已經擴大的深度跨國聯繫管道，為其組織和傳播智庫觀點提供了更多機會。同樣，智庫的跨國化與學術界的跨國化及其「隱形學院」（invisible colleges）與跨國研究計畫和國際化是同步平行發展的（Stone, 2000b）。

最後值得注意的是，McGann（2022）指出全球疫情大流行、科技和人工智慧（artificial intelligence, AI）正在融合，這正在加速、加強和破壞政治、教育和工作世界。未來必須認識到，智庫的運作方式和工作方式將

發生轉變。智庫必須運用科技，以不同的方式參與，並使用來增強智庫之分析能力。

 重要啟示

根據前面之探討，以下提出幾項重要啟示：

一、大學政策研究可以發揮智庫之影響作用

大學可以在產生有用的政策研究方面發揮關鍵作用。在美國的資助者，愈來愈能認識到以大學爲基礎的教育政策研究之價值。大多數主要的教育智庫都是設立於學校且在教育政策領域都有幾位終身教職研究人員，並期望這些教授能影響政策。研究可以影響政策，但從研究結果到政策使用並不容易或沒有直接關係（National Research Council, 1999），可是也沒有什麼可以代替好的理論、資料和分析作爲出發點。此外，學術政策分析師也存在風險，例如被其他的學術批評者貼上「政策倡導者」（policy advocate）的標籤。但美國大學學者之所以被政策研究所吸引，是因爲他們看到了政策研究對公共政策的影響。事實上，自 1980 年以來，教育政治研究成果已明顯減少，因爲許多學者寧願嘗試改進政策研究以影響政策，但從研究結果到政策運用並不容易或者並沒有直接關係（Wirt & Kirst, 1997）。美國大學研究人員會毫不猶豫地批評特定政策制定者的提議，但政客們針對終身職教授的報復方面幾乎無能爲力。這種獨立性提高了大學政策研究的媒體可信度。PACE 在批評加州政策之同時，也能保持與頂尖政策制定者的訪談和研究工作關係之順暢。PACE 案例研究顯示，政策研究可以提高決策者的利用率，但是政策研究背後的來源、途徑、型態、消息和接收者特徵等至關重要（Kirst, 2000）。

二、智庫是實踐思想之第一線尖兵

根據 Hayek 的說法，只有當一個核心的烏托邦思想家的架構工作被愈來愈多的知識分子「步兵」（foot soldiers）經由時間傳遞時，才可能發

生知識革命（Djelic, 2014）。可見智庫係為思想之實踐站在第一線角色。本文前面指出之「知行合一」（think and do）智庫，除研究活動外，更活躍在實際的層面，可以說是智庫是實踐思想第一線尖兵意涵之真實寫照。

三、智庫是在維持獨立性和價值之中可能會有政治性

重要的是，因為智庫係為政治體系提供訊息，所以政策研究一直是政治性的。布魯金斯學會（Brookings Institution）、外交關係委員會（Council on Foreign Relations）和其他第一代智庫利用了一套既定的政治假設，並且之所以能夠保持客觀性，僅僅是因為這些假設得到了華盛頓廣泛的菁英共識的認同。但這種共識早已不復存在。因此，那個原始模式的價值來自於它能夠將嚴肅的、原創的、專家研究帶到分析政策問題和提出解決方案的任務中。它試圖擴大辯論中的選擇範圍，並以確切的事實和資料為基礎進行辯論。相形之下，一些新智庫不太可能擴大辯論中的選擇範圍。相反地，這些機構正在幫助政客們避免尋求創造性政策解決方案的艱鉅任務。在智庫的世界裡，在政治的各個方面，仍然有很大的例外，找到解決這個問題的方法並不容易（Troy, 2012）。

四、智庫應主動提供媒體訊息來擴大對社會大眾之影響力

政策制定者經常受到輿論的影響，而輿論也經常受到新聞媒體報導的影響。此外，政策制定者、他們的顧問和社會大眾，也會透過新聞媒體了解到政策問題。因此，布魯金斯學會和其他智庫的許多學者花費大量精力透過新聞媒體展示他們的想法和發現也就不足為奇了。他們採取的方式有電視、廣播和印刷採訪的形式，報紙專欄版的評論文章，新聞發布會，公開演講和學術期刊的文章。一年多前，布魯金斯學會建立了自己的電視和廣播演播室，以方便媒體採訪。布魯金斯學會和其他智庫還發布「媒體指南」（media guides），幫助記者找到並採訪對記者正在撰寫的政策問題具有特定專業知識的學者（Talbott, 2002）。因此智庫應主動提供媒體訊息來擴大對社會大眾之影響。

五、形成專家網絡的能力是智庫具有長遠影響之關鍵

　　事實上，對機構長期成功和影響力的最佳單一測試，不在於不是它對特定政策決定的直接影響，而是它塑造專家網絡的能力，即使在政策辯論的輪廓被描繪出來之前，它也能繼續預測國家的問題（Talbott, 2002）。可見形成專家網絡的能力乃是智庫具有長遠影響之關鍵。

參考文獻

Clark, J., & Roodman, D. (2013). Measuring think tank performance. *Center for global development, 15*, 1-33.

DeBray-Pelot, E., & McGuinn, P. (2009). The new politics of education: Analyzing the federal education policy landscape in the post-NCLB era. *Educational Policy, 23*(1), 15-42.

Djelic, M.-L. (2014). Spreading ideas to change the world: Inventing and institutionalizing the neoliberal think tank. Political Affair: Bridging Markets and Politics/Christina Garsten (ed) and Adrienne Sörbom (ed). Published by Edward Elgar, Forthcoming.

Gonzales, Angelo J. (2022). Think tank organization. Retrieved from https://www.britannica.com/topic/think-tank

Kirst, M. W. (2000). Bridging education research and education policymaking. *Oxford Review of Education, 26*(3-4), 379-391.

McGann, J. G. (2020). *2019 Global Go To Think Tank Index Report*.

McGann, J. G. (2007). Think tanks and policy advice in the US: academics, advisors and advocates. Routledge.

McLean, C., & Robin, L. (2017). Education policy think tank models and mission. Pol'y Persp., 24, 33.

Pool, C. R. (1997). A new digital literacy: A conversation with Pual Gilster. *Educational Leadership, 55*, 6-11.

Stone, D. (2000a). Introduction to the symposium: The changing think tank landscape. *Global Society, 14*(2), 149-152.

Stone, D. (2000b). Think tank transnationalisation and non-profit analysis, advice and advocacy. *Global Society, 14*(2), 153-172.

Talbott, S. (2002). The Brookings Institution: how a think tank works. *Foreign*

Policy Agenda-An Electronic journal of the US Department of State, 7(3), 19-21.

Troy, T. (2012). Devaluing the think tank. *National Affairs, 10*, 75-90.

Weaver, R. K. (1989). The changing world of think tanks. *PS: Political Science & Politics, 22*(3), 563-578.

Xinhua, W. (1992). Trends towards globalization and a global think tank. *Futures, 24*(3), 261-267.

McGann, James (2022). Think Tanks: Staying Relevant in Today's World. Retrieved from https://www.institutmontaigne.org/en/analysis/think-tanks-staying-relevant-todays-world

第 二 章

英國的智庫如何影響教育政策

蘇永明

英國諾丁罕大學教育系博士
國立清華大學教育與學習科技學系教授

緒論

　　智庫（think tank）在英國有悠久的傳統，1831 年的 Royal United Services Institute（RUSI, 2022），它是由打敗拿破崙的威靈頓公爵領銜成立。主要是關注國防與國家安全，此一智庫仍在運作。1884 成立的「費邊社」（Fabian Society）也是歷史悠久。純教育智庫也不在少數，但許多智庫是綜合性的，也包括教育的研究，因此難以辨識到底占了多少比率，本文也就不再加以區分，而是以它們對教育政策影響與否來判定是否要討論。英國的智庫從 1980 年代起，對政治涉入很深（Ball & Exley, 2010:152）。尤其是與政黨有關的智庫，這包括政黨與政治人物成立的智庫以及其外圍的連線（network），本文對將上述兩類智庫都列入討論。

　　本文的寫作先依時間先後採縱向方式，說明佘契爾夫人（Mrs. Margaret Thatcher, 1925-2013）、梅傑（John Major）、布萊爾（Tony Blair）、布朗（Gordon Brown）與卡麥隆（David Cameron）五位首相與智庫的關係，這主要是從他們的回憶錄來找資料[1]。然後再從橫斷的角度說明工黨（The Labour Party）與保守黨（The Conservative Party）這兩個經常輪流執政的主要政黨與智庫的關係。其中保守黨偏右派，工黨偏左派。當然，主要是針對教育政策的部分在討論。然後是到各個智庫的官網，看看它們的說法，以及參考英國教育政策的書籍和期刊文章。由於智庫的運作常常不透明，本文不太可能深入探討其內部實際的活動，只能就既有文獻來討論。

　　英國的智庫為數眾多，根據維基百科的資料，計有 157 個（Wikipedia, 2022/5/9），而且名稱各異，有「基金會」（foundation）、「研究所」（institute）、「中心」（centre）等各種名稱。但只要是具智庫性質者，都在本文討論之列。本文對於智庫如何影響教育政策，是以執政黨如何引用智庫的人員與所提出的政策為重點。雖然智庫大多是私立的，其人員也

---

[1]　只有布萊爾的回憶錄（Blair, 2010）未提到教育，但他在執政時期的《新不列顛》（Blair, 2004）一書有他的教育藍圖。他執政 10 年，或許會像佘契爾夫人寫兩本回憶錄。

非政府官員，但卻可以用政務官或顧問的身分直接出任部會的高官來看，所以，他們具有左右政策的能力。本文設定的期限是前述五位首相執政期間（1979-2016）為範圍，希能提供一個大致的輪廓。

 ## 貳　保守黨時期的政黨智庫

佘契爾夫人不但是英國第一位女性首相，也是英國政治上的分水嶺，她引進市場機制和管理主義（managerialism）到公共政策與政府機關，而這些作法持續至今，所以要從她開始談起。

一、佘契爾夫人時期（1979-1990）

佘契爾夫人在還未當首相之前，於 1970-1974 年擔任奚斯（Edward Heath, 1916-2005）內閣（1970-1974）的教育大臣（Secretary of State，等於是部長）。對於教育，她有自己的一套想法，在兩冊的回憶錄[2]中，對教育也著墨不少。「政策研究中心」（Centre for Policy Studies, CPS）是在 1974 年由 Sir Keith Joseph、Alfred Sherman 和佘契爾夫人共同創立，Joseph 擔任主任、佘契爾夫人擔任副主任，目的在提倡自由市場經濟。Joseph 創立此一中心的原因是擔心福利社會的政策，他譴責年輕的未婚媽媽會拖跨經濟（Page, 2011:31）。因為她們優先享用各種社會福利，包括配給社會住宅（council house）。

佘契爾夫人與此智庫有密切關係，此智庫一路走來一開始也不被看好，在她的《回憶錄》中說，當時連「智庫」都談不上（Thatcher, 1995:252）。她在 1975 年才開始擔任保守黨的黨魁。但此智庫所規劃的政策被後來的首相卡麥隆（David Cameron）認為是替保守黨贏得 1979 年大選的重要因素（CPS 官網）。Sir Keith Joseph 也進入內閣擔任佘契爾夫人的教育大臣。

---

[2]　佘契爾夫人的回憶錄是在 1993 年先出版《唐寧街歲月》（Thatcher, 1993），然後在 1995 年出版《走向權力之路》（Thatcher, 1995）。在時間上是倒過來的。

雖然 CPS 的名稱看似中性，但它等於是保守黨的智庫，在它的官網公開宣稱是右派的重要智庫（CPS 官網）。保守黨正式的智庫是「保守研究部」（Conservative Research Department, CRD），當時的主管就是後來的香港末代總督彭定康（Chris Patten, 1944- ）。當保守黨在野的時候，這個部門很重要。但是，在佘契爾夫人擔任黨主席之後就很尷尬了，她在《回憶錄》中承認「政策研究中心」是用來取代 CRD，所以這時只能將兩者調和（Thatcher, 1995:292）。

在佘契爾夫人的《回憶錄》中，對於「政策研究中心」有詳細的著墨，而 Sir Keith Joseph 也是重要的戰友，等於是幫她推上首相寶座的人。此一中心強烈主張市場經濟，發表有「為何不列顛需要社會市場經濟？」（Why Britain needs a social market economy？），而佘契爾認為本文可以和海耶克（Hayek）的《走向奴隸之路》（*The road to serfdom*）一書相比擬（Thatcher, 1995:253）。證諸後來她終結英國的國營事業，並改為民營化的作法可說是一致的。

在教育政策上，從 1979 年佘契爾夫人開始擔任首相將近 10 年，才推出《1988 年教育改革法》（Education Reform Act 1988），幾乎是天翻地覆的為未來幾十年的教育方向定調。其主要內容如下：

> 　　第一部分為「學校」，包括課程、入學辦法、經費和教職員、中央直接補助學校和其他等五章；第二部分為「高等教育和繼續教育」；第三部分為「內倫敦的教育問題」；第四部分為「其他的補充條款與解釋」。重要內容包括：
>
> 1. 訂定國定課程：授權教育國務大臣制訂公立學校義務教育階段的國定課程，包括核心學科、成就目標（attainment tar-gets，分別在 4、11、14 和 16 歲等四個關鍵階段）以及評量安排（arrangements for assessment）等方面的規定。並設置有英格蘭國定課程委員會和威爾斯課程委員會來督導和評量國定課程的實施。
>
> 2. 擴大家長選擇學校的權力：除非公立學校管理委員會的委員

和地方教育當局能證明學校的物理空間已達飽和，無法容納更多學生，否則學校不得拒絕接受學生入學申請。家長也可根據子女的年齡和能力，將子女送到任何有足夠空間的學校。

3. 要求地方教育當局將財政管理、教職員指派與解聘等權力下放給學校管理委員會（governing bodies），後者並可再將這些權力授予校長。

4. 允許學生數超過 300 人的地方公立中等或初等學校選擇脫離地方教育當局的財政支援和控制，成爲中央直接補助學校。

5. 授權國務大臣和城市技術學院締結協定，以長期提供資金補助。

6. 多元技術學院和其他高等教育學校脫離地方教育當局的控制，成爲獨立法定的法人團體（free-standing statutory corporations）。

7. 要求地方教育當局將財政管理、教職員指派與解聘等權力下放給仍受其財政支援和控制的較大學院之管理委員會。

8. 設置兩個高等教育基金會來管理由國務大臣直接撥款的經費，一是大學撥款委員會（university funding council，UFC，取代原大學補助委員會 UGC），一是多元技術學院和一般學院撥款委員會（polytechnics and colleges funding council, PCFC）。這二者都是獨立於政府外的機構，但其成員由教育國務大臣指派。

9. 保障新大學學術人員的學術地位，同時學術人員不因堅持特別信念或遵行特別方式的研究而被解聘，另外，保障資深教職員不因學校擬聘僱較資淺、低薪的人員而遭解職。

10. 廢止內倫敦教育當局（Inner London Education Authority），並規定自 1990 年 4 月起，其職責移轉到內倫敦自治市（Inner London Boroughs）和倫敦市。

　　總之，此法案是英國教育制度自「1944 年教育法案」頒布以來的最重大變革，對今後英國教育發展有很大影響。（李奉

儒，2000）

　　但此教育法通過時的教育大臣已換成 James Baker，Sir Keith Joseph 進入上議院。可是，他仍對此一改革不滿意，還站出來批評教育改革法（Lawton, 2005:103），認為改的不夠多。

　　佘契爾夫人是照著市場經濟的模式在走。本來還想推出 Milton Freedman（1912-2006）所提倡的教育券（education voucher），後來她和 Sir Keith Joseph 改以增加家長的選擇權和學校的多樣化（即國立中學和保住各種私立學校，包括私立的公學[3]）來達成。佘契爾夫人認為是已達成這方面某種程度的目標，雖然未提到教育券這個字（We were moving some way towards this objective without mentioning the word 'voucher.'）（Thatcher, 1993:591）。這段期間從「政策研究中心」進到內閣當教育大臣顧問的有 Stuart Sexton 和 David Young 擔任 Keith Joseph 的顧問、Cyril Taylor 當 Kenneth Baker 的顧問（Exley & Ball, 2010:152）。至今，此一智庫仍是保守黨重要政策的源頭。

二、梅傑（John Major）時期（1990-1997）

　　梅傑接任首相之後，他的教育政策可以說是蕭規曹隨，延續佘契爾夫人的作法（in terms of continuity and coherence）。他作為「政策研究中心」的支持者（patron）（Callaghan, 2006: 121），可以說是被「政策研究中心」綁架了[4]，在「政策研究中心」的政策報告書與梅傑與其教育部長 Clarke[5]的政策演說幾乎有一對一的關係（one-to-one relationship）（Ball,

---

[3]　Public school 就是著名的私立貴族學校。在 2012 年的資料中，中小學階段能接受公學教育的人約占全國的 7%，其他讀公立學校的有 4% 就讀文法中學，其餘 88% 進綜合中學（Social Mobility and Child Poverty Commission, 2014: 11）。而 7% 的人又占了就讀牛津和劍橋大學幾乎一半的名額（Lawton, 2005: 161）。

[4]　原文為 "the capture of John Major and former Secretary of State for Education Kenneth Clarke by the Centre of Policy Studies". (Callaghan, 2006: 122)

[5]　筆者對 Kenneth Clarke 印象深刻，因為他是諾丁漢選區的國會議員，也曾被邀請到筆者就讀的諾丁漢大學教育學院來演講。

1993:196）。

　　而皇家督學（Her Majesty's Inspector, HMI）在 1992 年改組爲「教育標準署」（Office for Standards in education , Ofsted），也是市場化的一環，其根源仍在「政策研究中心」。這是有些奇怪的作法，它在本質上是摧毀了皇家督學（HMI, Hermajsty's Inspector）的獨立地位，也代表對既有教育體制的不信任（Callaghan, 2006: 134）。梅傑在《回憶錄》中指出當時要改組爲「教育標準署」時，很少人贊同，但他認爲他們是錯的，梅傑堅持下去，且認爲「教育標準署」做的很好（Major, 2000:261-262）。

　　對於皇家督學的改組，先由保守陣營的 Shila Lawlor 和 John Burchill 出版小冊子，提出構想。此一小冊子在當時的教育大臣 Kenneth Clarke 的公事包放了 3 個月，「由於『教育標準署』和唐寧街 10 號（首相府）的密切關係，此一小冊子可以看作不只是非正式的官方白皮書。」（Callaghan, 2006: 135）此一冊子的內容直接進入了後來頒布的《家長憲章》（Parent's Charter）以及後續的教育法。此一改組基本上是在對皇家督學這個教育專業的堡壘的摧毀（Callaghan, 2006: 135）。

　　在此概述「教育標準署」的運作方式。即在原有的皇家督學之外，設有「註冊督學」（Registered Inspector, RgI），這是受過訓練合格者即可取得資格。即使沒有當過老師也可以來參與這種訓練，取得資格後歸到 lay member，即非教育界出身的視導人員。這主要目的是要借取企業界的管理經驗，而且還規定每次視導的團隊中一定要有一位 lay member。由於每一所公立學校每四到五年都要視導一次，採取商業手法，給註冊督學所組成的團隊來競標。爲了維持公平性，學校若認爲該團隊不公平，還可以申訴，再由原來的皇家督學來仲裁。所有學校第一次視導，皆爲全套的評鑑（full inspection），即爲期約一週由整組視導人員在學校所進行的評鑑，若該校成績非常好，則下次可改爲重點評鑑（short inspection）。

　　這些作法在 1996 年英國通過《學校視導法》（School Inspections Act 1996）（Crown Copyright 1996）後便成定制。爲求一致性，「教育標準署」也訂頒有各種標準化的視導手冊供各學校參考（如 Ofsted, 2000）。後來有更完整的視導法令即《2006 教育與視導法》（Education and Inspection Act 2006）。「教育標準署」後來也擴大改組成 Office for Standards in Education, Children's Services and Skills，視導的對象不只限於學校。

Ken Jones 指出此一改組與「政策研究中心」的構想，認爲是有矛盾的。他說：

> 在 1970 年代，他（Keith Joseph）所成立的「政策研究中心」對於教育所提倡的想法是傳統式的，其理想的模式是自主和自我管理的學校，Joseph 與他後來的教育部官員製造了「有效教育」（effective education）的概念，用一大堆複雜的規定來衡量學校的成效。1992 年所成立的「教育標準署」就是這二十幾年來保守派對公立學校教育批判的產物，但換個角度看，卻是與原先的理想適得其反（the very reverse of their ideals）。（Jones, 2003:115）

也就是原先英國的教育是地方分權，非常放任的。自 1988 年的教育改革之後走向中央集權，「教育標準署」的設立固然可以有全國一致的標準來衡量，但也使得學校喪失了自主管理的空間。「政策研究中心」在此一教育政策仍是具有關鍵性的影響力。

梅傑擔任首相期間，另一件教育界的大事是，全國性的國定課程（National Curriculum）考試所引起的軒然大波。在《1988 年教育改革法》中，採行了市場導向的政策，爲了分辨各校辦學成績的好壞，引用了企業管理的管理主義，先以「國定課程」統一學習內容。「國定課程」爲符合其成就目標、學習方案及評估安排等內容，將學習對象分成四個「關鍵階段」（key stages），關鍵階段一（KS1）是涵蓋 5 到 7 歲；關鍵階段二（KS2）是涵蓋 7 到 11 歲，以上相當於我們的國小階段；關鍵階段三（KS3）是涵蓋 11 到 14 歲，相當於我們的國中階段；關鍵階段四（KS4）是涵蓋 14 到 16 歲，爲高中的前段，也是義務教育的最後階段。再配合對 7 歲、11 歲、14 歲、16 歲的統一考試，將所有學校的表現列入排行榜，作爲學校的辦學績效。梅傑也支持這樣的考試，認爲家長有權利知道他們的子女在

學校學得如何（Major, 2000: 394）。

　　負責這項全國性考試的單位是「學校考試與評量委員會」（Schools Examination and Assessment Council, SEAC）。英國《泰晤士報》教育增刊（Times Educational Supplement, TES）指出，這個單位是極端的政治化，由那些與「政策研究中心」同一掛的人所控制[6]（Callaghan, 2006: 151）。之所以說是災難，是因爲這本身就是對全國教育的嚴格控制，是爲創舉。它本身不是升學考試，往好的方面看是可以了解全國學生的表現，但它又公布每一所學校的成績（League Table）。此一創舉馬上受到教師工會的抵制，但當時的教育大臣 John Patten 的溝通能力有限，以致第一次考試在全國只有 150 所學校完成。這算是教育政策上可恥的一章（ignominious chapter in education policy）（Callaghan, 2006: 157）。後來請 Sir Ron Dearing 組成委員會將考試科目簡化，才實施至今。而此一事件的起頭仍應追溯到《1988 年教育改革法》中的規定。

三、布萊爾（Tony Blair）時期（1997-2007）

　　工黨主要的智庫是──「公共政策研究所」（Institute for Public Policy Research, IPPR）。這是一個在政治思想上中間偏左的智庫（left-of-centre think-tank）。1988 年成立，作爲工黨的智庫，提供與主張自由市場基本教義派（free market fundamentalism）相對立的改革政策。在 1992 年成立「社會正義委員會」（The Commission on Social Justice），並於 1994 年出版《社會正義：國家更新的策略》（*Social Justice: strategies for National Renewal*）。1992 年是在呼應 1942 年工黨所發表的 Beveridge 報告書《社會保險與所提供的服務》（*Social Insurance and allied services*），它開創了英國建構社會福利國家（welfare state）的基礎（The commission of social justice, 1994:ix）。而此一智庫一直也是工黨的人才庫，許多人在工黨執政之後轉任政府官員。至今仍是一個很有規模的智庫（IPPR 官網）。

6　SEAC is an extremely political organization dominated by those whose sympathies lie with the Centre for Policy Studies.

　　另一個主要的智庫是 Demos，它是在 1993 年成立。本來是工黨的主要智庫之一。在 1998 年工黨剛執政不久，「公共政策研究所」的收入有971,551 英鎊，Demos 有 764,628 英鎊；到了 2004 年，「公共政策研究所」有 3,178,790 英鎊，Demos 有 1,832,647 英鎊。它的規模在 2004 年有 22 位專職人員，「公共政策研究所」有 50 位（Bentham, 2006:168）。但是，卡麥隆在 2010 年採用它規劃的親職教育（parenting）和支持幼童的計畫（Demos 官網）。此一智庫逐漸轉向獨立（中立）。

　　工黨在睽違 19 年（1979-1997）後，終於從在野黨變成執政黨。布萊爾在 1997 年的競選主軸是以「教育！教育！教育！」做口號。再以「第三路線」（The third way）將工黨包裝成「新工黨」（New Labour），實際上是走資本主義的路線。在教育上是延續佘契爾夫人的政策，難怪被罵成是「劣質的佘契爾主義」（Bastard Thatcherism）（Lawton, 2005:15）。他又以「要提升水準，而不是改變體制」（standards not structures）為名，對於保守黨在教育上的體制少有修改。前任保守黨首相梅傑就在他的《回憶錄》中說「我目前不欣賞工黨挪用保守黨的術語和偷我們的政策」（Major, 2000:593）。尤其是私立貴族學校依然不受動搖，布萊爾也把自己的兒子送到天主教學校就讀，而不是純公立學校，這一點也受到許多指責。

　　在 2006 年，工黨在國會的法案都被自己工黨的議員說成「那根本是保守黨的法案！」（That a Tory bill！），結果有 52 位工黨的議員背叛，還真的是靠保守黨議員的倒戈才得以 343 票的多數通過。一個月後，當時的教育大臣 Ruth Kelly 辭職下臺（Bower, 2016:483）。可見，工黨並未動搖 1988 年以來的教育方向。而工黨的兩個主要智庫「公共政策研究所」和 Demos 也等於是向新右派投降（complicit in the surrender to the New Right）（Bentham, 2006:169）。

　　不過，工黨和保守黨在教育政策上一個很大的差別就是，工黨釋放出教育部的部分權力，在 2000 年成立教師的專業組織——「教學總會」（General Teaching Council）（Blair, 2004:169），由這個組織來核發教師證書，並處理不適任教師的淘汰，用以提升教師的專業素質（詳見蘇永

明，2003）。但在保守黨重新執政之後又把它廢除了，這應該和保守黨對
工會的敵視有關。

　　由於工黨政府強調社會流動。SuttonTrust 此一基金會在 1988 年開始
的 Choice Advice 計畫，在 2005 年時獲得工黨政府的支持，而下令各地方
教育局要用來資助低收入家庭（Exley, 2014:184）。「教學第一」（Teach
First）的師資培育實驗一開始是在 2002 年與美國的「為美國而教」[7]（US
Teach for America）合作發展出來的，與傳統由大學所進行的師資培訓
不同的模式。當年只培育了 183 位教師。此一以僱用為基礎的師資培訓
（employment-based initial teacher training）到了 2010 年，保守黨與自民黨
聯合政府撥款資助此一計畫而成為政策，變成是英格蘭師資培育的最大來
源，預計 2015/16 學年度要培育 2,000 名教師（Exley, 2014:186）。

四、布朗（Gordon Brown）時期（2007-2010）

　　布朗任期較短，又碰到 2008 年的金融風暴。他在教育政策上最明顯
的是在擔任財政大臣時就發動「好的開始」（Sure start）計畫。這與美國
的「起頭計畫」（Headstart）類似，用來支持 4 歲以下兒童及其家庭的計
畫，在社區設置「兒童照護中心」（Childcare centres），希望能幫助他們
脫離貧窮。這原先是由官方智庫「經濟與社會研究委員會」（Economic
and Social Research Council, ESRC，類似於我們國科會對教育研究補助的

---

[7] 對於「為美國而教」，國內學者黃廷康引用美國學者的 Ravitch 的批評如下：更令
Ravitch 擔憂的是介入教育的經濟勢力一直積極培育下一代的教育私營化接班人。舉
例來說，從 1989 年成立以來，非營利組織「為美國而教」（Teach for America）每年
從頂尖大學招募優秀畢業生，接受五星期教育專業訓練後到公立或特許學校服務任
教兩年。「為美國而教」獲得 Walton Family Foundation 等基金會資助，目前每年大
約從 4 萬多申請人選拔出 3 千多名學生受訓。它在 2014 年的營運成本就高達 3 億多
美元。被「為美國而教」以速成方式培養出來的教師大概比傳統師範教育體系的教
師更能接受以企業方式營辦教育。許多有野心、具能力、外型亮麗、名門及名校出
身的年輕人在經過「為美國而教」洗禮後成為 EMOs 的行政總裁、特許學校的經營
者，以及協助州政府草擬《一個不能少》及《邁向巔峰》計畫申請書的顧問（黃廷康，
2020，108）。國內也有類似的組織「為臺灣而教」（為臺灣而教，2022）。

單位）啟動，在 1997 年成為後來布萊爾（Tony Blair）首相所推行的 Sure
Start Programmes 的基礎（ESRC, 2005:17）。布朗持續推動此一計畫，並
認為是重要政績（Brown, 2017:235）。他也繼續推動前述「教學第一」的
師資培育（Brown, 2017:234）。

　　布朗在教育上致力於提升教育水準，他提倡的方法是個別化學習。
在其任內將教育部分解，成立「兒童、學校和家庭部」（Department for
Children, Schools and Families, DCSF），此一部會存在於 2007 到 2010 年，
他下臺後，保守黨就將它回歸教育部。當時的教育大臣是 Ed Balls，他在
擔任國會議員之前，曾在智庫「史密斯研究所」（Smith Institute）任職
（Wikipedia, 2022/11/16）。在 2008 年，DCSF 推行「個別化學習空間」
（Space for Personalised Learning）的計畫，將個別化學習與知識經濟結合
在一起：

> 　　這個計畫來自一個信念，即社會的改變，包括從工業轉到
> 知識經濟的基礎變革，已迫使教學和空間的安排要跟著有所變
> 革。它採用個別化學習一詞來描述新的思考和行動來聚焦這個
> 還不太為人所理解的意涵。它問的是：我們如何去創造一個物
> 理環境來普遍地實施教育——而且要能讓學校在有系統與結構
> 的制度下，提供一個更符合年輕人消費經驗的教學？（DCSF,
> 2010:7）

對於學習失敗的學生提供一對一的學習。另一個他在《回憶錄》中引以為
傲的教育政策是 2009 年通過的《實習、技術、兒童與學習法》（Appren-
ticeships, Skills, Children and Learning Act in 2009），讓 16 到 18 歲的年輕人
在學校與職場之間能有銜接，並提升工作技能。但這兩項政策與智庫無直
接關係。

五、卡麥隆（David Cameron）時期（2010-2016）

卡麥隆在他的《回憶錄》中指出他上任時在教育上的三個主軸：一是持續推動公辦民營學校（academies），他認爲那些都是好學校；二是繼續推動「教學第一」的師資培育方式；三是堅持學生在英文和數學要及格（C以上）（Cameron, 2019: 220-221）。前兩項都是工黨時期就在試辦，但卡麥隆更大力推行，尤其是公辦民營學校。而保守黨爲了實施課後輔導，教育大臣 Michael Gove 也從中間偏右的智庫 Civitas（2021）採用其「新模範學校」（New Model Schools）[8]的模式來建構新的學校系統（Exley, 2014: 184）。

在 2010 年爲了實施公辦民營的學校，英國通過《2010 年公辦民營學校法》（Academies Act 2010），大量採用民營企業的方式來經營。教育大臣 Michael Gove 未經公開招標就直接撥款 50 萬英鎊給慈善團體「新學校連線」（The New Schools Network, NSN）來規劃。當時教育部的說詞是「新學校連線」此一智庫已在此領域耕耘多年，且能迅速有效地提供在 2011 年開始實施（Exley, 2014: 182）。到了 2020 年，公辦民營學校在英格蘭和威爾斯的中學已有 78%，小學占 36%（Academies in England and Wales, 2022）。

在此有必要對「新學校連線」的事件加以說明，它是保守黨走向市場化機制的必然結果，將公立學校公辦民營。這是前述 2010 年通過的academies的一種，稱爲「自由學校」（free school），因爲這類學校可以：1.增加上課日數、時數。2. 在課程方面可不受國定課程的限制，如教 STEM。3. 聘用的教師不一定要有教師證書，以專長爲取向。4. 學校是由自己的董事會在經營，不受地方教育當局的管轄（NSN 官網）。2010 年聯合政府一上臺就直接撥款 50 萬英鎊給 NSN 請他們規劃；在 2011 年以後就招標，但都由「新學校連線」得標，取得經費要在三年內建立 100 所自由學校。

---

[8]　這是在 2003 年創立的基金會，類似實驗學校，要創造出更好的效能（New Model Schools 官網）。

但由於部長顧問 Rachel Wolf 的離職與媒體的批評，NSN 已在官方網站宣布終止與自由學校的關係，但宣稱他們已做出相當的貢獻。

 ## 參　英國智庫與政黨的錯綜複雜關係

從上述各時期的簡單描述可以看出英國政黨與智庫的密切關係，是縱貫的分析。現在再從政黨的角度來分析它們與智庫的關係，但這只是橫斷面，是基於某一個時間點，而且是在作為執政黨時，這些智庫才有得發揮。根據所找到的資料，先談工黨。

一、工黨與智庫的關係

在保守黨連續執政 19 年後換工黨執政 13 年。但在 1997 到 2000 年的三年之間，部會級的顧問（ministerial adviser）就增加一倍到 75 人，這都是政務官。而首相府的「唐寧街決策單位」則增加三倍到 25 人。這些人選主要的來源是前述的「公共政策研究所」和 Demos。另一個來源是「楊格基金會」（Young Foundation），此一基金會是著名的社會學者 Michael A. Young 設立，志在追求一個更公平的社會（Young Foundation 官網）。工黨在 2005 年採用了此一智庫的幾個措施。在 1990 年代，它也設立許多 Education Extra 做課後輔導（Mulgan, 2006:152）。

而這些智庫之間的關係則如圖 1，錯綜複雜。這些智庫在政治光譜上都是中間偏左的。它們有屬於公共（public）性質、有私人或是慈善性的基金會，但它們之間互相奧援，互相擔任對方的理事（trustee）或董事。箭頭所指是有依附關係或密切關係，相當複雜（Ball & Exley, 2010:154-155）。

本圖已加以編碼，並從各智庫的網站和維基百科（不再一一註明網址）找出基本資料簡介，因原名只是簡稱，找不到的只好從缺：

1. NESTA「全國科學、科技和藝術基金會」（National Endowment for Science, Technology and the Arts）：它的口號是「改革以追求英國社會美好的機構（The UK's innovation agency for the social good）。

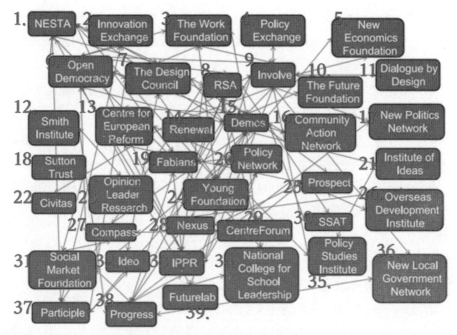

圖 1　與英國工黨關係密切的智庫之關係圖（Ball & Exley, 2010:155）

2. Innovation Exchange（革新變革）：於 2006 年創立，是幫助企業改革的非營利機構。

3. The Work Foundation（勞動基金會）：此一機構在 1918 年就成立，原名 Boys Welfare Association，於 2002 年改現名。是與政府合作的勞動諮詢非營利機構。

4. Policy Exchange（政策交換）：於 2002 年成立的右派、教育慈善智庫，對教育提出改善的建言，它所發展出來的「自由學校」（free school）就是公辦民營的 academy 之一種，直接為政府所採用。其成員常轉任政府官員。

5. New Economics Foundation（新經濟學基金會）：於 1986 年成立。口號是在「提升社會、經濟和環境正義」。

6. Open Democracy（開放的民主）：於 2001 年成立，它是一個開放的國際媒體平台。

7. The Design Council（設計平台）：於 1944 年成立，原名「工業設計平台」（Council of Industrial Design）。1994 年改組，致力於提倡英國工業革新作法。

8. RSA：於 1754 年成立。全名為「皇家藝術、製造與商業促進會」（The Royal Society for the Encouragement of Arts, Manufactures and Commerce），簡稱「皇家藝術協會」（Royal Society of Arts）。致力於其所宣稱的領域之改革。

9. Involve（參與）：於 2004 年創立。這個智庫的目標宣稱：如何經由參與公共事務可以改善增進個人生活和組織的生產力，與政府部會有合作關係。

10. The Future Foundation（未來基金會）：此一基金會致力於提倡社會正義及對弱勢者教育的改進。

11. Dialogue by Design（經由安排的對話）：無資料。

12. Smith Institute（史密斯研究所）：這是在 1996 年創立，為了紀念於 1994 年過世的前工黨黨魁 John Smith 創立的左派智庫。其主旨為「追求更公平的社會」。

13. Centre for European Reform（歐洲改革中心）：此一智庫是在支持歐盟（EU），但也在監督它，希望歐盟發揮更大的影響力。

14. Renewal（更新）：無資料。

15. Demos：1993 年成立。它以宣揚民主觀念為己任，聲稱超黨派。在 1997 年的大選明顯地支持工黨的布萊爾。但經過多年演變，在 2010 年的保守黨的聯合政府時，又轉而支持自民黨（Liberal Democratic Party）。

16. Community Action Network（社區行動網路）：以強化社區的自願行動部門、提升它們的能力與擴大連線為使命。

17. New Politics Network（新政治網路）：它是在 1999 年承接英國共產黨解散之後的組織，宣稱要提供政治上新的想法。

18. Sutton Trust：成立於 1997 年，此一組織致力於促進社會流動（social mobility），與教育關係密切。

19. Fabians（費邊社）：這是在 1884 年就成立的著名組織，提倡社會

主義，與工黨關係密切。

20. Policy Network（政策連線）：它宣稱一個國際智庫，提供如何面對 21 世紀在社會與經濟上的挑戰。

21. Institute of Ideas（觀念研究社）：無資料。

22. Civitas：它的副標題是「對公民社會的研究所」（the Institute for the Study of Civil Society），並從事弱勢學生的週末和課後輔導。自稱立場是古典自由主義，但英國的報紙認為它是中間偏右的智庫，《泰晤士報》認為它是和教育大臣 Michael Gove 同夥的，Gove 是保守黨的閣員。

23. Opinion Leader Research（意見領袖研究）：無資料。

24. Young Foundation（楊格基金會）：在 1954 年由著名社會學者 Michael Yung（1915-2002）成立。是一個非營利的研究團體，致力於提升社會改革與創造一個更美好、公平的未來。與工黨關係密切。

25. Prospect（展望）：無資料。

26. Overseas Development Institute（海外發展研究社）：成立於 1960年，是全球事務智囊團。它宣稱的使命是經由對人類和地球重要的協作研究和構想，激勵人們對不公正和不平等採取行動。

27. Compass（羅盤）：於 2003 年成立的中間偏左的壓力團體。提出有異於布萊爾政策的組織，仍依附在工黨。

28. Nexus：無資料。

29. CentreForum（中心論壇）：它宣稱是經由實證研究，來影響公共政策的獨立智庫。尤其是在教育、心理健康和弱勢者的安置方面著力。

30. SSAT：無資料。

31. Social Market Foundation（社會市場基金會）：1993 年成立，支持新工黨。宣稱致力於促進更公平的社會與堅強的經濟力量。

32. Ideo：無資料。

33. IPPR（公共政策研究所，Institute for Public Policy Research）：這是工黨主要的智庫，文中已介紹。

34. National College for Leadership（全國領導學院）：無資料。

35. Policy Studies Institute（政策研究所）：成立於 1978 年，致力於環

境的永續發展。

36. New Local Government Network（新地方政府連線）：1996 年成立，目的在提升公共服務水準。

37. Participle：無資料。

38. Progress（進步）：於 1996 年成立用來支持布萊爾，在 2021 年 5 月與政策連線合併，形成 progressive Britain（進步的不列顛）。用以培養工黨的人才。

39. Futurelab（未來實驗室）：這個組織的目標宣稱經由創新科技和方法來轉化人們的學習方式。

雖然大部分智庫都宣稱無黨派色彩，但圖中的智庫大部分都是支持工黨的，只有少數視野與保守黨有關係。這個圖所形成的網絡相當綿密，可說是滴水不漏，已經到達了毛細現象（capillary）的程度（Ball & Exley, 2010:155）。「參與」（involve）它的夥伴（partner）組織則有 Civitas, Demos, the Fabians, the IPPR, the New Economics Foundation, the New Politics Network, the Local Government Network, Policy Exchange, Renewal and the Work Foundation。「未來實驗室」（Futurelab）的夥伴組織則有 Demos, the National College for School Leadership (NCSL), NESTA 和其他公私立及非政府組織（Ball & Exley, 2010:157）。而這些智庫的運作又充分應用了社群媒體的新科技。上述的 Involve 和 Futurelab 都使用了部落格（blog）和線上討論（online discussion forums）來宣揚它們的理念，只要網路能到達的地方就有它們的資訊（Ball & Exley, 2010:157）。再來就是政治人物與智庫的密切關係。

圖 2 已加以編碼，並從各智庫的網站和維基百科（不再一一註明網址）找出基本資料簡介，因原名只是簡稱，找不到的只好從缺：

1. Design Council：同圖 1 的 7。

2. Downing Street Policy Unit（唐寧街決策小組）：即首相府裡的決策核心單位。

3. Ruth Kelly：2004 年 12 月到 2006 年 5 月擔任布萊爾內閣的教育與技術部大臣。前後也歷任 6 個部的大臣。

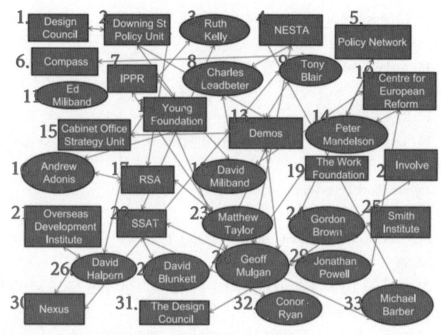

圖 2　政治人物與智庫的關係（Ball & Exley, 2010:164）

4. NESTA：同圖 1 的 1。

5. Policy Network：同圖 1 的 20。

6. Compass：同圖 1 的 27。

7. IPPR：同圖 1 的 33。

8. Charles Leadebter：記者出身，為工黨政府的顧問。

9. Tony Blair：工黨首相布萊爾，任期為 1997 到 2007 年。

10. Centre for European Reform：同圖 1 的 13。

11. Ed Miliband：在 2007 到 2010 年為布朗首相的部會大臣。和 David Miliband 為兄弟。

12. Young Foundation：同圖 1 的 24。

13. Demos：同圖 1 的 15。

14. Peter Mendelson：他是參與塑造新工黨（New Labour）的關鍵人物。在布萊爾和布朗首相的內閣多次擔任大臣。

15. Cabinet Office Strategy Unit（內閣辦公室策略單位）：係統合內閣政策的單位。

16. Andrew Adonis：爲工黨的政治人物，在布萊爾和布朗首相的內閣多次擔任大臣。

17. RSA：同圖 1 的 8。

18. David Miliband：在布朗首相的內閣多次擔任大臣，和前述 Ed Miliband 爲兄弟。

19. The Work Foundation：同圖 1 的 3。

20. Involve：同圖 1 的 9。

21. Overseas Development Institute：同圖 1 的 26。

22. SSAT：同圖 1 的 30。

23. Mathew Taylor：在 2006 到 2021 年爲智庫 RSA 主席，並在布萊爾首相內閣主持「唐寧街決策小組」。

24. Gordon Brown：工黨首相布朗，任期爲 2007 到 2010 年。

25. Smith Institute：同圖 1 的 12。

26. David Helpern：在 2001 到 2007 年爲布萊爾首相決策小組的分析師，與內閣關係密切。

27. David Blunkett：於布萊爾首相內閣曾任教育與就業部大臣（1997-2001），以及內政和勞工兩部的大臣。

28. Geoff Mulgan：在 2011 到 2019 年擔任智庫 NESTA 的執行長。也是智庫 Demos 的共同創辦人（1993-1998），智庫 Young Foundation 的 CEO。也曾任布萊爾首相時的「唐寧街決策小組」主管。

29. Jonathan Powell：網路上同名者多，無法確定爲何者。

30. Nexus：同圖 1 的 28。

31. The Design Council：同圖 1 的 7。

32. Conor Ryan：網路上同名者多，無法確定爲何者。

33. Michael Barber：他是學者出身，受邀去檢視政府的行政改革。之後曾任職於麥肯錫全球教育公司（McKinsey's Global Education Practice），並著有《學校如何改革成功》的書。

　　圖 2 顯示的是工黨的政府官員與智庫的關係，有些在前述已提過，這裡只就與教育較有關的人物做說明。布萊爾和布朗是首相，David Blunkett 和 Ruth Kelly 都擔任過布萊爾首相的教育部長。Tom Bently、Neal Lawson、Patrick Diamond 和 Charles Leadbeater 都是來自智庫，然後擔任首相或部長的顧問（Ball & Exley, 2010: 164），可見他們關係之密切。

　　工黨執政時的政策決定單位是「唐寧街決策小組」（Downing Street Policy Unit, DSPU）。它的主管 David Milliband 先前就是在 IPPR 工作。工黨執政時的第一位教育部長 David Blunkett 的顧問 Nick Pearce，後來也變成 IPPR 的執行長。另一個顧問 Tom Bently 原來是 Blunkett 的顧問，後來成爲 Demos 智庫的主持人（1998-2006）。Andrew Adonis 原先是記者，也是 Tony Blair 的教育顧問，然後爲 Demos 工作，再加入「唐寧街決策小組」。Ruth Kelly 也曾在 IPPR 任職，他當教育部長時又從 IPPR 找了 Richard Darlington、Will Paxton、Dan Corry 和 Gavin Kelly 來當顧問（Exley, 2014:182）。

二、保守黨與智庫的關係

　　這裡是以 2010 年後，卡麥隆執政時與智庫的關係爲例。這時偏右派的智庫又有發揮的餘地了。老牌的 CPS、「亞當・斯密研究所」（Adam Smith Institute）、「經濟事務研究所」（The Institution of Economic Affairs）和 Politeria 有其顯著的地位，CPS 還是最風光。新寵有「社會正義中心」（Centre for Social Justice）[9]，它出來指控工黨執政時未能增進英國的社會流動。Policy Exchange[10]此一智庫也變成強有力的源頭（wellspring），教育大臣 Michael Gove 是其創辦人之一。Sutton Trust、Civitas 和「新學校

---

[9] 這是在 2004 年由 Iain Duncan Smith、Tim Montgomerie、Mark Florman 和 Philippa Stroud 成立。在卡麥隆執政時期影響力最大。不過，在官網上它宣稱是中立的，不扯政黨（Centre for Social Justice 官網）。但卡麥隆在回憶錄中稱他和基金會的這三個人是可以一起吃披薩、喝啤酒的好朋友（Cameron, 2019:63）。

[10] 於 2002 年創立，在它的官網是宣稱獨立的（independent），相當具有影響力。主張用市場機制來改革公共政策，自由學校（free school）就是它所提出的。

連線」（The New Schools Network, NSN）的計畫都直接成為政府的政策
（Exley & Ball, 2011:108-109）。

　　在 2010 年後，保守黨與自民黨（Liberal Democratic Party）的聯合政
府中，保守黨的教育大臣 Michael Gove 的顧問 Henry de Zoete，之前是智
庫 Reform[11] 的選舉經紀人。另一位教育部的顧問 Sam Freedman 是前任中
間偏右智庫 Policy Exchange 的執行長。教育部的發言人 Gabriel Milland 之
前也是智庫 Policy Exchange 的新聞祕書。教育部的公關主任是來自 Tax-
payer's Alliance 的主管（Exley, 2014:182）。前述 Civitas 的執行長 Rachel
Wolf 就是 Michael Gove 前任的顧問。前述「新學校連線」的董事之一
Sir Bruce Liddington 後來成為 EACT[12] 的執行長。EACT 是公辦民營學校
（academies）的基金會（Exley & Ball, 2011: 109）。可見，他們之間關係
之密切。

 ## 肆　英國的政黨智庫對教育政策的影響以及對我國的啟示

　　從上述的討論，可得出以下的五個特點：

一、從佘契爾夫人倚賴的「政策研究中心」（CPS）以來，已塑造了往後的教育方針

　　從回顧的角度看，「政策研究中心」此一智庫可說是英國《1988 年
英國教育改革法》的源頭，而此一改革更塑造了這 30 幾年來的英國教育，
即使是工黨執政，也未曾去改變它。甚至於保守黨在 2010 年上臺後更變
本加厲，大力提倡公辦民營的學校，把公共行政當成私人企業的管理在經
營。在這過程中，智庫扮演了中介的角色，使得政治人物能遂行其意圖。

---

[11] 此一智庫原名 Reform Research Trust，2001 年創立，它出版各種改革建議的報告，尤
其是經濟方面。

[12] 原名稱為 Edutrust Academies Charitable Trust，它經營了 28 所公辦民營學校。

從現在回顧，1988 年教育改革的政策幾乎都還在執行，包括國定課程、家長選擇權等，市場化機制澈底實施，尤其是公辦民營學校的增加已比當時的構想更爲澈底。而工黨執政的 13 年也沒有去改它，只是比較強調下階層子女往上的社會流動（social mobility），但成效不彰，英國的貧富差距還是不斷在擴大（Lawton, 2005:158）。在這個過程中，英國的智庫確實扮演了重要的角色，只是其成效仍難以評估。

二、「智庫」（think tanks）已成為「行動庫」（do tanks）

這是指從佘契爾夫人以來對文官體制的不信任，而直接用顧問等名譽將智庫的人員變成決策官員，就像我們的政務官之任用。不但保守黨如此，工黨執政時期也一樣繼續沿用。民間智庫被認爲較有活力，點子比較多。而官僚體系相對地就被認爲是陳腐的。這是有些道理，但是從智庫來的「人才」常常也只是玩票性質，不是長期在鑽研教育問題，不管是國會議員出任教育部長（這是內閣制的定制）還是智庫人員轉任顧問，常常都是教育的門外漢。他們靠的是與首相的關係。當然，由學者、專家出任一樣會有問題，但比較不會講外行話。

Exley 指出，智庫等於是教育政策網絡裡的重要「結點」（nodes）（Exley, 2014:183），經過它可以在民間與政府之間到處遊走，這在前述的網絡圖已可明顯看出。也就是智庫是政治人物的養成所或是避難所，尤其是在野時可以養很多人。它們的報告書可以是在試探風向，也可以一夕之間成爲政府的官方文書，如前述保守黨的 Kenneth Clark 的作法，它們是了解政治走向的先鋒，也是民主政治裡的特殊現象。像「政策研究中心」、「公共政策研究所」等依附在政黨的智庫，也被稱爲「使命」（advocacy tank）智庫，不是在做客觀的研究（Denham & Garnett, 2006:156），喪失了中立、客觀的地位。

三、直接移植民間智庫的教育實驗使成為政策

很明顯的例子是前述 Sutton 基金會的 Choice Advice，也是被工黨政

府直接搬來用。「教學第一」（Teach First）的師資培育，在 2010 年由保守黨與自民黨聯合政府直接引用為政府的政策。而保守黨為了實施課後輔導，教育部長 Michael Gove 也從中間偏右的智庫 Civitas（2021）採用其「新模範學校」（New Model Schools）的模式（Exley, 2014:182）。後續的「新學校連線」所建立的自由學校規模更大。

教育實驗的可行性本來就不高，因為實驗時常會有「霍桑效應」（Hawthorne effect），參與者充滿熱情，還有許多額外的支援，實驗常常會成功。可是，一旦進入政府體制，公務員少了這些熱情，而且，要受到許多法規的限制，如我們的《政府採購法》。這些都造成教育實驗即使非常嚴謹，也未必能移植成功。何況民間團體興沖沖一頭熱，常常不夠嚴謹，也宣稱成功。所以，筆者對於這樣的作法從不看好。前述的「教學第一」等措施就是非常典型的移植，而且是很另類的作法，政黨想出奇招來博得掌聲。

四、智庫成為教育政策外包（outsourcing）的對象

政府業務外包的增加，也是警訊之一。在企業管理，為了省錢，政府也常使用派遣工。好處是認為民間企業效率較高，包括像 BOT 的重大建設。這種引用企業管理的手法來當成公共行政的方式，常常會扭曲了政府應該以「服務」為主要目標。前述卡麥隆時期委託「新學校連線」（NSN）來推行「自由學校」，就是典型的例子（Exley, 2014:187）。結果是過程粗糙，不斷被批評，害得智庫也只好宣布退出。

英國中小學教育的公辦民營學校比例不斷提高，但根據智庫「教育政策研究院」（Education Policy Institute, EPI）2016 年發表的研究，公辦民營學校的成績表現並不比由地方教育局辦的純公立學校要好，至少有 5 所公辦民營學校比公立學校差（Wikipedia, 2021/12/13）。我們的政府機關出差錯時，也常常把責任推給外包廠商，這不是好現象。

五、公務員與政府組織被邊緣化

英國智庫的另一個負面現象就是對文官體制的破壞，不具文官資格的人以各種名譽出任司長級（junior minister）以上職位大增，文官只能被晾在一邊。當「智庫」變成「行動庫」之後，高級文官被排擠，只能站到一邊去。這是從佘契爾夫人開始就非常不信任文官，認為他們沒有創意，是官僚作風。但是，他們引用智庫來的人，常常是門外漢，做不出成績就一走了之，還是得由常任文官來收攤。

文官體制固然有其缺點，但過多從智庫來的新血也不見得是好事，等於是在打擊文官的士氣。我國自從政黨輪替之後，各級政府的政務官比例不斷增加。就好處而言是比較有彈性及吸引各種人才，但這些人常是執政黨所認可的對象，當以政黨的利益考量為優先時，全民的利益將被犧牲，這不是好現象。政務官的範圍不斷擴大，就可能破壞文官體制。

 伍　結論

照理，智庫是從事客觀的研究之後，提出有益於國計民生的建議。但從本文檢視了英國的智庫對教育政策的影響，發現與政黨關係密切的智庫影響力最大，用盡各種手法直接影響教育政策。從幾位首相的回憶錄中，保守黨的佘契爾夫人和梅傑對教育談最多，或許是他們的回憶錄篇幅較多。工黨的首相談的很少，尤其布萊爾根本沒談到。

從上述的研究得出，英國的智庫對教育政策扮演了重要的角色，且與政治人物有緊密的依存關係，也大大地形塑了英國的教育政策。主要有五個發現如下：一、從佘契爾夫人倚賴的「政策研究中心」（CPS）以來，已塑造了往後的教育方針。二、「智庫」（think tanks）已成為「行動庫」（do tanks）。三、直接移植民間智庫的教育實驗已成為政策。四、智庫成為教育政策外包（outsourcing）的對象。五、公務員與政府組織被邊緣化。這些發現實在難以判斷是好的影響還是壞的影響，就目前的看法應該是好壞參半，值得再去檢討。

參考文獻

一、中文部分

李奉儒撰（2000）。〈英國1988年的教育改革法〉，刊於**教育大辭書**。[Education Reform Act, 1988] (U.K.)-〔1988年教育改革法案〕（英國）（naer.edu.tw）

黃廷康撰（2020）。書評：〈評*Reign of error: The hoax of the privatization movement and the danger to America's public schools(Vintage, 2014)*〉，刊於**教育研究集刊**，**66**(1)，頁103-110。

為臺灣而教（2022）。官網：TFT為臺灣而教｜加入TFT計畫　改變臺灣教育不平等（teach4taiwan.org）。

蘇永明（2003）。英格蘭的「教學總會」。刊於楊深坑主編，**各國教師組織與專業權發展**。臺北市：高等教育出版社。

二、英文部分

Academies in England and Wales (2022). Academies in England and Wales-ReviseSociology.

Adam Smith Institute官網 (2022). Adam Smith Institute - Adam Smith Institute.

Ball, Stephen (1993). Education, Majorism and "the Curriculum of the Dead". *Curriculum Studies*, Vol. 1, No. 2. pp. 195-214.

Ball, Stephen & Exley, Sonia (2010). Making policy with 'good ideas': policy networks and the 'intellectuals' of the New Labour. *Journal of Education Policy*, Vol. 25, No. 2. pp. 161-169.

Bentham, Justin (2006). The IPPR and Demos: think tanks of the new social democracy. *The Political Quarterly*, vo. 77. No.2. 166-174.

Blair, Tony (2004). *New Britain: my vision of a young country*. Cambridge, MA.: Westview.

Blair, Tony (2010). *A journey: my political life*. New York: Alfred A. Knopf.

Bower, Tom (2016). *Broken vows: Tony Blair-The tragedy of power*. London: Faber & Faber.

Brown, Gordon (2017). *Gordon Brown: my life, our times*. London: Vintage.

Callaghan, Daniel (2006). *Conservative party education policy 1976-1997: The influence of politics and personality*. Brighton: Sussex Academic Press.

Cameron, David (2019). *For the record*. London: HarperCollins.

CPS官網, Centre for Policy Studies (2022). The Centre for Policy Studies (cps.org.uk).

Centre for Social Justice官網 (2022). The Centre for Social Justice.

Civitas官網 (2021). On Think Tanks | Civitas.

Crown Copyright (1996). *School Inspections Act 1996*.

DCSF (Department for Children Schools and Families) (2010). Space for Personalised Learning Project: Final Report. http://issuu.com/davislangdon/docs/s4pl_final_report.

Demos官網 (2022). About - Demos.

Denham, Andrew & Garnett, Mark (2006). 'What works'? British think tanks and the 'end of ideology'. *The Political Quarterly*, vo. 77. No.2. 156-165.

ESRC (2005). *SSRC/ESRC the first forty years*. Swindeme: ESRC.

Exley, Sonia (2014). Think tanks and policy networks in English education. In M. Hill (ed.) *Studying public policy: An international approach*. Bristol: Polity Press. pp.179-189.

Exley, Sonia (2012). The politics of educational policy making under New Labour: an illustration of shifts in public service governance. *Policy and Politics*, *40*(2). pp.227-244.

Exley, Sonia & Ball, Stephen (2011). Something old, something new: Understanding Conservative education policy. In Bochel, H. (ed.) *The Conservative party and social policy*. Bristol: Policy Press. pp. 97-117.

Involve官網 (2022). involve | people at the heart of decision-making | involve.org.

uk.

Hill, M. (ed.) *Studying public policy: An international approach*. Bristol: Polity Press. pp.179-189.

IPPR官網, Institute for Public Policy Research (2022). Home | IPPR.

Lawton, D. (2005). *Education and Labour Party ideologies: 1900-2001 and beyond*. London: RoutledgeFalmer.

Major, John (2000). *John Major: The autobiography*. London: HarperCollins.

Mulgan, Geoff (2006). Think in tanks: The changing ecology of political ideas. *The Political Quarterly*, vo. 77. No.2. 147-155.

New Model School官網 (2022). New Model School - Vision and Values.

NSN官網, New Schools Network (2022). https://www.newschoolsnetwork.org/free-schools-the-basics

Ofsted .(2000).*Handbook for Inspecting Primary and Nursery Schools with Guidance on Self-Evaluation*. London: OFSTED Publications. http://www.ofsted.gov.uk

Page, Robert M. (2011). The Conservative Party and the welfare state since 1945. In Bochel, H. (ed.) *The Conservative party and social policy*. Bristol: Policy Press. pp. 23-39.

Pocliy Exchange官網 (2022). About Us - Policy Exchange.

RUSI (2022). Homepage | Royal United Services Institute (rusi.org).

Social Mobility and Child Poverty Commission, (2014). *State of the Nation 2014: Social Mobility and Child Poverty in Great Britain*. 20 Oct. 2014. https://www.gov.uk/government/uploads/system/uploads/attachment_data/file/365765/State_of_Nation_2014_Main_Report.pdf

Sutton Trust (2014). *Social Mobility Manifesto*. http://www.suttontrust.com/wp-content/uploads/2014/09/Mobility-Manifesto-2015.pdf.

Thatcher, Margaret (1993). *The Downing Street years*. London: HarperCollins *Publishers*.

Thatcher, Margaret (1995). *The path to power*. London: HarperCollins *Publishers*.

The commission of social justice (1994). *Social Justice: strategies for National Renewal*. London: Vintage.

Wikipedia (2022/5/9). List of think tanks in Britain. https://en.wikipedia.org/wiki/List_of_think_tanks_in_the_United_Kingdom

Wikipedia (2022/11/16). Ed Balls. Ed Balls - Wikipedia.

Wikipedia (2022/5/27). Demos. Demos (UK think tank) - Wikipedia.

Wikipedia (2021/12/13). *Education Policy Institute*. Education Policy Institute-Wikipedia.

Young Foundation官網 (2002). The Young Foundation – Shaping a fairer future-We are the UK's home for community research and social innovation.

第三章

美國主要教育智庫

陳榮政

倫敦大學教育學院聯位學位
國立政治大學教育學系教授兼系主任

李重毅

國立政治大學教育學系碩士生

黃耀農

國立政治大學教育學系博士生

壹　前言

　　自 20 世紀被稱爲「知識分子的世紀」以來（Judt & Snyder, 2012），
21 世紀爲面對全球化與資訊化的衝擊，智庫的數量更是受了春露的洗禮
一般不停成長，Medvetz（2007）指出由智庫所提出的政策報告（policy re-
ports）、政權轉移指引（presidential transition manuals）與立法方針（legislative
guides）使其近年更容易被社會看見，且在政治、經濟、教育、文化、外
交等領域中發揮愈來愈重要的作用。而 McGann（2010）的研究更是指出
智庫在美國的社會地位被視爲是除了傳統的三權與媒體第四權之後，對政
府執政與政策決定有著重要影響力的第五勢力。

　　McGann（2020）在針對智庫排名的報告中，將智庫分爲七類。首先
是自主獨立（Autonomous and Independent），此類智庫顯著獨立於任何利
益團體或捐款者，且在執行與政府的資助中保持自主性。而具有準獨立
（Quasi Independent）特性的智庫自主於政府但被提供大部分資金的利益
團體、捐款者或是承包機構所控制，且得以操作智庫中運行的大部分計
畫。附屬於政府（Government Affiliated）的智庫則屬於正式之政府結構的
一部分。至於僅接受政府資助與承辦政府計畫的計畫，但不屬於正式之政
府結構則爲準政府（Quasi Governmental）智庫。除與正負相關外，部分
智庫也附屬於大學或是政黨。附屬於大學（University Affiliated）的智庫是
爲大學的政策研究中心；附屬於政黨（Political Party Affiliated）的智庫則
正式附屬於一特定政黨。最後屬營利法人（Corporate [For Profit]）的智庫
是具營利導向的公共政策研究組織，並附屬於企業或以營利爲目的進行研
究。

　　在教育政策研究領域，美國最具代表性的教育智庫有：美國教育科學
研究所（Institute of Education Sciences, IES）、布魯金斯學會布朗教育政策
研究中心（Brown Center on Educational Policy at Brookings, BCEP）、蘭德
教育與勞工研究部（Rand Education and Labor, REL）、美國教育政策聯盟
（The Consortium for Policy Research in Education, CPRE）、美國教育政策
中心（Center on Education Policy, CEP）等。本文即就各智庫在發展歷程、

組織現況與分工、運作之內涵與重要政策分析以及對學術與社會之影響做以下說明。

 ## 美國教育科學研究所

一、發展歷程

　　爲提升美國國內中小學生的學業水平並撫平學生群體間的巨大差距，美國國會於 2001 年簽署《沒有孩子落後法案》（No Child Left Behind, NCLB）（Husband & Hunt, 2015）。同年 11 月則由美國國會通過《教育科學改革法案》（Education Sciences Reform Act of 2002）並成立美國教育科學研究所（Institute of Education Sciences, IES），由國家教育科學委員會（National Board for Education Sciences）諮詢與監督，爲美國的教育實施與政策制定提供嚴謹的科學證據，也提供統計資料與資金使教育領域的研究者得以深入剖析國內外的教育現況並提出能改變教育現場問題的解決方法（陳清溪，2010）。

二、組織概況與分工

　　在美國教育科學研究所（2010）之組織結構中，設有由總統派任的院長（Director）一人，任期爲一年；每年可獲得超過兩億美元之預算，並聘有近兩百名職員，設有四個研究中心，且於各中心設有主任（Commissioner）一人。

　　下圖即爲美國教育科學研究所（2018）之組織架構圖：

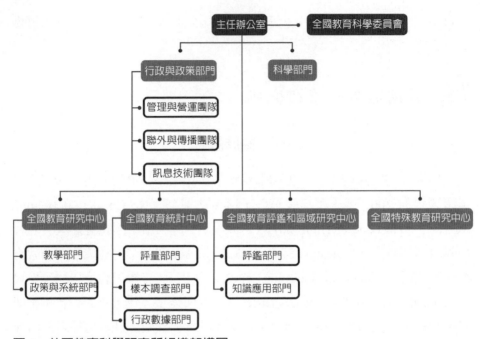

圖 1　美國教育科學研究所組織架構圖

資料來源：取自 https://ies.ed.gov/help/ieschart.asp

四個研究中心之名稱與所負責的功能如下列：

㈠國家教育研究中心（**National Center for Education Research, NCER**）

　　NCER 主要的功能在於支持增進教育品質的研究、增加學生學業成就、減少高成就與低成就學生間的差距以及增加第三期教育（postsecondary education）之易取得性與完整性（Institute of Education Sciences, 2006）。在各學科領域和教師培訓與領導等範疇中，NCER 的研究者會對現存教育計畫、實施方式與政策施予評量，此外，亦斡旋於新興教育的發展中，同時評估舊有教育計畫與實施的效力並發展相關評估工具（Institute of Education Sciences, 2010）。

㈡國家教育統計中心（**National Center for Education Statistic, NCES**）

NECS 是美國聯邦政府的首要國內外教育現況分析機構，承接美國國會的命令，蒐集、校對、分析並報告與教育相關的完整分析資料。在主任之下，亦設有評鑑、抽樣調查與行政區劃資料三個分析部門（Institute of Education Sciences, 2010）。

㈢國家教育評鑑及區域協助中心（**National Center for Education Evaluation and Regional Assistance, NCEE**）

NCEE 由聯邦資助實施不具偏見的大規模教育評鑑計畫，提供技術支援並支持美國在教育中評鑑的發展與使用（Institute of Education Sciences, 2010）。NCEE 的最終目的在於提供迅速且易取得的線上循證資訊，包含聯邦與非聯邦教育評量的設計與方法、提供實踐地區性教育實驗室技術性的支持與全國性和在地性的發布關於能增加學生學習成就的有效計畫與教學方法予公部門、私人機構、高等教育機構、家長、教師、媒體以及大眾（Institute of Education Sciences, 2006）。

㈣國家特殊教育研究中心（**National Center for Special Education Research, NCSER**）

NCSER 支持著全面性的教育研究計畫，專門設計供予擴展對身障嬰幼兒和可能成為身障者的人的知識與對其的理解。

三、運作的內涵與重要政策分析

美國教育科學研究所的主要任務是為教育政策及措施供給證據，同時傳播這些訊息（Whitehurst, 2003）。美國教育科學研究所為一獨立且不受任何政治力量影響之機構，為美國教育部實施先導性研究，旨在為教育家、家長、政策制定者、研究者與其他大眾提供統計、研究及評鑑的科學性證據，以利其實施教育與制定政策，最終目標是改善國家所有學生學習成果，且特別關注於學習成效低落的學生（陳清溪，2010；Institute of

Education Sciences, 2010）。

美國教育科學研究所（2010）發表其主要工作項目為以下六項：

㈠為美國提供其學生教育服務的敘述性資料

蒐集並分析教育現況之資料，包含成人的教育與其識字能力以支持國際評鑑，同時施行國家教育進展評測（National Assessment of Educational Progress, NAEP）。

㈡以了解教育在何處需要改善及如何改善為目標，實施調查並資助研究計畫

美國教育科學研究所的長期調查，提供全國的代表性數據描述學生在學校以及未來工作場域的發展。而跨部門調查則提供學生與教育系統在特定時間的學習與實行成效。同時亦資助使用上述與其他資料的研究計畫，使得在教育所需改善的議題下能獲取更深入的研究成果。

㈢對於能改善所有學生學習成效的創新教學方法提供資助與嚴謹的評測

對能解決教育問題的教學方法在每個階段（設計、前導研究與測試）提供全面的支持，隨著美國教育科學研究所的協助，研究者們能夠學習使教學進步的方式，學生行為、教師學習與學校系統組織的相關知識。

㈣實施大規模的聯邦教育計畫與政策之評鑑

本評鑑描述國家教育要務的複雜議題，諸如成為預備教師的另類途徑之影響、教師與領導評量系統、學校進步倡議以及學校選擇計畫。

㈤提供資源以增加在教育決策中所使用的資料與研究

透過美國有效教育策略資料庫（What Works Clearinghouse, WWC），美國教育科學研究所針對教育中能被應用的研究實施獨立審查。同時地區教育實驗室（Regional Educational Laboratories）提供學習找出可被運用之研究的機會，並包含教練、訓練以及其他研究支持。此外，在美國教育科學研究所中的全州縱向數據系統（Statewide Longitudinal Data System），

使得決策者可以更有效地取得即時教育資訊。

㈥透過專門訓練與研究方法發展的協助，提供統計方面與研究的支持

美國教育科學研究所非但資助博士前與博士後培訓計畫，亦包含資料庫訓練與教授最新主題予統計學家和研究者的短期課程。美國教育科學研究所對於研究方法的經驗性成果，確保教育資料與研究的精確性、效能與成本效益能持續進步。

四、學術與社會影響

㈠學術層面

在 Whitehurst（2003）對美國教育科學研究所的分析中，提及隨機分派試驗為當代研究法的黃金準則，但是隨機分派的方法仍無法適用於解決所有問題，近期的教育相關研究即顯示隨機分派試驗僅能代表 6% 的美國教育研究期刊出版的研究，而美國教育科學研究所則致力於將研究導向使用更能真實呈現教育現況的研究方法。Spybrook、Shi 與 Kelcey（2016）的研究亦呈現出，由美國教育科學研究所資助的研究具有真實且一致的精確性，能反映真實的教育現況，且認為未來更有潛力產出對於教育改善方案的高品質證據。

同時，美國國會亦會根據當前重要法案與政策，下令美國教育科學研究所提出引導國內研究所需之報告。Seastrom（2017）便依循如此的脈絡響應美國當時《每一個孩子都成功法案》（Every Student Succeed Act, ESSA）提出相關報告，目的在於幫助實施研究的學者能夠在研究中蒐集最小樣本數（minimum n-size）的同時，使研究有效且可靠並且保護學生個人資訊不外洩。

除代表國家提供研究者當前研究方向的指引外，美國教育科學研究所也會資助研究計畫使不同項目的研究得以實行（Institute of Education Sciences, 2010），而如前文揭示的美國教育科學研究院中四個主要研究中心所司之職掌，對於學術界亦提供不可或缺的國內外教育相關統計資料，作

為研究者的參考數據。

(二)社會方面

美國教育科學研究所在社會方面的貢獻，主要試圖將研究成果轉化成為實際的措施，包括針對現有之教學方法以及新興之方法提供評鑑，同時發展符合現今需求的評量工具；而在政策方面也為聯邦政府提出之政策實施成效的評估；此外，在特殊教育領域亦提供相關研究之資料，使決策者與教學者能根據其發展相應的政策與教學方法（Institute of Education Sciences, 2010; Institute of Education Sciences, 2018）。

如 Connor、Alberto、Compton 與 O'Connor（2014）在其由美國教育科學研究所委託之報告中，提及美國教育科學研究所提倡應於學期初評量學生的閱讀能力並隨學期推進追蹤學生的成長，此外，也應研發更符合學生的創新測驗方式且將身心障礙者納入考量中；而在教育心理層面，教育科學研究也提出重視學生認知能力發展以及具延展性的語言學習程序；最後提及教育科學研究對於有效化身心障礙學生的指導語，亦提出相關研究與解決方案。

在美國教育研究院（2018）對國會的兩年一度報告中，也提出其在2017至2018會計年中對社會提出的貢獻，諸如協助波士頓公立學校（Boston Public Schools, BPS）與紐約市公立學校（New York City Schools）建構早期數學課綱；透過小企業創新研究計畫（Small Business Innovation Research Program, SBIR），幫助國內數千學校與數百萬學生使用科技進行教學；在美國教育科學研究所中的美國有效教育策略資料庫也綜合現存之有效教學方法、教學計畫與政策，提供予聯邦、州立與在地政府作為決策依據，在兩年間已發布 30 篇協助改善教育之報告。此外，美國教育科學研究所還有更多試圖將研究成果與統計資料轉變為能改善教育的計畫，並且發布給美國國內的各決策機關、研究者、教育家以及關心教育議題的大眾。

參　布魯金斯學會布朗教育政策研究中心

一、發展歷程

布魯金斯學會（Brookings Institution），前身為由華盛頓董事會主席羅伯特・布魯金斯等人於 1916 年創立之政府研究所（Institute for Government Research, IGR）（Willoughby, 1918）。後於 1927 年成立布魯金斯學會，致力於成為學術研究與政策制定間的橋梁，為決策者帶來新的知識且提供學者深入洞悉公共決策的議題（Umbach, 2004）。

在 1936 年 Brookings 出版的傳記中提及，他認為第一次世界大戰後，政府缺少適合教育產業的人力資源，而開始關注教育領域，並在 1957 年開辦教育經營管理相關計畫，即為至今眾人所知的布魯斯金教育經營管理計畫（Brookings Executive Education）（Washington University in St. Louis, 2018）。隸屬於美國布魯金斯學會，布朗教育政策研究中心的目的為將科學鑑賞和科學方法帶入現今教育政策中，藉由品質好且獨立之研究，影響學校效率和學生生活（Brookings Institution, 2017）。

二、組織概況與分工

布魯金斯學會連續八年（2009 至 2016 年）在賓州大學發布之全球智庫報告中，位居全球綜合排名第一（McGann, 2010, 2011, 2012, 2013, 2014, 2015, 2016, 2017）。布朗政策教育研究中心的研究範圍十分廣泛，包括相關學校制度、班級規模大小安排、教學及教師事務、學生教育及學生事務、養老金、學區和其管理者對學生成果之貢獻，以及美國學生在國際評量中之學術成果（Brookings Institution, 2017）。

布朗教育政策研究中心屬民間性質之機構，資金來源多樣化，布魯金斯學會（2017）提出的年度報告（如圖 2）指出其資金主要來自外界贈款（95%）、出版品（2%）以及其他收入（3%）（Moore, 2017）。

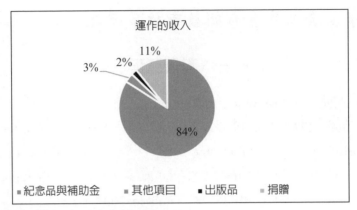

圖2 布魯金斯學會 2017 年度營業收入

資料來源：取自 https://www.think-asia.org/handle/11540/10228

因其資金來源多元，布朗教育政策研究中心之研究項目與結果不受外力干涉，而具有較高之公信力與可性度，能對教育政策產生更高的影響力（郅庭瑾、吳晶，2014；趙芳，2016）。

此外，布朗中心亦建立布朗中心黑板部落格（Brown Center Chalk-board），由中心學者和相關專家以研究為根基所提出的分析及意見（Brookings Institution, 2016）。而布朗中心自 2000 年起，每年皆發布《美國教育報告》（*Brown Center Report on American Education*）分析教育狀況，每年以最新的學習標準進行趨勢的解釋和分析測試，以評估未來教育改革之方向（Brookings Institution, 2017）。

三、運作的內涵與重要政策分析

布朗中心旨在提升美國教育品質以影響學校及學生（Brookings Institution, 2017），且認為提升美國教育品質十分重要，因而希望通過釐清教育體制的問題，加上科學的協助，提出解決方案（趙芳，2016），例如在《美國教育報告》中，歷年都會以不同內容在特定範圍內做深入研究與報告，2018 年便是結合 Broadnax（1976）的理論，以公共政策的四個基本元素（規劃、採用、執行及評估）對教育評估的表現、公民教育的培

養以及對社會科教師的看法做分析（Hansen, Levesque, Valant, & Quinteron, 2018）。又如 Akers 與 Chingos（2014）在學生貸款的危機中，提出許多學生對貸款一無所知卻又於貸款後無力償還之能力，後於 2016 年參與高等教育法案的議題，希望確保大學的負擔能力、減輕負擔（Brookings Institution, 2016）。

四、學術與社會影響

近年因各地智庫引起大眾之關注，智庫對政策的影響持續在增加（Donald E. Abelson, 2014），而布朗中心雖然獨立性強，得以維持公平、公正之立場，但同時無權直接參與訂定政府相關決策，只能間接影響並從旁提出建議（劉燕，2020）。

宣葵葵（2016）及劉燕（2020）探討布朗中心對學術及社會之影響中指出學者和政府官員流動頻繁，卸任的官員離職後到智庫從事政策研究分析工作，智庫裡的研究人才，則進入政府部門；用輿論讓公眾思考教育政策，持續將評論及研究成果，以自身平台、雜誌、報刊及採訪，呈現給大眾，用清楚、透明的資訊引導人們思考；參與國會聽證會，影響政府之教育決策，積極參與多場立法相關之討論，出席多場聽證會提供證詞，減少草案和修正案的缺失和遺漏。

承上學者提出布魯金斯學會布朗教育政策研究中心之貢獻，能發現該中心致力於探索教育領域中不同面向的議題，Tom Loveless（2015）在該年的年度報告中便以閱讀為主軸，探索《閱讀中的性別差異、共同核心州課程標準》（Common Core State Standards, CCSS）對英語閱讀成就之影響以及學生參與度的相關議題。如若繼續向前觀察過去提出之報告，Loveless（2013）亦有將焦點放在促進國際閱讀素養研究（Progress in International Reading Literacy Study, PIRLS）與能力分班（tracking）和能力分組（ability grouping）。另外，除了如美國教育報告的年度總報告之外，布朗教育政策研究中心也會提出具主題性的年度報告，如《教育選擇與競爭索引》（Education Choice and Competition Index），在 2014 的索引中便以

家長教育選擇權爲主軸探討其在多樣的另類教育機構間（如特許學校、私立學校與磁力學校等），能被行使的幅度與其所代表之意涵（Whitehurst & Klein, 2015）。

　　布魯金斯學會布朗教育政策研究中心透過當前被關注的教育政策與議題，結合專業學者的研究與統計，實現將研究的結果與知識帶入決策體系，使政策的制定更加精確，也藉由觀察政策對社會帶來的衝擊，提供研究者未來的研究方向，給予過去政策能夠被反思與改善的機會。

 ## 蘭德教育與勞工研究部

一、發展歷程

　　蘭德公司（Research and Development，簡稱 RAND）是一家解決公共政策挑戰的研究機構。隨著二次大戰接近尾聲，人們顯然無法保證完全且永久的和平，因此陸軍、科學研究與發展辦公室和工業界的前瞻性人士開始討論建立一個私人組織的必要性，以便將軍事規劃與研發決策聯繫起來；二戰後，蘭德計畫從加州聖莫尼卡的道格拉斯飛機公司分離出來，成爲一個協助推進全球社區安全、衛生與繁榮的事業，是一個獨立的非營利無黨派組織（RAND Corporation, 2022c）。

　　到 20 世紀 60 年代，蘭德公司將其經驗主義、無黨派、獨立分析的模式用於研究許多緊迫的國內社會、經濟和教育問題。蘭德公司分設 17 個機構部門，而蘭德教育研究部（RAND Education）成立於 20 世紀 70 年代，是蘭德公司專門負責教育政策研究的分支機構，目前已調整組織爲蘭德教育與勞工研究部（Rand Education and Labor）（RAND, Corporation 2022c）。

二、組織概況與分工

　　蘭德教育研究部將其使命定調爲以研究與分析做基礎，提出改善教育政策的建議並協助決策者制定政策（RAND Corporation, 2022a）。目前蘭

德教育與勞工部進行嚴謹、客觀的研究，以幫助決策者和從業者找到應對教育和勞動力市場挑戰的解決方案（RAND Corporation, 2022c）。員工為來自各個學科的 200 多名專家組成，為他們的專案團隊帶來了各種各樣的專業、教育和文化背景；研究贊助單位包括政府機構、基金會和私營部門組織（RAND Corporation, 2022a）。蘭德教育和勞工部專注於對當今學校到工作管道及其他方面至關重要的領域，從幼兒教育到勞動力市場再到退休財務規劃。

　　蘭德公司亞太政策中心（RAND Center for Asia Pacific Policy）是專為亞太地區設置的研究部門，根據東亞、南亞、東南亞與大洋洲做分區分析，負責教育領域的政策中心為各國提出教育政策、計畫與學習的改善建議，著名的案例有印度高等教育資源重新分配政策（林信成，2015；RAND Corporation, 2022）。另外在蘭德教育研究部門當中，美國教育者小組（American Educator Panels, AEP）由三個具有全國代表性的教育者樣本組成（RAND Corporation, 2022d），他們就教育政策和實踐的重要問題提供反饋。這三個小組為美國教師小組、美國學校領導小組和美國學區小組（American School District Panel, ASDP）（RAND Corporation, 2022e）。

三、運作的內涵與重要政策分析

　　蘭德教育研究部門的政策研究領域及其內涵如下表 1。

表 1　蘭德教育研究部門的政策研究領域及其內涵

	政策研究領域	具體內涵
1	教育管理模式的多樣化	學區分權、定點式管理、市長控制
2	教育選擇權改革	特許學校、憑單制、擇校、私營部門管理
3	幼兒教育與校外時間	有效性、成本、品質、管理、供應、需求、享有權
4	教育公平	教育資源匱乏的群體、少數民族、移民、英語為第二語言的群體、殘疾人群體、國際教育政策
5	K-12 學校改革	基礎教育的設計、實施、評估、成本、初高中改革
6	高等教育	管理、教育項目、少數族裔的參與

	政策研究領域	具體內涵
7	校長、教師與教學	供應、需求、品質改進、領導力、績效薪酬、增值模型
8	基於標準的改革、責任制與考試	不讓一個孩子落後；增值與收益分析、投入、過程和業績指標制定，新的教育考試方式
9	技術、訊息與創新	電腦化的教育干預、以數據為基礎的教育決策
10	職業與成人教育	高中改革、從學校到工作的過渡、勞動力培養

資料來源：筆者整理。

自成立至今，蘭德教育研究部憑藉在教育政策研究與分析的成果所產生的影響力，建立了穩定的權威，並多次為美國教育推動具突破性的政策，例如：

(一)2001年教育券和特許學校

蘭德教育的研究人員對教育券和特許學校對學業成績、學校選擇、入學、融合和公民社會化的影響，進行了最全面的分析；他們的報告《Rhetoric Versus Reality: What We Know and What We Need to Know About Vouchers and Charter Schools》贏得了辯論各方的尊重（Gill, Timpane, Ross, Brewer, & Booker, 2007）。

(二)2017年延遲上學以促進經濟和公共衛生

蘭德研究人員的一項研究發現，將上學時間改為上午 8：30，可以在 10 年內將美國經濟提振 830 億美元，這些收益將來自更高的學術和專業表現，減少車禍以及其他好處（Troxel, 2017）。媒體對這項研究的廣泛報導和超過一百萬次觀看的 TED 演講，有助於引起人們對這個問題的關注。美國 23 個州的學區改變了 2017-2018 學年的上學時間，讓青少年在一天中身體最需要睡眠時，獲得足夠的睡眠時間。

(三)2021年確立COVID-19如何增加教師的壓力

蘭德研究人員調查發現，壓力是教師在 COVID-19 之前和期間辭職的主要原因，而疫情大流行迫使教師工作更多時間，並利用不熟悉的技術進行遠端教學，因而加劇了原本就已經很高的壓力；另一項調查發現，四分

之一的教師計畫在 2021 學年結束時離職，他們比一般成年人口經歷了更多的抑鬱癥狀，這當中又以黑人或非裔美國人的教師特別有可能考慮離開（Diliberti, Schwartz, & Grant, 2021）。

四、學術與社會影響

㈠對學術的影響

為能傳播蘭德公司之研究與改善社會現況的精神，其成立了帕迪蘭德研究生學院（Pardee RAND Graduate School）（如圖 3），是為當今決策分析的權威，以培育高級決策者為目標，並授予全球第一個決策分析博士學位（Pardee RAND Graduate School, 2022）。

在過去 50 年間，帕迪蘭德研究生學院已有超過 400 位具理論與應用技巧的校友畢業，且遍布於公私部門、學術界與非營利組織，同時在全世界處理跨國與跨學科領域的各式議題（Pardee RAND Graduate School, 2022）。

蘭德公司對幼兒期、K-12 和高等教育的研究涵蓋了評估和問責制、基於選擇和基於標準的改革、學校領導、教師效率、技術和職業培訓等問題。蘭德公司還探索生活技能，如媒體、健康和金融知識，以及走出課堂的時間如何影響學生的成績（Pardee RAND Graduate School, 2022）。

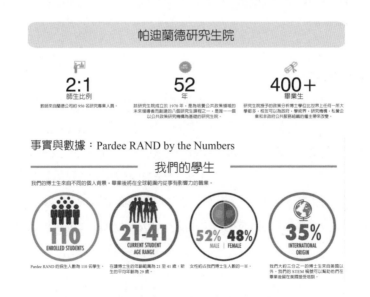

帕迪蘭德研究生院

2:1 師生比例
教師來自蘭德公司約 950 名研究專業人員。

52 年
該研究生院成立於 1970 年，是為培養公共政策領域的未來領導者而創建的八個研究生課程之一，是現一個以公共政策研究機構為基礎的研究生院。

400+ 畢業生
研究生院授予的政策分析博士學位比世界上任何一所大學都多，校友可以為政府、學術界、研究機構、私營企業和非政府公共服務組織的重要帶來改變。

事實與數據：Pardee RAND by the Numbers

我們的學生

我們的博士生來自不同的個人背景，畢業後將在全球範圍內從事有影響力的職業。

110 ENROLLED STUDENTS
Pardee RAND 的招生人數為 110 名學生。

21-41 CURRENT STUDENT AGE RANGE
在讀博士生的年齡範圍為 21 至 41 歲；新生的平均年齡為 29 歲。

52% MALE **48%** FEMALE
女性約占我們博士生人數的一半。

35% INTERNATIONAL ORIGIN
我們大約三分之一的博士生來自美國以外。我們的 STEM 機能可以幫助他們在畢業後留在美國接受培訓。

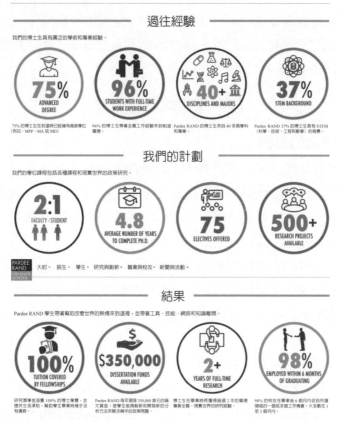

圖3 蘭德公司研究與業務範疇

資料來源：取自蘭德公司帕迪蘭德研究院官方網站 https://www.pardeerand.edu/about/facts-
figures.html

㈡社會影響

RAND 在其跨系列的研究中，使用多樣化研究方法已滿足其客戶、捐助者、與員工，並強調以下三大價值（RAND Corporation, 2022f）：

1. 可被信任的專家、分析與構想（Trusted source of expertise, analysis, and ideas）：時常與決策者一同工作的 RAND 研究者秉持高標準之科學精神與客觀性，確保研究與建議具有獨立、可靠與實際等特質。

2. 世界級跨領域專家面對多元問題（World-class talent matched to spe-

cific problems or needs）：RAND 的跨領域專家具有專業與實踐經驗，能夠發展並使用最新研究方法與工具處理政策中跨領域的複雜問題。

3. 獻身於促進公共利益（Commitment to advancing the public good）：RAND 致力將其研究成果轉變成為能被應用的方法，並傳播至各方利益關係者，影響政策制定，使其更趨公共利益，且不帶有商業、政黨與意識型態的偏見。

與 RAND 合作的機關包含多個部門且橫跨全世界，其中在公部門包含各國政府與非政府組織、美國聯邦政府以及美國地方政府（RAND Corporation, 2022f），致力於促進全球與地區性之健康、安全與繁榮（RAND Corporation, 2022g）。此外，RAND 也提供私部門戰術性與操作性建議以利其運作，尤以公、私部門合流時，如阿帕拉契夥伴倡議（Appalachia Partnership Initiative）即在討論美國阿帕拉契地區（Appalachia）K-12 的 STEM 教育與能源產業勞動力的發展（RAND Corporation, 2022f, 2022h, 2022j）。最後 RAND 也在慈善部門參與重要政策制定時給予創新建議語句證據基礎的選項，促進基金會與慈善社群做出創新的改革（RAND Corporation, 2022f, 2022i）。

 伍　美國教育政策研究聯盟

一、發展歷程

美國教育政策研究聯盟（The Consortium for Policy Research in Education, CPRE）成立於 1985 年，主要受到當年《國家處於危險之中，教育改革之必要性》（*A Nation at Risk: The Imperative for Educational Reform*）研究結果影響，由美國教育改革和研究辦公室出資設立於羅格斯大學（Rutgers University），並由 Susan Fuhrman 作為創辦人，爾後遷至賓夕法尼亞大學教育研究所（University of Pennsylvania, Graduate School of Education）的總部迄今（單文經，2000；The Consortium for Policy Research in Education, 2022a）。

二、組織概況與分工

CPRE 最主要由來自美國七所頂尖的大學教育學院組成——常被稱為「CPRE 7」。而目前的 CPRE 成員共來自八個單位，分別為以下：

1. 賓夕法尼亞大學教育研究所（University of Pennsylvania, Graduate School of Education）

2. 哥倫比亞大學師範學院（Teachers College, Columbia University）

3. 哈佛大學教育研究所（Harvard University, Graduate School of Education）

4. 史丹福大學教育研究所（Stanford University, Graduate School of Education）

5. 密西根大學教育學院（University of Michigan, School of Education）

6. 西北大學教育與社會政策學院（Northwestern University, School of Education and Social Policy）

7. 加州大學聖地亞哥分校（University of California San Diego）

8. 威斯康辛大學麥迪遜分校教育學院（University of Wisconsin-Madison, Wisconsin Center for Education Research）

CPRE 研究人員經常與當地、區域、國家和國際層面的許多教育機構、高等教育機構、教育學校、組織和協會建立正式的研究合作。與這些多元化的單位合作，使 CPRE 有機會在以下領域進行一些最具影響力的教育分析：閱讀素養、幼兒數據系統、高等教育和數學評估。CPRE 採用了一種公開可用的同儕審查出版模式，透過該模式，會員創建的研究和成果在賓夕法尼亞大學資助的中央開放存取資料庫（學術共享）中免費使用。一般民眾可以藉由他們的學術共享資料庫使用 CPRE 研究成果（The Consortium for Policy Research in Education, 2022a）。

三、運作的內涵與重要政策分析

CPRE 是第一個由聯邦政府資助的州和地方教育政策研究和開發中心。從 1985 年起，CPRE 研究了數百項旨在改善小學和中學教育的政策

和計畫的設計、實施和效果，並被廣泛認爲是世界上專注於教育政策和評估的主要大學研究機構之一。

㈠CPRE主要的運作內涵可以從使命、目標和願景來說明（The Consortium for Policy Research in Educationy, 2022）

1. CPRE 的使命是爲新的、學術的、循證（evidence-based）研究的產出做出貢獻。

2. CPRE 的目標是讓政策制定者、從業人員、研究人員和其他感興趣的讀者能夠公開訪問教育政策研究。

3. CPRE 的願景是傳播可以成爲教育政策和實踐中知情決策和行動的催化劑的研究。

㈡重要政策分析

政策研究聯盟自成立以來，進行了許多教育有關的研究，深入研究教育政策與其對課堂實踐、學生學習、學校改革、教師社群和學校治理的影響之間的關係。CPRE 還針對決策者、研究者和教育工作者等不同的群體，分別提供相應的教育政策研究成果資源。

依照該聯盟網站公布的研究資訊（The Consortium for Policy Research in Education, 2022b）顯示，該聯盟刻正進行的主要教育研究項目有：全球範圍內設立問責制和改善學校的新方法、中大西洋地區兒童早教數據工作組、持續評估計畫、紐約市學校的共同核心、在分析證據及教學反應中教師對學習路徑圖的使用、國際大學生在中學後教育成果的研究、泰國數學和科學學科的國家標準的評審和修訂等。

四、學術與社會影響

㈠學術影響

學術上，CPRE 多年來致力於教育發展中焦點問題研究，爲政府教育決策提供政策建議。尤其在 COVID-19 疫情的肆虐下，Kraft（2020）指出，CPRE 彙整各類新型態的教育資源，且對於如何捨棄傳統模式教育進行相

關資料與數據蒐集以提供教育社群重要的方向。同時，透過研究成果、研究數據共享，對美國的教育發展產生了重要影響。對教育政策研究聯盟的發展進行分析，從歷史沿革、組織架構、人員構成、運行方式、研究內容等多個向度，歸納其主要特點。美國教育政策研究聯盟在團隊運作方面，注重多方協作，研究團隊的多元化；在研究對象方面，以美國教育中核心問題、焦點問題爲主，同時涉及世界其他國家及地區教育問題；在研究方法方面，使用定性和定量方法、先進的調查技術和數據分析進行嚴格的計畫評估和研究。CPRE 由廣泛的專家組成。這個由一流研究人員組成的網絡以各種教育主題的專家爲特色。在成果運用方面，應用多種途徑進行研究的諮詢與傳播（孫怡光，2018）。

㈡社會服務

CPRE 針對教育決策者、研究者和教育工作者等不同的群體，分別提供相應的教育政策研究成果資源。其中，CPRE 將知識中心（CPRE HUB）和重要研究紀錄採 Podcast 的方式無償分享。該內容旨在講述教育研究和政策的故事——每週探訪頂尖研究人員，並就教育的最新發展、趨勢和舉措進行無障礙討論（The Consortium for Policy Research in Education, 2022a）。

 美國教育政策中心

一、發展歷程

美國教育政策中心（CEP）定位爲一個教育倡導組織，由 Jack Jennings 於 1995 年創立，總部設於華盛頓特區（Washington, D.C.）。教育政策中心的設立宗旨是成爲公共教育和更有效的公立學校的全國性獨立倡導者。另外，該中心欲提升大眾對於公共教育在民主社會中的功能以及提倡公立學校學術品質的重要性。中心不代表任何利益團體和立場，相反地，中心試圖幫助公民理解關於公共教育中相互矛盾的意見和看法，並創造機會，進而引導公立學校持續改善（Center on Education Policy, 2022）。

二、組織概況與分工

　　根據教育政策中心所提供的資訊顯示，其為一個獨立的多學科研究中心，為教育決策者和從業者在制定、實施和評估教育領域的政策方面提供專業支持。為了穩定提供專業，CEP 不斷努力探討並揭示決策者和科學界需要解決的議題，同時強烈主張利用社會科學研究佐證以支持教育政策和實踐。其歷程大致分為三個期程：

1. 1995-2002 年：重視公立教育；

2. 2002-2006 年：重視《不讓一個孩子落後》（NCLB）法案之政策問題；

3. 2006 年至今：舉辦教育政策論壇，增加其影響力。

三、運作的內涵與重要政策分析

　　CEP 主要關注初等與中等教育的研究，旨在推進美國公立學校教育的成長，使大眾得以理解公立教育的好處及效益。中心建立後，重點針對《不讓一個孩子落後》（NCLB）法案以及高中階段畢業生學習表現與成績進行深入的研究與分析。

　　中心近期的一些研究報告包括：對聯邦政府資助 K-12 全面性預防、社會和情感學習活動等方面的指導、《共同核心州立標準》（Common Core State Standards, CCSS）的研究議程：政策制定者所需的訊息等。

四、學術與社會影響

㈠對學術的影響（谷賢林，2013）

　　CEP 主要藉由公共媒體的傳播與國會影響力來促進教育政策的訂定。其中包含參與國會公開的聽證會等場合並發表意見、利用媒體引起社會輿論討論並影響大眾認知，另外透過其「旋轉門」機制，左右政策制定的相關部門，又同時將智庫研究資訊與政府部門進行銜接。

㈡對社會的影響

　　教育政策中心專注於改善美國各地的公立學校。他們的目標是「透過

製作出版物、召開會議、進行演示以及應要求提供專家建議」來實現這些目標。中心主要藉由公共教育的公開討論來處理政策問題，另外召開《不讓一個孩子落後》法案的論壇、關於公共教育的社區論壇，以及關於虛擬學校、社會促進的會議和其他政策問題。CEP 還爲各州的學校改進工作提供技術援助。

自 2015 年開始的大部分研究都集中在考試上，包括一份關於政府與共同核心州標準倡議對考試的影響報告。該中心並致力於利用其研究來結合政策和教學活動。

柒 結語

美國著名的教育智庫注重成果的展現以擴大其影響力，藉由承包政府諮詢、與公司部門協作與定期發表重要研究報告等，使其在學術研究與政策制定的範疇中占有一席之地。然而我國之教育智庫僅能被稱爲委託型的智庫，究其性質而言，仍缺少在教育專業領域中的號召力，而在學術研究與所產出之成果品質，仍須發展整體面向中具前瞻性與開創性的政策研究（陳榮政，2016）。

爲提升我國教育智庫對公共政策的影響力，僅就參考美國智庫的發展與運作模式提出以下建議：

一、主動建立區域合作網絡，聯絡整理區域性教育現況以提供共榮發展之建議。

二、參加國際資料庫建置，進行長期政策追蹤。

三、建立國際教育政策智庫排名機制，形成良性競爭，增加資料分析規模。

四、重要與大型研究爲整合研究量能，以與大學院校合作爲主。

五、建立專業資料庫，爲決策諮詢與後續研究提供數據資源。

六、確保智庫的獨立性以保障其基於客觀、獨立的立場進行研究。

七、政府與企業提出大量的決策諮詢需求，並提供足夠的經費支持，因此應尋求政府與企業的支持。

　　八、智庫研究之資訊需更緊密與政府部門銜接，以利學術研究與政策
制定的相互流通。

　　教育智庫的功能除了提供政府與企業重要的政策諮詢，我們也期待智
庫的研究成果具有引導前瞻與未來教育政策的功能。

參考文獻

一、中文部分

谷賢林（2013）。智庫如何影響教育政策的制定——以美國「教育政策中心」爲例。**比較教育研究，35**(4)，38-42。

林信成（2015年3月18日）。美國智庫蘭德公司蒞臨本院參訪交流。國家教育研究院。取自https://epaper.naer.edu.tw/edm.php?grp_no=4&edm_no=109&content_no=2495

宣葵葵（2016）。智庫的教育政策影響力分析——以美國布魯金斯學會布朗教育政策中心爲例。**高教發展與評估，32**(3)，32-37。

郅庭瑾、吳晶（2014）。美國智庫教育政策研究及其啟示。**教育發展研究，23**，6-11。

孫怡光（2018）。**美國大學教育智庫研究——以教育政策研究聯盟爲例【未出版之碩士論文】**。上海師範大學。https://kns.cnki.net/kcms/detail/detail.aspx?dbcode=CMFD&dbname=CMFD201802&filename=1018215331.nh&uniplatform=NZKPT

陳清溪（2010年11月）。**美國教育科學院簡介**。國家教育研究院。取自https://epaper.naer.edu.tw/edm.php?grp_no=8&edm_no=4&content_no=119

陳榮政、楊振昇（2013）。美國、英國及新加坡教育智庫之運作與績效評估分析。**教育政策論壇，16**(3)，65-95。

陳榮政、劉品萱（2016）。我國教育政策智庫之定位與角色分析：以國家教育研究院爲例。**教育行政與評鑑學刊，20**，1-26

單文經（2000）。全美促進卓越教育委員會（美國）。教育大辭書。取自http://terms.naer.edu.tw/detail/1304446/

趙芳（2016）。獨立、高效、創新、實用——美國布朗教育政策研究中心評述。**外國中小學教育，1**，2-5。

劉燕（2020）。美國教育智庫：布朗教育政策中心的特色與諮政方式研究。**新教育，76**(1)，76-78。

二、英文部分

Abelson, D. E. (2014). Old world, new world: The evolution and influence of foreign affairs think-tanks. *International Affairs*, 90(1), 125-142.

Akers, B. (2016, January 12). *Higher education debt is worth it, but isn't risk free*. Brookings. https://www.brookings.edu/opinions/higher-education-debt-is-worth-it-but-isnt-risk-free/

Akers, B., & Chingos, M. M. (2014, June 24). *Is a student loan crisis on the horizon?* Brookings. https://www.brookings.edu/research/is-a-student-loan-crisis-on-the-horizon/

Broadnax, W. D. (1976). Public Policy: Its Formulation, Adoption, Implementation, and Evaluation [Review of Public Policy-Making; The Study of Public Policy; Public Policy; Understanding Public Policy, by J. E. Anderson, R. I. Hofferbert, P. Woll, & T. R. Dye]. *Public Administration Review*, 36(6), 699-703. https://doi.org/10.2307/975069

Brookings Institution. (2016, August 2). *The Brown Center Chalkboard*. https://www.brookings.edu/blog/brown-center-chalkboard/

Brookings Institution. (2017, April 25). *About Us*. https://www.brookings.edu/about-us/

Brookings Institution. (2017, July 11). *Brown Center Report on American Education*. https://www.brookings.edu/series/brown-center-report-on-american-education/

Brookings Institution. (2017, November 19). *About the Brown Center*. https://www.brookings.edu/about-the-brown-center/

Brookings Institution. (2017, November 19). *Experts*. https://www.brookings.edu/experts/?s=&topic=&pcp=center_brown-center-on-education-policy&language=en&status=current&start_date=&end_date=

Brookings Institution. (2018, June 27). *The 2018 Brown Center Report on American Education*. https://www.brookings.edu/multi-chapter-report/the-2018-brown-center-report-on-american-education/

Center on Education Policy. (2022, August 14). *Missions and Work of CEP*. http://www.cep-dc.org/

Columbia University. (2022, August 4). About CPRE [Official Website]. Retrieved from https://www.tc.columbia.edu/cpre/

Connor, C. M., Alberto, P. A., Compton, D. L., & O'Connor, R. E. (2014). *Improving reading outcomes for students with or at risk for reading disabilities: A synthesis of the contributions from the Institute of Education Sciences Research Centers* (Report No. NCSER 2014-3000). National Center for Special Education Research. https://ies.ed.gov/ncser/pubs/20143000/pdf/20143000.pdf

CPRE. (2022a, August 14). Overview of CPRE [Official Website]. Retrieved from https://www.cpre.org/overview

CPRE. (2022b, August 14). Overview of CPRE [Official Website]. Retrieved from https://www.cpre.org/projects

Diliberti, M. K., Schwartz, H. L., & Grant, D. (2021). *Stress topped the reasons why public school teachers quit, even before COVID-19* (Report No. RR-A1121-2). RAND Corporation. https://www.rand.org/pubs/research_reports/RRA1121-2.html

Gill, B., Timpane, P. M., Ross, K. E., Brewer, D. J., & Booker, K. (2007). *Rhetoric versus reality: what we know and what we need to know about vouchers and charter schools* (Report No. MR-1118-1-EDU). RAND Corporation. https://www.rand.org/pubs/monograph_reports/MR1118-1.html

Troxel, W. M. (2017, August 30). *Shifting school start times could contribute $83 billion to U.S. economy within a decade*. RAND Corporation. https://www.rand.org/news/press/2017/08/30.html

Hansen, M., Levesque, E. M., Valant, J., & Quintero, D. (2018, June 27). *The 2018 brown center report on American education*. Brookings. https://www.brookings.edu/multi-chapter-report/the-2018-brown-center-report-on-american-education/

Husband, T., & Hunt, C. (2015). A review of the empirical literature on No Child Left Behind from 2001 to 2010. *Planning and Changing, 46*(1/2), 212-254. https://education.illinoisstate.edu/planning/articles/vol46.php

Institute of Education Sciences. (2018). *Institute of education sciences director's biennial report to congress, fiscal years 2017 and 2018.* Institute of Education Sciences. https://ies.ed.gov/pdf/IESBR2017_2018.pdf

Institute of Education Sciences. (2006, July 10). *About NCEE.* http://ies.ed.gov/ncee/aboutus/

Institute of Education Sciences. (2006, July 12). *About NCER.* https://ies.ed.gov/ncer/aboutus/

Institute of Education Sciences. (2010, January 20). *About IES: Connecting Research, Policy and Practice.* https://ies.ed.gov/aboutus/

Institute of Education Sciences. (2018, October 12). *IES Organizational Chart.* https://ies.ed.gov/help/ieschart.asp

Judt, T., & Snyder, T. D. (2012). *Thinking the twentieth century.* London, UK: Heinemann.

Kraft, M. A. (2020, June 25). *Navigating COVID -19 Education Resources.* The Consortium for Policy Research in Education. https://www.cpre.org/edit-news-article-navigating-covid-19-education-resources

Loveless, T.(2013). *The 2013 Brown Center report on American education: How Well are American students learning? With Sections on the latest international tests, tracking and ability grouping, and advanced math in 8th grade.* Brookings Institution. https://www.brookings.edu/wp-content/uploads/2016/06/2013-brown-center-report-web-3.pdf

Loveless, T.(2015). *The 2015 Brown Center report on American education: How well are American Students learning? With Sections on the gender gap in reading, effects of the common core, and student engagement.* Brookings Institution. https://www.brookings.edu/wp-content/uploads/2016/06/2015-Brown-Center-Report_FINAL-3.pdf

Matthew A. Kraft (2020). *Navigating COVID -19 Education Resources*. Retrieved from CPRE, News and Announcement. https://www.cpre.org/edit-news-article-navigating-covid-19-education-resources

McGann, J. G. (2010). *2009 Global go to think tanks index report*. University of Pennsylvania, Scholarly Commons. https://repository.upenn.edu/cgi/viewcontent.cgi?article=1001&context=think_tanks

McGann, J. G. (2010). The fifth estate: Think tanks and American foreign policy. *Georgetown Journal of International Affairs, 11*(2), 35-42.

McGann, J. G. (2011). *2010 Global go to think tanks index report*. University of Pennsylvania, Scholarly Commons. https://repository.upenn.edu/cgi/viewcontent.cgi?article=1004&context=think_tanks

McGann, J. G. (2012). *2011 Global go to think tanks index report*. University of Pennsylvania, Scholarly Commons. https://repository.upenn.edu/cgi/viewcontent.cgi?article=1005&context=think_tanks

McGann, J. G. (2013). *2012 Global go to think tanks index report*. University of Pennsylvania, Scholarly Commons. https://repository.upenn.edu/cgi/viewcontent.cgi?article=1006&context=think_tanks

McGann, J. G. (2014). *2013 Global go to think tanks index report*. University of Pennsylvania, Scholarly Commons. https://repository.upenn.edu/cgi/viewcontent.cgi?article=1007&context=think_tanks

McGann, J. G. (2015). *2014 Global go to think tanks index report*. University of Pennsylvania, Scholarly Commons. https://repository.upenn.edu/cgi/viewcontent.cgi?article=1008&context=think_tanks

McGann, J. G. (2016). *2015 Global go to think tanks index report*. University of Pennsylvania, Scholarly Commons. https://repository.upenn.edu/cgi/viewcontent.cgi?article=1009&context=think_tanks

McGann, J. G. (2017). *2016 Global go to think tanks index report*. University of Pennsylvania, Scholarly Commons. https://repository.upenn.edu/cgi/viewcontent.cgi?article=1011&context=think_tanks

McGann, J. G. (2020). *2019 Global go to think tanks index report*. University of Pennsylvania, Scholarly Commons. https://www.think-asia.org/handle/11540/11837

Medvetz, T. M. (2007). *Think tanks in America*. University of Chicago Press.

Moore, R. (2017). *Brookings 2017 annual report*. Brookings Institution. https://www.brookings.edu/wp-content/uploads/2017/12/2017-annual-report.pdf

Pardee RAND Graduate School. (2022, July 18). *About the Pardee RAND Graduate School*. https://www.prgs.edu/about.html

RAND Corporation. (2022a, August 8). *RAND at a Glance*. https://www.rand.org/about/glance.html

RAND Corporation. (2022b, August 8). *Organization and divisions of the RAND corporation*. https://www.rand.org/about/organization.html

RAND Corporation. (2022c, August 8). *A brief history of RAND*. https://www.rand.org/about/history.html

RAND Corporation. (2022d, August 11). *American Educator Panels*. https://www.rand.org/education-and-labor/projects/aep.html

RAND Corporation. (2022e, July 18). *A nationally representative standing panel of school district leaders*. https://www.americanschooldistrictpanel.org

RAND Corporation. (2022f, August 12). *Capabilities*. https://www.rand.org/capabilities.html

RAND Corporation. (2022g, August 8). *Public sector*. https://www.rand.org/capabilities/public.html

RAND Corporation. (2022h, August 9). *Private sector*. https://www.rand.org/capabilities/private.html

RAND Corporation. (2022i, August 9). *Philanthropic sector*. https://www.rand.org/capabilities/philanthropic.html

RAND Corporation. (2022j, July 19). *Appalachia Partnership Initiative*. https://www.rand.org/education-and-labor/projects/appalachia-partnership-initiative.html

RAND Corporation. (2022k, October 25). *RAND International.* https://www.rand. org/international/capp.html

Seastrom, M. (2017). *Best practices for determining subgroup size in accountability systems while protecting personally identifiable student information* (Report No. NCES 2017147). Institute of Education Sciences. https://nces.ed.gov/ pubs2017/2017147.pdf

Spybrook, J., Shi, R., & Kelcey, B. (2016). Progress in the past decade: An examination of the precision of cluster randomized trials funded by the US Institute of Education Sciences. *International Journal of Research & Method in Education, 39*(3), 255-267.

The Consortium for Policy Research in Education. (2022, August 4). *About.* https:// www.tc.columbia.edu/cpre/

The Consortium for Policy Research in Education. (2022a, August 14). *Overview.* https://www.cpre.org/overview

The Consortium for Policy Research in Education. (2022b, August 14). *Current Projects.* https://www.cpre.org/projects

Umbach, K. (2004). Some prominent American think tanks. *Knowledge Quest, 33*(2), 82-84.

Washington University in St. Louis. (2018). *BROOKINGS Executive Education 2018 | 2019.* https://www.brookings.edu/wp-content/uploads/2018/04/bee-2018-2019-course-catalog1.pdf

Whitehurst, G. J. (2003). The Institute of Education Sciences: New Wine, New Bottles. Institute of Education Sciences. https://files.eric.ed.gov/fulltext/ ED478983.pdf

Whitehurst, G. J., & Klein, E. (2015). The 2014 Education Choice and Competition Index: Summary and Commentary. Brookings Institution. https://www. brookings.edu/wp-content/uploads/2015/02/brown_20150204_ecci_report.pdf

Willoughby, W. F. (1918). The Institute for government research. *The American Political Science Review, 12*(1), 49-62. https://doi.org/10.2307/1946341

第四章

日本教育智庫之分析

楊思偉

日本國立東京大學教育學博士
南華大學幼兒教育學系講座教授

李宜麟

國立臺中教育大學教育學系博士
國立臺中教育大學推動中小學精進方案博士後研究員

壹　前言

　　「智庫」（think tank）或稱「智囊團」（日文稱爲シンクタンク），主要針對公共政策領域，進行調查、分析、研究、提供政策提案或建言之機構。在面對當今紛擾複雜的國際情勢及日趨複雜的社會和生態環境，各國政府於國家治理或國際互動，都面臨前所未有的挑戰，根據賓夕法尼亞大學勞德研究所（The Lauder Institute of the University of Pennsylvania）提出的 2020 全球智庫報告（2020 Global Go To Think Tank Index Report）中表示：智庫已成爲知識和權力之間的橋梁，21 世紀發展智庫的理由包含：資訊和技術革命、結束各國政府對資訊的壟斷、政策問題的複雜性和技術性質持續增加、政府規模擴大、對政府和民選官員的信任危機、全球化及國家和非國家行爲主體的增加，以及需要「以正確的形式、在正確的人手中、在正確的時間」獲得及時、簡潔的資訊和分析（J. G. McGann, 2021:5, 16）。可見，智庫的重要性不可言喻。

　　目前國內教育智庫以設立於 2011 年的「國家教育研究院」爲主要代表機構，隸屬教育部，長期從事整體性、系統性之教育研究，以促進國家教育之永續發展，其研究焦點關注「課程教學」、「教育人力」、「公平／素質」以及「績效責任」等（國家教育研究院，2022）。另教育部更於 2016 年透過「大學社會責任深耕計畫」，鼓勵大學走出象牙塔，在區域創新發展的過程中，扮演關鍵及重要的地方智庫角色，投入學界能量深耕在地，以發揮大學價值（教育部，2019）。除上述官方智庫或準官方智庫（各大學）外，在民間企業方面，另有遠見天下文化出版股份有限公司每年進行的「最佳大學」調查，及天下雜誌股份有限公司進行的「天下 USR 大學公民」調查，提出相關報告，作爲臺灣高等教育改革參考；而財團法人「黃昆輝教授教育基金會」，每年也進行「教育政策專題研究」、「重要教育議題調查」和「教育學術研討活動」（黃昆輝教授基金會，2016），發揮教育智庫力量，以提升國家教育政策品質。另教育領域內各學會，如中國教育學會、中國輔導學會、中華民國特殊教育學會、臺灣教育傳播暨科技學會、中華民國比較教育學會、中華民國師範教育學會

等（謝文全，2004），也定期舉辦年會和研討會，以及出版相關刊物，以探究教育領域各研究課題。可見，誠如黃政傑社長所言，臺灣教育智庫雖胚胎初具，但在智庫設立目的為提升「社會公益」下，智庫必須獨立、客觀、公正，提出以證據本位為基礎的論述與報告，同時教育智庫建置應在品質、經費、人才等各方面作出系統性的規劃設計（引自台灣教育研究院社，2022）。

與臺灣鄰近的國家日本是一個自由民主與多元勢力並存的社會，因教育智庫發展歷史較久，除官方設置外，也有民間團體設立者，因而教育政策的制定與決策是由不同的官方和社會團體共同發揮作用。明確地說，教育政策制訂與決策是不同群體之間利益博弈的過程，也充分發揮教育決策諮詢機構的智囊作用，並有效地吸納了各社會團體的積極建言力量，進而促使日本教育類型智庫蓬勃發展，因此其發展現況與特色值得探討。

基於上述，本文以探究日本教育智庫為主探討，文中先敘述日本智庫發展歷史，再分析日本教育智庫現況和影響教育政策規劃之機制，進而提出日本教育智庫之各團體決策影響力象限圖和歸納日本教育智庫特色，以作為臺灣教育智庫發展之借鏡。

 日本智庫之發展史

第二次世界大戰前，政策研究的「資訊蒐集和區域調查」是由政府和官僚機構擔任智庫角色，而二戰後的日本教育智庫的發展，可分為五個時期，說明如下（金井萬造，2013：8；原野城治，2015；鈴木崇弘，2011：31-32）：

一、戰後復興時期（1945年—1960年）

日本戰後重建是由中央機關負責各項計畫和政策制定，隨著經濟的成長，企業活動也隨之活躍，因中央機關主動作為，使得企業發展制度得到解決。此階段的智庫發展特徵，是在行政內部建立研究機構和政策制定工作，但將資訊蒐集和區域調查等工作，外包給民營機構或部門，以對應經

濟高速成長的政策研究。此時期民營智庫是為承接政策事務而產生，是民間智庫發展之初期。

二、高度經濟成長時期（1960年－1972年）

在 1960 年日本貿易自由化和資本自由化之前，日本的民營企業也開始發展產業並進入國際社會，而隨著美國智庫向國際擴張的趨勢，日本企業有償購買資訊成為趨勢。在此情況中，日本政府也正面對因高度經濟成長所帶來的汙染和城市等各種問題下，需要一個組織進行政策研究和建議；而在民營企業中，對人力資源和機構的需求也持續增長，因這些人力資源和機構可以處理自己的政策，以創造一個可以開展更廣泛的社會活動的環境。因此，1960 年起，企業和民間便陸續成立日本經濟研究所（1962年）、日本經濟研究中心（1963 年）、野村綜合研究所（1965 年）、三菱綜合研究所（1970 年）等 71 個智庫機構，以致 1970 年稱為「智庫元年」。同年，由於政界的危機感和企業界對智庫的期望，政商界、政府和地方政府合作創建日本綜合研究開發機構（National Institute for Research Advancement, NIRA），該機構在以提供研究資金和政策研究為目的下，為日本智庫組織的發展做出了貢獻。此時，官方行政機關的決策主要是行政機關內部的研究所和行政機關現場共同決策，民間智庫是由企業集團提供財務下，進行企業集團的檢查及實驗等基本公司業務。而政府智庫和民間智庫，除共同致力擴大國家土地開發、交通規劃、環境保護等外包研究工作，也擴大政策研究領域和開發人力資源，改善組織及加強研究體系能量等。

三、經濟衰退時期（1973年－1985年）

由於 1973 年石油和美元衝擊的影響，造成經濟安定成長後的衰退情況。在這種情況下，民營智庫雖因經濟衰退，運作方面愈來愈依賴政府機構，也積極努力推進各種嘗試。例如：1975 年以廣田一為首，由前經濟同友會創建的政策概念論壇，從企業界的角度進行原創研究和提案活動；

或 1972 年成立現代綜合研究團隊，旨在從創新方面開展政策宣傳活動，支持以江田三郎為首的日本社會黨的結構改革派。此外，1970 年代成立了獨立的中小型智庫，在農村地區對政策規劃尤具一定意義。至此時期，民間智庫決策能力的發展，達到與大學研究機構和行政研究機構競爭的同等水平，並建立合作關係。

四、國際化與合作時期（1985年－2000年）

1980 年代後半期，因金融和人壽保險、製造商、地區銀行等智庫相繼成立，造就「第二次智庫熱潮」。之後，隨著泡沫經濟的破滅，那些屬於產業領域的智庫不是隨之消失，就是基於擴大利潤結構、穩定經營等目的，除研究外，還推展諮詢和系統業務等活動，使智庫組織產生業務多元化，如野村綜合研究所即是。此外，1990 年代初期在地方政府倡議下成立許多智庫，並採取多種形式，如設置外部獨立組織或內部原有組織發揮智庫功能，或在組織內部增設智庫等，1990 年代後期則出現民間非營利性獨立智庫，如21 世紀政策構想論壇（1996 年）、東京財團（1997 年）、21 世紀政策研究所（1997 年）等，此為「第三次智庫熱潮」。同時，自1985 年《廣場協議》（Plaza Accord）以來，日本綜合研究開發機構和在地智庫，一直與亞洲及其他國家的國際化發展，推進彼此的聯繫，使得智庫、大學、政府內部研究機構之間競爭與合作發生變化。

五、全球化和永續發展時期（2000年以後－21世紀）

21 世紀智庫所面臨的問題是國際化、資訊化、重視環境和合作等。在日本國內，存在自然／環境、人口問題、技術創新、區域經濟、安全、能源等各種問題。智庫方面，區域智庫和 NPO 智庫等各專業領域的專門活動也正在增加。日本產生的智庫有：國際公共政策研究中心（2007年）、佳能國際戰略研究所（2008 年）、理光經濟社會研究所（2010 年）等，另有一些力圖成為真正非營利、獨立且具特色的智庫，如國際研究獎學財團（1990 年），和旨在實現市民自主提出政策和法律建議的市民立

法機構（1997 年）。

　　由此可知，日本一般國家政策智庫體系現在包含：政府系統智庫、企業系統智庫以及民間獨立智庫等，爲日本經濟與社會發展，提供決策建議、儲備政府及政策人才，以及喚起民眾參與政策制定等功能，而爲改變日本智庫存在的過度依賴母體或政府、政策建議功能停滯等問題，日本也在摸索著改變決策機制、建構智庫網絡、建立新型智庫等方面的改革（刁榴、張青松，2013）。

 ### 日本教育智庫現況和影響教育政策規劃之機制

　　教育智庫是日本國家整體智庫之一環，受到政策研究智庫之發展影響，教育智庫也逐步形成。而若從設置主體來看，概略可分政府和民間兩類。以下將就日本教育智庫機構現況和影響教育政策規劃之機制整理說明如下：

一、日本教育智庫現況

　　就日本「教育領域」智庫而言，可分爲政府機構的教育智庫、直屬總理府的機構、文部科學省（以下簡稱文科省）所隸屬的中央教育審議會、準官方教育智庫、教育學領域的各種學會、教師組織的民間研究所、財經團體的智庫等七類，說明如下（楊思偉，2022 年 1 月、2022 年 3 月）：

㈠政府機構的教育智庫

　　可包含文部科學省所屬公務機關（國立教育政策研究所、科學技術・學術政策研究所）、獨立行政法人性質（國立特別支援教育綜合研究所、國立青少年教育振興機構等）、國立大學法人（東京大學、政策研究大學院大學等國立大學）或國立大學法人附屬機構（東京大學公共政策研究所、廣島大學高等教育研究所）等三類機構。以「國立教育政策研究所」爲例，該機構設立於 1945 年，作爲一個綜合性的國家教育政策研究機構，能夠蒐集和展示從學術研究活動中獲得的結果，提供政府規劃和

起草教育政策的知識源，可見傳統官方機構就賦予規劃教育相關政策，該機構在 2001 年文科省改名之際，改爲現有名稱。該機構作爲國家級教育政策智庫，除進行中長期教育發展計畫和階段性教育問題等巨觀之教育戰略，更要研究微觀之學校教育或社會教育問題，另爲發揮教育資訊中心及資料庫之作用，也作爲教育國際交流平台之功能。目前人力配置 133 人（研究員 47 人、課程調查人員 55 人、職員 30 人、所長 1 人），年度預算爲 32 億 609 萬日圓下，設有教育行政／財政、初等中等教育、教職員、高等教育、終身教育、國際研究及合作等研究部門，另設教育課程研究中心、學生指導、進路指導研究中心、幼兒教育研究中心、社會教育實踐研究中心、文教設施研究中心等（如圖 1）（國立教育政策研究所，2018、2022a）。此外，也設有「全國教育研究所聯盟」，是都道府縣市町村等的教育研究所或教育中心的聯盟體，每年各召開一次全國研究發表大會、一次研究協議會，2021 年 4 月計有 170 個機構參加（全國教育研究所聯盟，2021）。近期長期關注「全國學力及學習情況調查」、「課程實施情況調查」、「IEA 國際數學與科學教育趨勢調查（TIMSS）」、「國際學生評估計畫（PISA）」、「經濟合作暨發展組織教學國際調查（TALIS）」等研究課題，以落實教育政策規劃和起草的基礎研究，及教

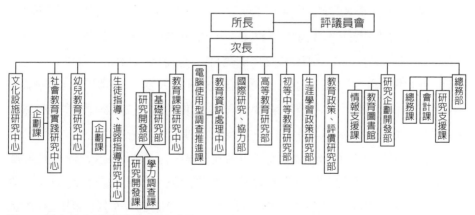

圖 1　國立教育政策研究所組織圖

資料來源：國立教育政策研究所（2022）。**組織国立教育政策研究所機構図**。取自 https://www.nier.go.jp/03_laboratory/03_enkaku.html

育領域內的事業發展和共同研究（國立教育政策研究所，2022b）。

㈡直屬總理府的機構

可以「直屬總理府之學術最高機構—日本學術會議」（Science Council of Japan）和「首相設置之智庫」作爲代表。「日本學術會議」屬於日本總理府的特別機關，其會員由成員直接選舉產生，直屬於內閣總理大臣，被定位爲特別機構。1983 年，修訂《日本學術會議法》，將會員直選的制度，改由學術研究團體推薦產生。從日本約820萬名科學家與2,000名的合作會員（日文稱連攜會員）中，選出 210 名會員組成大會，任期三年。設會長一名，副會長二名。總會下設七部、六個常設委員會、營運審議會及八個臨時（特別）委員會，並另有事務局。總會是日本學術會議的最高決策機構，通常一年的春、秋兩季各會召開一次會議。各部爲機構的核心，按照日本綜合大學的七個學部（文、法、經、理、工、農、醫）設立（日本學術會議，2022）。日本學術會議具有審議功能和研究聯絡功能。另政府亦可向日本學術會議提出諮詢要求，日本學術會議則需提出審議報告，也可主動地針對問題提出報告。

另外，「首相設置之智庫」方面，日本安倍前首相因爲重視教育改革，他爲了建立適合 21 世紀日本的教育制度，並推動教育振興目標，特別將教育改革作爲內閣最重要的任務之一，因此在安倍前首相時代特別設置智囊團，前期稱作「教育再生會議」，後期改稱「教育再生實行會議」（以下簡稱「會議」），該「會議」由總理、內閣官房長官、教育、文化、體育、科學大臣（文科大臣）兼教育再生擔當大臣（通常由文部科學大臣兼任）和專家組成，由總理或會議成員互推主席（文部科學省，2006；矢野武，2021）。該智庫發表許多教育政策建言，直接影響日本的教育政策。運作上有「成員包含各行各業重要意見領袖」及「會議資料和建言都在網路平台完全公開，供民眾檢視」等兩項特色。目前新首相將前述「會議」，改稱「教育未來創造會議」繼續運作，2022 年 5 月已提出對教育之第一次建議書（教育未來創造會議，2021；內閣官房教育未來創造會議擔當室，2022）。

㈢文科省所隸屬的中央教育審議會

日本在 2001 年因應整併中央組織之政策，將文科省所設置之各種審議會整合成「中央教育審議會」，該審議會是日本文科省最重要的政策諮詢和規劃機構。其組織架構設有：委員 30 人以內，任期兩年，可以連任，且根據工作性質設有分科會，分科會下設有部會和委員會，委派各委員參加。目前，下設「制度分科會」、「終身學習分科會」、「初等中等教育分科會」、「大學分科會」四個分科會，共計約 70 個部會和委員會。此外，還有「教育振興基本計畫部會」、「地方文化財產管理特別部會」和「培育擔任令和時期日本型學校教育教師應有作法特別部會」等三個特別部會（如圖 2）（總合教育政策局政策課，2019a、2019b）。主管事項包含：1. 接受文部科學大臣之請求，以教育促進和終身學習為核心，調查和審議培育豐富人格及創造性人才之重要事項，並向文科大臣提出相關報告。2. 接受文部科學大臣之請求，調查和審議關於整備終身學習相關機會的重要事項，以對文部科學大臣或相關機構長官提出報告。3. 處理法律、法令規定屬於中央教育審議會權限的事項（總合教育政策局政策課，2019b）。近期提出的政策報告有：2022 年 2 月《制定第三次學校安全推進計畫》、2021 年 1 月《以構建「令和時期日本式學校教育」為目標—實現個人最佳學習和激發所有兒童潛力的協作學習》等規劃（中央教育審議會，2021、2022）。

㈣準官方教育智庫

此類智庫經費雖間接來自日本文部科學省，但卻具有部分獨立性，國立大學協會為其代表，其成員為日本 86 所國立大學法人，全國再分八個分部，組織嚴密，並定期召開會議整合成員意見，以向政府單位建言。2021 年經費預算 3 億 2 千萬，款源來自成員之會費，而國立大學法人之經費，主要來自文科省。該組織在理事會下設一個政策研究所，以調查和蒐集日本高等教育基本資料為主，另設有七個委員會，委員會之下再設專門委員會，以及針對第四期中程目標期間有關營運交付金設立檢討小組、為強化國立大學功能設置有關「治理制度工作小組」、對強化會議、預算

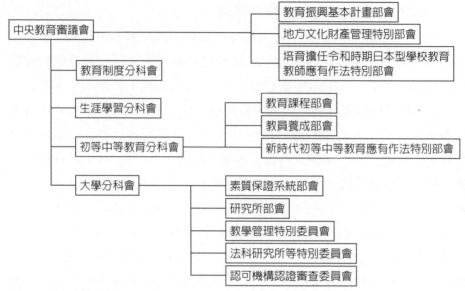

圖 2　中央教育審議會組織圖

資料來源：修改自總合教育政策局政策課（2019a）。**第 10 期中央教育審議会機構圖（令和元年 6 月）**。取自 https://www.mext.go.jp/content/20191224-mxt_soseisk01-100006191_1.pdf

等之應有作法也設置工作小組等，並不定期對政策提出具體建言（如圖3），其建議內容受到文科省重視（國立大學協會，2021、2022）。近期國立大學協會提出的教育政策建言包含：2021 年 6 月《關於面向第四個中期目標期的國立大學法人的理想狀態—為實現強大和包容的社會做出貢獻的 18 條建議》、2018 年 1 月《高等教育中國立大學的未來形象（總結報告）》、2015 年 9 月《國立大學未來願景行動計畫》等（國立大學協會，2015、2018、2021），都直接和國立大學政策發展有關。

㈤**教育學領域的各種學會**

　　建言方式有研討會、發行刊物、公開提建議等，其代表包含：日本教育學會、日本高等教育學會、日本教師教育學會等，截至 2021 年 3 月統計，其團體數為 70 個。以日本教育學會為例，成立於 1941 年，以展現

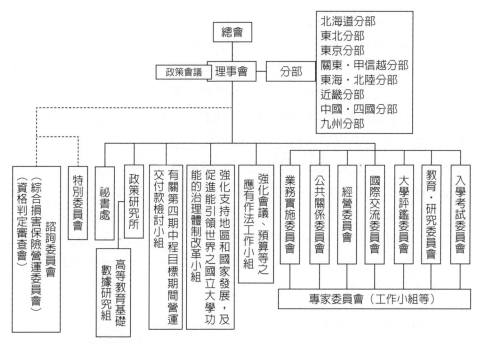

圖3　國立大學協會組織圖

資料來源：國立大學協會（2021）。**組織図**。取自 https://www.janu.jp/janu/gaiyou/soshiki/

教育學及其應用的研究、交流學術知識以及與日本國內外相關學術團體合作和傳播教育學成果等作爲組織推動之目的，目前擁有 2,700 多名個人會員，是日本最大針對教育學相關研究領域的學術團體。學會每年 8 月召開學會年會，每年定期出版學術期刊，且隨時舉辦各種研討會、研究小組、青年研究人員研討會等，並在日本七個地區舉辦研究活動和研究會議，以促進日本教育學研究的發展（日本教育學會，2021）。日本教育學會在其組織包含：會長、副會長、各委員會會長、全國區理事、地方區理事和監事等數十人，委員會則有：期刊編輯委員會、國際交流委員會、研究促進委員會、青年培訓委員會、獎勵委員會、公共關係委員會等六種（日本教育學會，2021、2022）。

㈥ 教師組織的民間研究所

可就國民教育文化總合研究所（教育總研、日本教職員組合系統）、民主教育研究所（民研、全日本教職員組合系統）、日本教育文化研究所（教文研、全日本教職員聯盟系統）等作爲代表。以「日本教職員組合系統」爲例，是由全國教師和學校職員組成的工會聯盟，也是日本最大的教職員工會。第二次世界大戰後至 1990 年代，曾經是對抗文部省政策之最大反對力量。成立目的是使教育民主化，獲得研究自由，團結建設一個熱愛和平與自由的民主國家，並爲此建立經濟、社會和政治地位。具體而言，以改善全國兒童教育條件、改善教職員待遇、提高地位爲主要目標，倡導教育相關制度和政策、和平運動等（日本教職員組合，2022）。近期提出的教育政策建言爲《以教育福祉社會爲目標，促進社會對話吧》（日本教職員組合，2021）。

㈦ 財經團體的智庫

該類智庫以分析日本經濟趨勢及全球發展局勢爲基礎，期提出教育相關政策建言。例如：經團連、日經連、同友會、關西同友會等。以「經團連」爲例，屬於綜合性經濟組織，其使命是激發企業、個人和地區的活力，爲日本經濟的自主發展和人民生活的改善做出貢獻，具體行動除及時了解工商界面臨的廣泛國內外重要問題的意見，與此同時，也促進與廣泛的利益相關者的對話，包括政治、政府、工會和公民。該組織藉由集合「會員」成立「總會」，在「總會」下設有「理事會」，召開「會長、副會長會議」，並設有「監事」等（如圖 4），截至 2021 年 4 月，其會員包含：1,461 家具有代表性的日本企業、109 個製造和服務業等主要行業的國家組織和 47 個區域經濟組織。近期「經團連」所提出的「教育」政策建言包含：2022 年 4 月的《通過產學合作促進自主性職涯之形成》和《打開社會 5.0 的大門》、2022 年 1 月《應對新時代推進大學教育改革》和《企業聘用及對大學改革的期望問卷調查結果》（經團連，2022a、2022b、2022c、2022d）等。

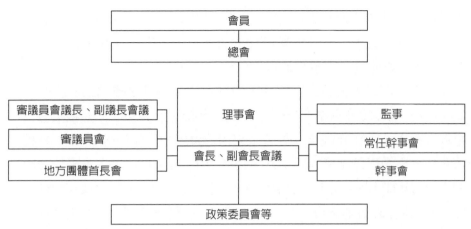

圖4 經團連組織圖

資料來源：經團連（2021）。**経団連とは**。取自 https://www.keidanren.or.jp/profile/
pro001.html

二、日本教育智庫影響教育政策規劃之運作機制

　　日本教育智庫參與教育政策決策之流程，包含發現政策課題、擬定研
究專案、調查研究、擬定政策和提出建議、政策推廣、政策評量等一系列
影響教育政策規劃之機制，具體要項包含：發現課題、制定研究專案（設
定主題，蒐集資訊，分析問題和設定課題）、調查研究（開啟專案，形成
政策方案，明確政策）、擬定政策、提出建議（匯整出政策建議和研究報
告，檢查品質）、普及活動（政策建議及研究成果的公布，宣傳活動）、
政策推動和落實評估等（張勇系，2019），這是一般的參與模式。

　　不過，日本教育智庫影響政府決策之現況，主要以「首相『智囊團』
影響政府決策」和「智庫報告書為政府決策提出政策建議」為主（王屏，
2017）。若依據前述之說明，可見上述「總理府所隸屬的機構」是以擔任
「首相『智囊團』」的方式，直接或間接影響政府決策；而「政府機構的
教育智庫」如文科省的「中央教育審議會」，則是藉由蒐集和審議從學術
研究中獲得的結果，以作為政府政策規劃的依據，並做最終的重要決策建
議；另外「國家教育政策研究所」則是教育政策整體分析和研議機構，提

供學術研議成果以供作決策參考：「教育學領域的各種學會」、「教師組織下的民間研究所」、「財經團體的智庫」等，則以「政策報告書或文件」提出政策建議，以相互制衡及影響政府決策。

其次，再以中央教育審議會影響教育政策規劃之機制爲例說明，例如在規劃「未來教師所需的資格和能力」相關教育政策時，是接獲教育再生實行會議（2021年改稱「教育未來創造會議」）先於2014年7月提出《關於未來的學校制度等》文件，再於2015年5月提出《未來教師應具備的素質和能力，以及培養教師具備該能力應有的方式》之政策文件，據此，7月中央教育審議會之師資培育部會（教員養成部會）提出《關於提高未來學校教育的教師的資質和能力》期中報告，12月中央教育審議會經整合各界建言後，再提《今後提升擔任學校教育之教師資質能力－朝向建構互學與互相提高能量之教師社群》最終期末報告（教員養成部會，2016）。

簡言之，現行日本教育智庫影響教育政策規劃之機制，主要是由總理的「智囊團」先提出相關討論報告後，再由「中央審議委員會」進行研議，提出期中報告，期間徵詢各學者專家和相關團體的意見後，再提出期末報告，爾後經參眾議會進行修法流程，就進入執行相關政策，並在一年後進行政策成效評估（如圖5），顯見總理府和文科省之智庫強勢主導教育政策之決策。

依據上述分析，日本教育智庫之各機構決策影響力可以圖6象限圖說明。橫軸爲設立教育智庫之主體，縱軸爲影響決策的強弱度，可區分爲四個象限分述如下（楊思偉，2022年1月、2022年3月）：

1. 政府設立／決策影響力強：可以官方智庫「日本學術會議」、「教育未來創造會議」、「中央教育審議會」、「國立教育政策研究所」等作爲代表。

2. 政府設立／決策影響力弱：如準官方智庫「國立大學協會」和「全國教育（公立）研究所聯盟」等。

3. 民間設立／決策影響力強：以「財經團體建議書」爲主，「教育相關學會建議書」爲輔。

　　4. 民間設立／決策影響力弱：以「教師組織建議書」、「各種職銜組織建議書」（如校長、教頭等聯合會）和「民間教育研究所聯盟建議書」作為代表。

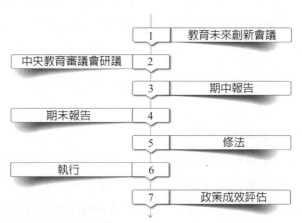

圖 5　日本教育政策規劃之機制圖

資料來源：研究者自行繪製。

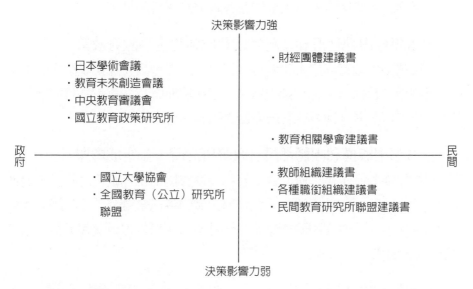

圖 6　各機構及團體決策影響力象限圖

資料來源：研究者自行繪製。

結論與建議

經由上述探究日本智庫發展和教育智庫現況，除可發現日本教育智庫種類繁多外，也體現不同社會團體參與教育政策制定和決策的過程，充分發揮教育決策諮詢機構的智囊作用。以下僅歸納出日本教育智庫之結論共五項，內容說明如下：

一、結論

㈠日本教育智庫種類繁多

可包含「政府機構的教育智庫」、「總理府所隸屬的機構」、「文科省所隸屬的審議會」、「準官方教育智庫」、「教育學領域的各種學會」、「教師組織的民間研究所」、「財經團體的智庫」等七類。

㈡傳統上由官方設置智庫，強勢領導教育改革政策

探究日本智庫發展，可發現日本智庫早期以「官方智庫」為主，如「政府機構的教育智庫」中的國立教育政策研究所即是。

㈢近年則由總理府和文科省之智庫強勢主導教育政策

以前述中央教育審議會和教育政策研究所影響教育政策規劃之機制來看，可發現多數日本教育政策的推進，皆在總理府和文科省之智庫強勢主導下推進，再參考其他教育智庫所擬之相關建言。

㈣各類型機構和團體都設有政策研究所，並組成聯盟

民間組織綿密，辦理研討會或發行刊物或提出特定政策之建議，發揮影響政策之功能。如前所述之「教育學領域的各種學會」、「教師組織的民間研究所」、「財經團體智庫」，皆是透過「報告書或文件」提出政策建議，試圖影響政府決策。

㈤官民機構共同建構智庫

包括官方常設機構、官方臨設機構、各國、公、私立大學及聯合會、

各種職銜組織及聯合會、民間研究所等，縱橫交錯組成，基本上相關組織是綿密的。

二、建議

根據上述分析，提出以下四項建議供國內參考：

㈠研擬國內教育智庫發展之系統性規劃

目前教育智庫發展雖略具雛形，但缺乏系統性整合，因此政府可針對官方教育智庫之制度、品質、經費、人才、研究等方面，提出系統性的規劃設計，同時藉由政策引導和經費挹注，以提升民間智庫之發展效益，進而使教育智庫成為國家教育政策推動、落實和評量之助力。

㈡教育政策研議過程中，宜廣納各類型智庫意見

目前國內教育政策主要是由中央（教育部）提案後，經立法院三讀、立法後開始推動。而在教育部向立法院提案前，可能會利用公開招標方式，委請專家學者針對議題進行研究，以作為政策推動之基礎研究。此一教育政策研議模式，長期以來缺乏廣納民間各團體意見，及形塑民間利害關係團體之共識，以致政策推動後時常未見成效。基此，教育政策的研擬、推動、落實和評析過程中，宜廣納各類型智庫之意見，使教育智庫能對於國家教育政策發揮效益，進而體現社會團體積極推動國家之力量。

㈢各類型教育智庫應主動形塑智庫網絡，發揮當代知識分子力量

目前各類型智庫雖見雛形，但各自為政，且發展的方式、關注的議題、發揮的效益，也隨之不同，以致對於國家教育政策的建言常淪為曇花一現，無法引起社會共鳴。所以各類型教育智庫應加強形塑互動聯繫網絡下，凝聚力量，共生共榮。

㈣各類型教育智庫應落實社會責任，提供各界有關教育政策及時且簡潔資訊

國內各類型教育智庫功能的發揮，不僅是成為國家教育政策的智囊

團，更應落實社會責任，爲各界提供教育政策相關的及時資訊和分析，以喚起全體民眾參與教育政策的制定，進而使教育政策的決策及執行，更能符應人民、社會和時代進展的各項需求。

參考文獻

一、日文部分

中央教育審議会（2015）。これからの学校教育を担う教員の資質能力の向上について～学び合い，高め合う教員育成コミュニティの構築に向けて～（答申）。取自https://www.mext.go.jp/component/b_menu/shingi/toushin/__icsFiles/afieldfile/2016/01/13/1365896_01.pdf

中央教育審議会（2021）。「令和の日本型学校教育」の構築を目指して～全ての子供たちの可能性を引き出す，個別最適な学びと，協働的な学びの実現～（答申）。取自https://www.mext.go.jp/content/20210126-mxt_syoto02-000012321_2-4.pdf

中央教育審議会（2022）。第3次学校安全の推進に関する計画の策定について（答申）。取自https://www.mext.go.jp/content/20220215-mxt_kyo-usei02-000020599_1.pdf

内閣官房教育未来創造会議担当室（2022）。教育未来創造会議第一次提言のポイント。取自https://www.cas.go.jp/jp/seisaku/kyouikumirai/pdf/dai1ji_teigen_ver2.pdf

文部科學省（2006）。教育再生会議の設置について。取自https://www.mext.go.jp/b_menu/shingi/chukyo/chukyo4/003/gijiroku/06102415/008.htm

日本教育学会（2021）。学会の概要。取自http://www.jera.jp/outline/

日本教育学会（2022）。各種委員会。取自http://www.jera.jp/outline/all_com-mittee/

日本教職員組合（2021）。「教育福祉（Edufare）」社会をめざし社会的対話をすすめよう。取自https://www.jtu-net.or.jp/wp/wp-content/themes/jtu/doc/proposal2020-2021.pdf

日本教職員組合（2022）。組織情報。取自https://www.jtu-net.or.jp/whats-jtu/group/

日本學術會議（2022）。日本学術会議とは。取自https://www.scj.go.jp/ja/scj/index.html

矢野武（2021）。教育再生実行会議。取自https://kotobank.jp/word/%E6%95%99%E8%82%B2%E5%86%8D%E7%94%9F%E5%AE%9F%E8%A1%8C%E4%BC%9A%E8%AD%B0-688433

全国教育研究所連盟（2021）。国立教育政策研究所関連機関。取自https://schit.net/zenkyou/

国立大学協会（2015）。国立大学の将来ビジョンに関するアクションプラン。取自https://www.janu.jp/wp/wp-content/uploads/2021/03/20150914-wnew-actionplan1.pdf

国立大学協会（2018）。高等教育における国立大学の将来像（最終まとめ）。取自https://www.janu.jp/wp/wp-content/uploads/2021/03/20180126-wnew-future_vision_final2.pdf

国立大学協会（2021a）。組織図。取自https://www.janu.jp/janu/gaiyou/soshiki/

国立大学協会（2021b）。第4期中期目標期間へ向けた国立大学法人の在り方について—強靭でインクルーシブな社会実現に貢献するための18の提言—。取自https://www.janu.jp/wp/wp-content/uploads/2021/06/38bd0f7a612a527239d991d72d2a1dae.pdf

国立大学協会（2022）。会員名簿。取自https://www.janu.jp/janu/about/

金井萬造（2013）。我が国におけるシンクタンクの役割。取自https://www.iewri.or.jp/cms/docs/201309_tokusyu01.pdf

原野城治（2015）。全球智庫爆炸式发展，日本智庫却在萎缩──日本国际问题研究所名列全球第13名。取自https://www.nippon.com/cn/features/h00099/?pnum=2

國立教育政策研究所（2018）。国立教育政策研究所基本方針。https://www.nier.go.jp/03_laboratory/pdf/kihonhoushin30.pdf

國立教育政策研究所（2022a）。組織国立教育政策研究所機構図。取自https://www.nier.go.jp/03_laboratory/03_enkaku.html

國立教育政策研究所（2022b）。目的・沿革。取自https://www.nier.go.jp/03_laboratory/02_mokuteki.html

教育未来創造会議（2021）。**教育未来創造会議ワーキング・グループの開催について**。取自https://www.cas.go.jp/jp/seisaku/kyouikumirai/sozo_mirai_wg/pdf/kaisai.pdf

教員養成部会（2016）。**教員養成部会（第92回）配付資料　資料4-1教員に求められる資質能力等について（近年の提言等より抜粋**。取自https://www.mext.go.jp/b_menu/shingi/chukyo/chukyo3/002/siryo/__icsFiles/afieldfile/2016/03/25/1367367_06.pdf

經團連（2021）。**経団連とは**。取自https://www.keidanren.or.jp/profile/pro001.html

經團連（2022a）。**産学協働による自律的なキャリア形成の推進**。取自https://www.keidanren.or.jp/policy/2022/039_honbun.pdf

經團連（2022b）。**Society 5.0の扉を開く**。取自https://www.keidanren.or.jp/policy/2022/032_honbun.html

經團連（2022c）。**新しい時代に対応した大学教育改革の推進**。取自https://www.keidanren.or.jp/policy/2022/003_honbun.pdf

經團連（2022d）。**採用と大学改革への期待に関するアンケート結果**。取自https://www.keidanren.or.jp/policy/2022/004_kekka.pdf

鈴木崇弘（2011）。**日本になぜ（米国型）シンクタンクが育た なかったのか？政策研究・經營，2**，30-50。

総合教育政策局政策課（2019a）。**第10期中央教育審議会機構図（令和元年6月現在**）。取自https://www.mext.go.jp/content/20191224-mxt_soseisk01-100006191_1.pdf

総合教育政策局政策課（2019b）。**中央教育審議会について**。取自https://www.mext.go.jp/b_menu/shingi/chukyo/chukyo0/gaiyou/010201.htm

二、中文部分

刁榴、張青松（2013）。日本智庫的發展現狀及問題。**國外社會科學，3**，

79-88。

王屛（2017）。從研究智庫的理論與方法看日本智庫的作用及影響。取自
　　https://read01.com/zh-tw/0ezn8zz.html#.YlKMFchBxdg

台灣教育研究院社（2022）。「教育智庫：回顧與前瞻」學術研討會活動紀
　　要。取自https://drive.google.com/file/d/16wYE1nczYUq60RobQqYNxtgN0
　　ij6rnOu/view

張勇系（2019）。日本國際問題智庫的新模式與新特點。取自http://www.
　　rdiu.net/index.php?m=content&a=show&catid=6&id=360

教育部（2019）。當前教育重大政策。取自https://www.edu.tw/News_Content.
　　aspx?n=D33B55D537402BAA&s=333F49BA4480CC5B

黃昆輝教授基金會（2016）。基金會緣起。取自http://www.hkh-edu.com/
　　about01.html

國家教育研究院（2022）。關於本院。取自https://www.naer.edu.tw/PageDoc/
　　Detail?fid=20&id=3

楊思偉（2022年01月）。日本教育智庫之分析 ── 以個案爲主探討。**2022年
　　教育智庫學術研討會**，國立臺灣師範大學。

楊思偉（2022年03月）。**中央教育政策規劃機制之探討 ── 以日本爲例**。
　　2022年高雄師範大學教育學系演講簡報。

謝文全（2004）。教育學門相關學會之介紹。人文與社會科學簡訊，**5**(4)，
　　17-29。

三、英文部分

J. G. McGann (2021). *2020 Global Go To Think Tank Index Report*. Retrieved
　　from https://repository.upenn.edu/cgi/viewcontent.cgi?article=1019&context
　　=think_tanks.

第五章

日本教育智庫型態與功能

梁忠銘

日本國立東北大學哲學博士（教育學專攻）
國立臺東大學教育系教授

前言

「智庫」（Think Tank）一詞，應是起源於國外的概念。智庫是對政治、經濟、科技等廣泛領域的問題和現象進行調查研究，並公布結果和提出解決方案的研究機構。智庫專家經常會以專家身分參加政府和議會委員會和審議會發表意見，在某些情況下，可能會參與最終決策者的會議，或者他們可能自己在政府內部任職並參與政策制定。很多智庫的營運資金來自政府部門的補助金，這也是爲什麼在海外，智庫也有被稱爲「可以進行政策研究的廣告機構」的原因（塩野誠，2015），演變至今，很多智庫的營運來自各方產業的資金補助。美國智庫的組織是被認爲世界上最成熟的，智庫在美國政策之功能，包括：扮演政府和公眾之間的中介功能；對當前或是即將形成的議題、問題或提議進行認定和評估；將理念和問題轉換爲政策議題；在政策辯論時發揮諮詢和獨立自主意見（崔小茹，2005），經常左右政策的發展。

另外，依據上海社會科學院智庫研究中心 2014 年 2 月發布的《2013年中國智庫報告》定義，「智庫」主要是指：以公共政策爲研究對象，以影響政府決策爲研究目標，以公共利益爲研究導向，以社會責任爲研究準則的專業研究機構（上海社會科學院智庫研究中心，2014）。近年智庫的性質和領域和數量及影響力不斷擴大。教育領域部分，爲提升教育政策決策品質，除了增加學術研究者與教育政策制定者的溝通對話外，智庫的建立可以集結更多的學術界夥伴進行政策研究，藉此可發揮更大的研究產能（蔡進雄，2018）。日本是亞洲最先進國家之一，亦因應國內發展各方需要，早已發展出適合其社會環境和政治需求及產業經濟發展等各領域的智庫，教育領域自然也是如此。依據學者彭錦鵬（2012）對「智庫」（Think Tank）的研究指出，自 1971 年開始，國外學者陸續進行智庫機構的研究，並試圖給予智庫機構一個明確的定義，認爲目前文獻中以 McGann 與 Weaver 在 2000 年提出的概念最爲完整。McGann 認爲，智庫應具備以下特色（McGann & Weaver, 2000; 引自彭錦鵬，2012）：

1. 爲一公共政策研究組織，且對於政府、社會利益團體（如私人企

業、利益團體、政黨等）有相當重要的自主權（significant autonomy）。

　　2. 自主權顯現的「獨立性」，是相對非絕對的概念，其發展須因地制宜。

　　3. 智庫之定義會隨著研究者及智庫所處之環境、地域有所改變。

　　McGann 與 Weaver 對智庫的定義，不僅將智庫之性質界定爲從事公共政策研究之非營利機構，同時亦加入智庫所強調的「獨立性」特質，也成爲近代較具代表性的智庫機構定義。總的來看，智庫有其在政策建議上的獨立性，也有公共事務的屬性。簡言之，智庫機構的主要宗旨應與公共事務有關，以提供建議或顧問諮詢的性質，提出制度改善規劃的研究機構的非營利組織（引自彭錦鵬，2012）。

　　此外，在智庫分類部分亦有從「政府、政治、民間」及「研究型、綜合型、活動型」兩組型態，作爲智庫的分類模型針對臺灣的智庫機構進行分類分析（吳宗翰，2010）。但本文主參考 McGann 及 Weaver 的分類，將智庫區分成四種型態，分別是：1.「學術研究型智庫」、2.「委託契約型智庫」、3.「倡議型智庫」，以及 4「政黨型智庫」（引自彭錦鵬，2012；Mark Lin、五道口男子職業技術學校，2021）：

　　1. 學術研究型智庫（Academic Research Think Tank）：該類型的智庫機構人員，傾向招募具強大學術背景的專任研究人員，也相當重視採用社會科學及嚴謹的研究方法來進行研究，並致力於向社會大眾推廣該單位的中立性及可信度，來建構機構形象。研究型智庫的資金來源，主要以各類型基金會、私人企業及私人的慈善捐款爲主。

　　2. 委託契約型智庫（Contract Research Think Tank）：該機構的資金來源與研究型智庫不同，主要資金來源爲承接政府機關所釋出的「研究契約」，且在研究過程中提供較爲短篇的研究報告，與研究型智庫偏好出版專書或論文的形式不太相同。

　　3. 倡議型智庫（Advocacy Think Tank）：倡議型智庫在形式上標榜機構的獨立性，卻仍與「特定的立意、意識型態」等概念產生某種程度的連結。

　　4. 政黨型智庫（Political Party Think Tank）：政黨型智庫是由各政黨

官員、政治人物或是黨員所發起的智庫機構，而該黨具威望的政治人物對於機構的研究議程上具有相當大的影響力。該類型智庫在客觀性及獨立性上皆受到一定程度的限制，尤其當該機構隸屬的政黨失去政權時，該機構發揮影響力的管道也會受到侷限。

　　從以上諸論述或許可說，從組織形態和機構屬性，智庫既可以是具有政府背景的公共研究機構（官方智庫），也可以是不具有政府背景或具有準政府背景的私營研究機構（民間智庫）；既可以是營利性研究機構，也可以是非營利性機構。本文依據以上的論點，進行日本智庫的探討，同時聚焦於「教育領域」相關之智庫。並參酌「McGann 及 Weaver」之研究，加入其他文獻概念，將智庫權責分為五種型態區分，並加上屬於日本特有的型態。主要釐清二個目的：(一) 日本教育智庫概念與型態。(二) 日本智庫目的與功能。以利學界相關研究之參考。

日本教育智庫概念與型態

　　智庫可追溯自一次大戰期間的戰術用語，原意乃軍中「從事構思（think）及策劃（plan）的安全場所」。到了二次大戰結束後，智庫開始被用來形容「以研究軍事議題為主題」的研究機構，例如著名的蘭德公司。然而隨著時代發展，智庫的意義才逐漸發展成軍事領域以外的意涵（Mark Lin、五道口男子職業技術學校，2021）。日本被認為是有很多智庫存在的社會，主要是因為智庫的定義在日本並無一個明確的定義，日本使用外來語「シンクタンク」，想必其概念應源自於歐美「think tank」的概念。只要是一種透過提供智慧的工作，或許就可自稱為某種形式的智庫。依據《日本國語大辭典》對於「智庫」（think tank）的解說為「頭腦集團，為各種領域專門家所組成的組織。以無形的智慧為資本，提供基礎研究或應用研究等方面的建議、指導等建言或諮詢的服務之組織或是研究機關，也經常使用『○○研究所』的名稱」（船橋洋一，2019）。

　　主要是政策裡面有很多專業性的知識，一般人幾乎不可能學會所有的專業知識。透過民主的機制，把「輿論」的訴求和專業領域的「專門」結

合起來構思，將有助於政策的可行性，避開窒礙難行的窘境。智庫作爲中
介功能存在於各個層面，具有連接專業性和公眾輿論的功能，調和兩者的
異同，發揮整合和連結作用的效能很大，同時也提供參與者學習的功能，
達到發揮結合眾人智慧與專業意見的功能（鈴木崇弘、橫江公美、金子將
史，2016）。

　　因此，日本中央各省廳所管轄下，其所屬相關機構、地方相關機關團
體企業，也都因應需求設有進行相關領域和各式各樣的調查，匯集各方意
見和歸納各種可行方案爲主的機構。此外，還有一般民間大規模的「○○
總合研究所」，基本就是依靠客戶諮商和諮詢調整業務和問題解決之策略
和提案及解決方案的組織或企業（百科事典マイペディア網路，2022）。

　　透過日本「總合研究開發機構」（Nippon Institute for Research Ad-
vancement, NIRA）2014 年的調查研究所建置的智庫資料指出，日本的智
庫至少有 286 個機關有登錄（參見章後附表）。本文僅將有關教育之智
庫，以及與概念上符合智庫約 30 餘個機構（總合研究開發機構網頁，
2022a），參酌「McGann 及 Weaver」的研究所區分的四種型態，並做適
當調整（特別是對於倡議型智庫的定義，僅取其形式上標榜機構的獨立
性，卻仍與「特定的立意、意識型態」等產生某種程度的連結），以符合
本文的展開。另外加上屬於日本特有的型態，歸類爲其他，歸納如表 1：

表 1　日本教育相關智庫表

型態	所屬體系	智庫名稱
1. 學術研究型智庫（21所）	教育機關附屬體系（20所）	滋慶教育科學研究所（滋慶學園系） 產業能率大學總合研究所 北海學園大學開發研究所 關西大學經濟政治研究所／大阪府 關西大學法學研究所／大阪府 京都橘大學總合研究中心／京都府 東洋大學現代社會總合研究所／東京都 東洋大學地域活性化研究所／群馬縣 ~~北海學園大學開發研究所／北海道（已消失）~~ 立命館大學社會システム研究所／滋賀縣

型態	所屬體系	智庫名稱
		日本福祉大學知多半島總合研究所
		東京大學未來願景研究中心（IFI），原稱東京大學政策願景研究中心（東京大學系）
		北九州市立大學都市政策研究所／福岡縣
		熊本大學政策創造研究教育中心／熊本縣
		滋賀縣立大學地域共生中心／滋賀縣
		高崎經濟大學產業研究所／群馬縣
		東北大學東北亞細亞研究中心／宮城縣
		廣島市立大學廣島平和研究所／廣島縣
		廣島大學平和科學研究中心／廣島縣
		德島縣立總合大學校德島政策研究中心
	民間公益團體體系	日本教育學會（一般社團法人日本教育學會）
2. 委託契約型智庫（4所）	政府體系 獨立法人機關（3所）	科學技術、學術政策研究所（文部科學省）
		國立教育政策研究所（文部科學省）
		NIRA 總合研究開發機構
	地方機構附屬體系	地方公共團體的各個教育研究所、教育中心
3. 倡議型智庫（6所）	中央機關附屬體系（政策・審議會）（6所）	中央教育審議會
		教科用圖書檢定調查審議會
		大學設置・學校法人審議會
		科學技術・學術審議會
		國立大學法人評價委員會
		國立研究開發法人審議會
4. 政黨型智庫（4所）	政黨・勞組・市民團體體系（4所）	國民教育文化總合研究所（教育總研、日本教職員組合系）
		民主教育研究所（民研、全日本教職員組合系）
		日本教育文化研究所（教文研、全日本教職員聯盟系）
		東洋哲學研究所（創價學會系）
5. 其他	地方智庫協議會（1所）	http://www.think-t.gr.jp/member.html

資料來源：依據日本「NIRA 總合研究開發機構網頁（2022a）」資料，自行整理而成。

　　從表 1 可掌握日本 2014 年當時，有關教育智庫第一類型態「學術研究型智庫」約有 21 所，大多是屬於公私立大學的附屬研究機構，其收入來源大多為其母體組織。但日本教育學學界，有一所民間公益團體體系，其目的為「本法人、教育學相關之學理及其有關應用的研究發表、知識的

交換、與國內外關聯學會相互連攜協力等，促使教育學的進步普及，期待國家學術的發展為目的」。值得注意的是該學會組織結構完整，主要是以會員的收入為主，會員遍及日本全國並串聯了日本幾個地方學會，並贊助其部分學術活動經費。加上其註冊成為一般社團法人，與日本其他學會僅為學術團體組織不同，應該符合成為智庫定義的組織，特別給予列入。

　　在教育領域第二類型態是屬於「委託契約型智庫」，在日本教育領域廣為人知，分別是「國立教育政策研究所」及「科學技術、學術政策研究所」是屬於日本「文部科學省」的附屬研究機構。另外，「總合研究開發機構（NIRA）」則為官民各界出資和捐贈資金所營運，主要是積極的與各研究機關的交流和支援、培育的活動，雖屬於半官半民的組織，但實際上帶有濃厚的官方智庫色彩。

　　第三類型態是屬於「倡議型智庫」，本文歸類出中央教育審議會、教科用圖書檢定調查審議會、大學設置／學校法人審議會、科學技術／學術審議會、國立大學法人評價委員會、國立研究開發法人審議會。基本上與文部科學省直接相關，為直屬或附屬中央機關的政策和諮詢審議機構，其所營運的資金也大多來自於公部門預算，少部分來自於事業收入和各界捐贈。符合「在形式上標榜機構的獨立性，卻仍與『特定的立意、意識型態』等概念產生某種程度的連結」（引自彭錦鵬）。

　　第四類型態是屬於「政黨型智庫」，顧名思義為政黨、宗教及各工會或公會團體的附屬機構。比較特殊的是「東洋哲學研究所」，是屬於日本創價學會的附屬組織，其屬性是日本宗教法人，是佛教「法華經」派系的傳教團體，其經費的來源比較多元。

　　另外，日本地方教育的主管單位為「教育委員會」，地方的教育行政，基本設計是獨立於一般行政，透過教育民主化，促使教育行政的地方分權化，經由教育委員會的運作，使得教育指導行政與一般管理行政的鍵結弱化，也就是利用抑制與均衡的原理，防止一般行政的獨裁專制（松井一麿，1997）。同時，每個縣市「教育委員會」都會有其附屬的地方公共團體和教育研究所、教育中心等類似的附屬研究機構和職訓或研習中心，其主要的營運資金則來自事業收入與公部門預算。日本「總合研究開發機

構（NIRA）」也都把它歸類爲「地方智庫」，並有「地方智庫協議會」網頁（https://www.think-t.gr.jp/member.html）呈現出所屬會員的連結，依據「地方智庫協議會」所列智庫之名稱，大致以用「** 法人」及「** 株式會社」（公司）型態的方式之營運模式，歸類成兩大類如表 2：

表 2　日本地方智庫協議會會員

地區	智庫類別與名稱	
	財團法人類別	一般公司類別
北海道地區		株式會社北海道 21 世紀總合研究所 株式會社道銀地域總合研究所
東北・關東地區	一般財團法人岩手經濟研究所 一般財團法人秋田經濟研究所 一般財團法人東北地域總合研究所 公益財團法人東北活性化研究中心 特定非營利活動法人 NPO 群馬	株式會社フィデア情報總研 株式會社山形銀行山銀情報開發研究所 株式會社青森創生パートナーズ
北陸地區	一般財團法人北陸經濟研究所 一般財團法人地域振興研究所	株式會社計畫情報研究所 株式會社國土開發中心 株式會社日本海 consultant
中部地區	一般財團法人企業經營研究所 一般財團法人靜岡經濟研究所 一般財團法人しんきん經濟研究所 一般社團法人地域問題研究所 公益財團法人山梨總合研究所 公益財團法人中部圈社會經濟研究所 公益財團法人名古屋町造公社 名古屋都市中心 公益社團法人東三河地域研究中心 日本福祉大學知多半島總合研究所	株式會社創建 株式會社百五總合研究所 株式會社三十三總研 株式會社十六總合研究所
近畿地區	大阪產業經濟 Research&design 中心 一般社團法人 system 科學研究所 一般財團法人 Asia 太平洋研究所 一般財團法人關西情報中心 一般財團法人兵庫經濟研究所 一般財團法人南都經濟研究所公益社	株式會社地域計畫建築研究所

地區	智庫類別與名稱	
	財團法人類別	一般公司類別
	一般財團法人和歌山社會經濟研究所 一般財團法人國際經濟勞動研究所 公益財團法人兵庫震災紀念 21 世紀研究機構 公益社團法人 SocialScienceLab	
中國・四國地區	公益財團法人中國地域創造研究中心 公益財團法人德島經濟研究所 公益財團法人愛媛地域政策研究中心 德島縣立總合大學校德島政策研究中心	株式會社藤井基礎設計事務所 株式會社西日本科學技術研究所
九州・沖繩地區	公益財團法人九州經濟調查協會 公益財團法人福岡 Asia 都市研究所	株式會社よかネット 株式會社ちくぎん地域經濟研究所
特別贊助會員	公益財團法人 NIRA 總合研究開發機構	

資料來源：依據日本「NIRA 總合研究開發機構（2022b）」，https://www.think-t.gr.jp/member.html 資料，自行整理而成。

從表 2 可知地方智庫，大致以「財團法人」與「一般公司」的型態呈現，其營運基金來源，大多與第二類和第三類型「智庫」類似，營運的資金也大多來自於公部門的預算或是企業資金的挹注，少部分來自於事業收入和各界捐贈。

當然，以上所舉，限於各種因素，無法將日本現有的相關智庫完整的表列，但大致上呈現出其整體概括的樣貌。本文將聚焦於教育相關之智庫加以分析，地方智庫限於篇幅，提供表 2 智庫概況僅供參考。

 ## 智庫目的與功能

依據表 1，分別從不同形態找出較具知名度之教育智庫，並簡單探討其設立目的及其屬性。簡單說明如下：

一、東京大學未來願景研究中心

　　東京大學未來未來願景研究中心是歸屬於第一類學術研究型智庫，設立於 2019 年 4 月整合「未來願景研究中心」與「國際高等研究所 Sustainability 產學連攜研究機構」而成。主要的目的在，對於東京大學面對永續開發目標（SDGs）如何努力的達成目標，是「未來社會協創推進本部」（Future Society Initiative, FSI）的核心組織。對於可以創造出永續的未來社會以及未來社會的各種課題相關政策、社會建言與社會合作進行研究。還有與統整與未來社會有關聯之大學的真知灼見，國際網絡樞紐及產、官、學、民之間協創的平台之機能的建置、依據研究實現未來社會可能的選項之同時，也負責培育相關業務之人材（東京大學未來願景研究中心網頁，2022）。

　　因是屬於東京大學的附屬組織，因此該智庫之成員，也應屬於東京大學的專任或專案聘僱人員，其營運資金也應屬於東京大學之預算及業內收益或各界捐贈（含企業）。

二、日本教育學會

　　日本教育學會設立於 1941 年設立，目前個人會員約 3 千人，單以教育學相關研究領域為對象的學會來看，是日本國內最大規模的教育相關學會。該學會與日本其他在日本學術會議登錄 70 幾個教育學相關之學會屬性有所不同的是，日本教育學會是民間公益團體，屬於一般社團法人。其主要目的明確在其營運規程第 2 條說明「本會主要在進行教育學相關學理及應用有關的研究發表、知識交換、會員相互及內外相連學會的合作與提攜協力，促使教育學的進步普及並期望日本國的學術發展為目的。」因此也將其歸屬於第一類學術研究型智庫。該學會的特徵是綜合性的學會，強調整合教育各專業領域和和研究網絡合作，從不同角度提出有利於學術的意見和研究。此外，日本教育學會理事會也明確的記載日本教育學會營運規程區分為：1. 全國區理事 12 名；2. 地方區理事 37 名。地方區理事為北海道、東北、關東（東京除外）、東京、中部、近畿、中國、四國、九

州、沖繩的 9 個地區。形同有 9 個分會，各地區的學會理事人數另訂（日本教育學會網頁，2022）。

三、國立教育政策研究所

國立教育政策研究所歸屬於第二類型委託契約型之智庫。該研究所成立於 1949 年 6 月，其前身稱「國立教育研究所」，是屬於文部科學省所管轄的教育政策研究機關，主要是對教育有關實際、基礎的研究進行調查。2001 年 1 月日本中央省廳重組再編之際，強化教育相關政策的規劃案及發展，將以往的研究組織加以調整的同時，也將行政部門整合，充實專門的調查研究及建言、支援機能，並新設置教育課程研究中心及生徒指導研究中心，成為綜合的政策研究機關，名稱也更名為「國立教育政策研究所」。該研究所有關教育政策相關之綜合的國立研究機關，從學術的研究活動之成果、教育政策企劃、立案提出有意義的真知灼見加以歸納、建議。同時國立教育政策研究所也是代表日本教育研究機構在國際上的研究機關之一，對於日本教育相關機關和團體等提供相關資訊和必要建言的功能，其使命主要項目如下（國立教育政策研究所網頁，2022）：

1. 從中長期的視點，提出戰略的教育政策的規劃和提案，對於國內外教育的狀況進行科學的調查分析和預測將來的趨勢，提出日本國在教育政策上應有的方案相關之意見。

2. 因應社會的要求，機動的提出教育政策的規劃和提案，基於國民對於教育的關心議題，需要緊急解決的政策課題以及有關社會的背景和現狀，進行科學的調查分析。

3. 因應教育各分野的需要，進行教育活動內容等有關之調查研究，建議和支援。

4. 提供國內外相關單位，有關教育資訊與基本數據，文獻蒐集、整理、保存。

5. 透過共同研究調查和國際教育協力活動及舉行會議，與國內外相關機關進行教育研究相關資訊交流，歸納出相關意見。

四、中央教育審議會

日本「中央教育審議會」是文部科學省專屬的諮詢審議機構。主要的功能就是在因應文部科學大臣的各項政策的諮詢。中央教育審議會是依據《中央教育審議會令》、《中央教育審議會營運規則》、《中央教育審議會會議的公開有關規則》三項法規進行運作。主要的業務，是因應文部科學大臣的諮詢、教育的振興及推行生涯學習，培育具備豐富人性的創造人才相關重要事項、振興運動有關重要事項的調查審議、對於文部科學大臣意見陳述給予建議。對於文部科學大臣諮詢問題及生涯學習機會整備重要事項的調查審議，給予文部科學大臣及其相關行政機關首長提供相關意見。歸納中央教育審議會各分科會主管權責，主要機能有三，分別說明如下（文部科學省網頁，2022）：

1. 因應文部科學大臣的諮問，對於有關教育的振興及生涯學習的推行之核心理念孕育豐富人性、培育具有創造性人才的相關重要事項，還有就是有關運動振興的重要事項之調查審議結果，提供給文部科學大臣參考。

2. 因應文部科學大臣的諮問，審議有關生涯學習機會的整備重要事項之調查審議結果，提供給文部科學大臣又或者是有關行政機關首長參考。

3. 基於法令規定處理審議會權限所屬之事項。

中央教育審議會可依據法律或政令處理屬於在其權限之事項。中央教育審議會於 2011 年中央省廳改革之際，統整了生涯學習審議會、理科教育及產業教育審議會、教育課程審議會、教育職員養成審議會、大學審議會、保健體育審議會的功能（文部科學省網頁，2022）。因此，中央教育審議會可說是日本教育最高行政主管機構文部科學省非常重要的諮詢機構。中央教育審議會之組織可再細分為教育制度分科會、生涯學習分科會、初等中等教育分科會、大學分科會等四個分科會（審議會及分科會，因應必要性可設置相關部會）。每個分科會都有主要負責的相關業務，2008 年以後有設置負責「有關日本教育振興基本計畫」之特別部會（文部科學省網頁，2022）。各分科會主管權責歸納如表 3：

表 3　中央教育審議會各分科會權責表

分科會名稱	主要事務權責
教育制度分科會	1. 孕育豐富人性、培育具備創造性的人才之教育改革相關重要事項 2. 地方教育行政有關制度相關重要事項
生涯學習分科會	1. 生涯學習機會整備相關重要事項 2. 社會教育振興相關重要事項 3. 視聽覺教育相關重要事項 4. 青少年健全育成相關重要事項
初等中等教育分科會	1. 初等中等教育振興相關重要事項 2. 初等中等教育基準相關重要事項 3. 學校保健、學校安全及學校給食相關重要事項 4. 教育職員養成及資質保持向上相關重要事項
大學分科會	大學及高等專門學校教育振興相關重要事項
教育振興基本計畫部會	教育振興基本計畫（2008 年 7 月 1 日閣議決定）實施之意見陳述

資料來源：依據文部科學省網頁（2022），研究者自行作成。

　　文部科學省透過「審議會」的諮詢方式，提出各種政策改革建議。並且隨著時代的變化與中央機構的需求，發展出各種類似教育審議會的機能，集思廣益，凝聚共識，提出專業的報告書，作為政策實施與決策的方向。

　　中央教育審議會委員組成委員由 30 人以內所組成，任期二年，委員的身分來自不同領域，有公、私立大學校長教授以及私立學校理事、中等學校校長、教育委員會教育長、家長會長、非營利機構、財界及政界代表等。依據其必要性，設置各分科會，亦可設置臨時委員及專門委員（文部科學省網頁，2022）。

五、民主教育研究所

　　民主教育研究所於 1992 年設立，是屬於日本教師團體組織「全日本教職員組合」所設立的智庫，因此將其歸屬於第四類政黨型智庫。該研究所屬於工會與日本的教育現實相聯結，尊重學生與青年的尊嚴與權利，促使其成長、發達之教育與教育研究的發展而努力，也與世界的動向連結，

產生很多的成果。依據民主教育研究所「設立主旨（趣意書）」說明，該研究所的設立主旨是基於眞理與事實，透過研究鼓勵教育工作與教育實踐的據點而設立。奉行研究與教育的統合，強化擔任教育實踐的教育者自身也同時應是研究的主體。注重研究過程的自由與自主性，尊重不同意見和研究方法的多樣性。民主教育研究所對於教育的實證研究相關之資訊蒐集與交流，進行必要之調查與教育上的問題之研究。同時與全國各地的諸研究機關進行交流而努力（民主教育研究所網頁，2022）。

 ## 肆　結論

「智庫」（Think Tank）雖是外來的譯語，但應與我們熟悉的「智囊團」、「文膽」、「軍師」等詞語意相近，或許可說是「智囊團」、「文膽」、「軍師」、「顧問」等概念的集合體。日本的「智庫」（Think Tank）透過以上探究，本文依其型態、類別、屬性、組織結構、常用名稱、經營模式、服務內涵、資金來源等八個面向，依序說明如下：

1. 日本智庫如依據設立的「型態」，主要可區分為五類：「學術研究型智庫」、「委託契約型智庫」、「倡議型智庫」、「政黨型智庫」與「其他型態」。

2. 依「類別」主要可歸類如下：財團法人、株式會社（公司）、基金會、個人名義。

3. 依「屬性」可歸類如下：官方組織、半官方組織、民間組織、非營利組織、虛擬組織。

4. 依「組織結構」可歸類如下：附屬機構、獨立機構、完整組織、鬆散組織、無組織。

5. 依「常用名稱」可歸類如下：「研究所」、「中心」、「研習中心」、「協會」、「學會」、「總合研究所（總研）」、「委員會」、「審議會」、「基金會」。

6. 依「經營模式」可歸類如下：公益性、對外開放、接受委託、對內諮詢、將來趨勢預測、個人興趣。

　　7. 依「服務內涵」可歸類如下：政策諮詢、情勢分析、趨勢預測、意見提供、倡導議題（倡議）、解決方案、前瞻思維、建議事項、各項諮詢、提供基礎研究或應用研究結果。

　　8. 依「資金來源」有如下來源：公部門預算、捐贈、私募、事業收益、計畫申請、企業、獨資。

　　以上八個面向加以歸納整理為表4：

表4　日本智庫主要歸類與樣態

類別	主要樣態	其他
型態	「學術研究型智庫」、「委託契約型智庫」、「倡議型智庫」、「政黨型智庫」	其他型態
類別	財團法人、株式會社（公司）、基金會	個人名義
屬性	官方組織、半官方組織、民間組織、非營利組織	虛擬組織
組織結構	附屬機構、獨立機構、完整組織、鬆散組織	無組織
常用名稱	「研究所」、「中心」、「研習中心」、「協會」、「學會」、「總和研究所（總研）」、「委員會」、「審議會」、「基金會」	研究會
經營模式	公益性、對外開放、接受委託、對內諮詢、將來趨勢預測	個人興趣
服務內涵	政策諮詢、情勢分析、趨勢預測、意見提供、倡導議題（倡議）、解決方案、前瞻思維、建議事項、各項諮詢、提供基礎研究或應用研究結果	個人理念
資金來源	公部門預算、捐贈、私募、事業收益、計畫申請、企業	獨資

資料來源：研究者自行做成。

　　從表4可知「智庫」顧名思義，可解讀為提供「政策諮詢」、「情勢分析」、「趨勢預測」、「意見提供」、「議題倡導」、「解決方案」、「前瞻思維」、「建議事項」、「各項諮詢」、「提供基礎研究或應用研究結果」、「解決方案」、「前瞻思維」、「建言」、「諮詢」的「智囊團」＝「智慧組織」，提出高瞻遠矚的「高見」、「先見」、「遠見」、「創見」、「真知灼見」，類似俗語所說「三個臭皮匠，勝過一個諸葛亮」的思維。從本研究的結果可知，先進國家無論在各個領域，都有非常多提供「建言」、「諮詢」和「問題解決方案」的組織或機構，以各種類

別或樣態呈現。透過所屬的機構或是獨立組織或附屬的各種審議和諮詢機構，召集各領域的賢達與專業代表，群策群力進行方案的審議和擬定可行方案凝聚共識。這些直屬或附屬的各種審議和諮詢機構的常設與正常運作，經由各種的審議達到廣納各方意見的功能，展現以官方機構為主、以各方民意為輔的政策目標，以達到情勢分析、趨勢預測、倡導議題（倡議）和解決方案的目的。

參考文獻

一、中日文部分

上海社會科學院智庫研究中心（2014）。**2013年中國智庫報告**。http://jspo pss.jschina.com.cn/23791/201401/t20140127_1395154.shtml

日本教育學會網頁（2022）。http://www.jera.jp/

文部科學省網頁（2022）。有關中央教育審議會。https://www.mext.go.jp/b_ menu/shingi/chukyo/chukyo0/gaiyou/010201.htm

民主教育研究所網頁（2022）。https://min-ken.org/

百科事典マイペディア網站（2022）。シンクタンク。https://kotobank.jp/wo rd/%E3%82%B7%E3%83%B3%E3%82%AF%E3%82%BF%E3%83%B3% E3%82%AF-537065（20221122擷取）

松井一麿（1997）。**地方教育行政の研究**。東京：多賀出版。

船橋洋一（2019）。**シンクタンクとは何か：政策起業力の時代**。東京：中 央公論新社。

吳宗翰（2010）。**臺灣智庫機構之分類及發展現況研究**。國立臺灣大學政治 學研究所碩士論文未出版。

鈴木崇弘、橫江公美、金子將史（2016）。**激動の時代における政策シン クタンクの役割**。東京：PHP総研2016政策シンクタンク特輯。https:// thinktank.php.co.jp/kaeruchikara/3130/?Page=1（2022年11月22日擷取）

東京大學未來ビジョン研究Center（2021）網頁。東京大學未來ビジョン研 **究Center**。https://ifi.u-tokyo.ac.jp/about/

教育部網站（2021）。**電子字／辭典檢索系統**。https://language.moe.gov. tw/001/Upload/Files/site_content/M0001/respub/index.html

國立教育政策研究所網頁（2022）。**國立教育政策研究所**。https://www.nier. go.jp/

彭錦鵬（2012）。**兩岸公共治理智庫之解析**。兩岸三地智庫論壇（2012年6

月18日）。福州：福建省政府發展研究中心。

塩野誠（2015）。米国のシンクタンクは、「権力者」だった日本人は「研究所」の実態を知らない。東京：東洋経済オンライン（https://toyokeizai.net/articles/-/63086?page=3）。

崔小茹（2005）。美國中國情勢分析（**2000-2005**）之研究──以美國相關智庫論點為例。國立政治大學博士論文，未出版。

蔡進雄（2018）。我國智庫與教育政策關係之展望。教育行政論壇。10卷1期。總合研究開發機構網頁（2022a）。日本のシンクタンク。https://www.nira.or.jp/network/ttlinkj.html

總合研究開發機構網頁（2022b）。地方シンクタンク協議會。https://www.think-t.gr.jp/

API 21世紀日本の政策起業力プロジェクト事務局網頁（2019）。政策起業業界地図 シンクタンクとは何か（前編）。https://peplatform.org/post-335/

Mark Lin、五道口男子職業技術學校（2021）。各國兵家必爭之地─智庫作為權力與知識間的橋樑，適合比較、排名嗎。https://crossing.cw.com.tw/article/15326（2021/09/24擷取）

二、英文部分

McGann, James G., and Kent, R. Weaver.(2000). "Think Tanks & Civil Societies in a Time of Change" in Think Tanks & Civil Societies: Catalysts for Ideas and Action, eds. N.Y.: New Brunswick and U.K.: London: Transaction Publishers.

附表　日本智庫表

名稱	名稱
株式會社 アーバン・プランニング研究所 / 大阪府	株式會社 東急總合研究所 / 東京都
株式會社 アイアールエス / 東京都	東京ガス 株式會社 都市生活研究所 / 東京都
株式會社 アール・ピー・アイ / 東京都	公益財團法人 東京財團 / 東京都
アイ・アール・エム 株式會社 / 東京都	一般財團法人 統計研究會 / 東京都
一般財團法人 秋田經濟研究所 / 秋田縣	一般財團法人 とうほう地域總合研究所 / 福島縣
旭川大學 地域研究所 / 北海道	公益財團法人 東北活性化研究 Center / 宮城縣
株式會社 旭リサーチ Center / 東京都	東北大學 東北アジア研究 Center / 宮城縣
公益財團法人 アジア人口・開發協會 / 東京都	東洋大學 現代社會總合研究所 / 東京都
公益財團法人 アジア成長研究所 / 福岡縣	東洋大學 地域活性化研究所 / 群馬縣
一般財團法人 アジア太平洋研究所 / 大阪府	株式會社 東レ經營研究所 / 千葉縣
株式會社 アスリック / 石川縣	株式會社 ドーコン / 北海道
株式會社 アテナ / 島根縣	公益財團法人 德島經濟研究所 / 德島縣
株式會社 いよぎん地域經濟研究 Center / 愛媛縣	株式會社 独立總合研究所 / 東京都
一般財團法人 岩手經濟研究所 / 岩手縣	株式會社 都市環境研究所 / 東京都
株式會社 インテージ / 東京都	一般財團法人 都市防災研究所 / 東京都
株式會社 インテージリサーチ / 東京都	株式會社 都市未來總合研究所 / 東京都
一般財團法人 運輸政策研究機構 / 東京都	株式會社 都市問題經營研究所 / 大阪府
社團法人 エイジング總合研究 Center / 東京都	戶田市政策研究所 / 埼玉縣
株式會社 エックス都市研究所 / 東京都	公益財團法人 トラスト 60 / 東京都
特定非營利活動法人 NPO ぐんま / 群馬縣	一般財團法人 長野經濟研究所 / 長野縣
特定非營利活動法人 NPO 政策研究所 / 大阪府	公益財團法人 名古屋まちづくり公社 名古屋市 Center / 愛知縣
一般財團法人 エネルギー總合工學研究所 / 東京都	一般財團法人 南都經濟研究所 / 奈良縣
公益財團法人 えひめ地域政策研究 Center / 愛媛縣	一般財團法人 新潟經濟社會リサーチ Center / 新潟縣
MS&AD 基礎研究所 株式會社 / 東京都	株式會社 西日本科學技術研究所 / 高知縣
一般財團法人 大阪 ベイエリア開發推進機構 / 大阪府	株式會社 西日本リサーチ・Center / 福岡縣
一般財團法人 岡山經濟研究所 / 岡山縣	株式會社 ニッセイ基礎研究所 / 東京都
株式會社 沖繩計画機構 / 沖繩縣	株式會社 日通總合研究所 / 東京都
株式會社 開發計画研究所 / 東京都	株式會社 日本アプライドリサーチ研究所 / 東京都
公益財團法人 家計經濟研究所 / 東京都	特定非營利活動法人 日本医療政策機構 / 東京都
株式會社 鹿児島經濟研究所 / 鹿児島縣	一般社團法人 日本エコ・アグリテクノロジー / 東京都
	一般財團法人日本エネルギー經濟研究所 / 東京都

名稱	名稱
神奈川縣政策局政策部科學技術・大學連携課政策研究・大學連携 Center / 神奈川縣	株式會社 日本海コンサルタント / 石川縣
特定非營利活動法人 環境エネルギー政策研究所 / 東京都	一般財團法人 日本開發構想研究所 / 東京都
	株式會社 日本海洋科學 / 神奈川縣
公益財團法人 神奈川縣地方自治研中心 / 神奈川縣	株式會社 日本空港コンサルタンツ / 東京都
	株式會社 日本經濟研究所 / 東京都
株式會社 環境計画研究所 / 東京都	公益社團法人 日本經濟研究 Center / 京都
一般社團法人 環境創造研究 Center / 愛知縣	一般社團法人 日本經濟調查協議會 / 東京都
一般財團法人 關西空港調查會 / 大阪府	公益財團法人 日本交通公社 / 東京都
公益財團法人 關西交通經濟研究 Center / 大阪府	公益財團法人 日本國際フォーラム / 東京都
	公益財團法人 日本國際問題研究所 / 東京都
一般財團法人 關西情報 Center / 大阪府	公益財團法人 日本生產性本部 / 東京都
株式會社 關西總合研究所 / 大阪府	株式會社 日本總合研究所 / 東京都
關西大學 經濟・政治研究所 / 大阪府	一般財團法人 日本總合研究所 / 東京都
關西大學 法學研究所 / 大阪府	日本データーサービス 株式會社 / 北海道
公益財團法人 環日本海經濟研究所 / 新潟縣	株式會社 日本統計 Center / 福岡縣
北九州市立大學 都市政策研究所 / 福岡縣	公益財團法人 日本都市 Center / 東京都
公益財團法人 岐阜縣產業經濟振興 Center / 岐阜縣	公益財團法人 日本農業研究所 / 東京都
	一般財團法人 日本不動產研究所 / 東京都
公益財團法人 九州經濟調查協會 / 福岡縣	独立行政法人 日本貿易振興機構 アジア經濟研究所 / 千葉縣
一般財團法人 行政管理研究 Center / 東京都	一般社團法人 日本リサーチ總合研究所 / 東京都
株式會社 京都總合經濟研究所 / 京都府	
京都橘大學 總合研究 Center / 京都府	公益財團法人 NIRA 總合研究開發機構 / 東京都
株式會社 共立總合研究所 岐阜縣	
熊本大學 政策創造研究教育 Center / 熊本縣	公益財團法人 年金シニアプラン總合研究機構 / 東京都
一般財團法人 群馬經濟研究所 / 群馬縣	
株式會社 計画情報研究所 石川縣	株式會社 野村總合研究所 / 東京都
独立行政法人 經濟產業研究所 / 東京都	株式會社 ノルド社會環境研究所 / 東京都
一般財團法人 計量計画研究所 / 東京都	公益財團法人 ハイライフ研究所 / 東京都
株式會社 建設技術研究所 / 東京都	株式會社 パデコ / 東京都
株式會社 工業市場研究所 / 東京都	株式會社 浜銀總合研究所 / 神奈川縣
株式會社 構想日本 / 東京都	公益財團法人 はまなす財團 / 北海道
一般財團法人 國際開發機構 / 東京都	株式會社 PHP 研究所 / 京都府
社團法人 國際海洋科學技術協會 / 東京都	公益社團法人 東三河地域研究 Center / 愛知縣
公益財團法人 東京都市研究所 / 東京都	株式會社 日立總合計画研究所 / 東京都
財務省 財務總合政策研究所 / 東京都	株式會社 百五經濟研究所 / 三重縣
公益財團法人 堺都市政策研究所 大阪府	一般財團法人 百十四經濟研究所 / 香川縣
さがみはら都市みらい研究所 / 神奈川縣	株式會社 ヒューマンルネッサンス研究所 / 東京都
公益財團法人 笹川スポーツ財團 / 東京都	

名稱	名稱
株式會社 シィー・ディー・アイ / 京都府	一般財團法人 ひょうご經濟研究所 / 兵庫縣
シービーアールイー株式會社 東京都	一般財團法人 ひろぎん經濟研究所 / 廣島縣
株式會社 ジェイアール貨物リサーチ中心 / 東京都	廣島市立大學 廣島平和研究所 / 廣島縣
	廣島大學 平和科學研究 Center / 廣島縣
一般社團法人 JA 共濟總合研究所 / 東京都	公益財團法人 福岡アジア都市研究所 / 福岡縣
一般社團法人 JC 總研 / 東京都	株式會社 富士通總研 / 東京都
株式會社 しがぎん經濟文化 Center / 滋賀縣	株式會社 プレック研究所 / 東京都
滋賀縣立大學 地域共生 Center / 滋賀縣	株式會社 文化科學研究所 / 東京都
一般財團法人 靜岡經濟研究所 / 靜岡縣	一般財團法人 平和・安全保障研究所 / 東京都
一般社團法人 システム科學研究所 / 京都府	株式會社 ペスコ / 東京都
株式會社 社會安全研究所 / 東京都	北海學園大學 開發研究所 / 北海道
一般財團法人 社會開發研究 Center / 東京都	株式會社 北海道新聞情報サービス / 北海道
株式會社 ジャパンブルーエナジー / 東京都	一般社團法人 北海道總合研究調查會 / 北海道
株式會社 首都圈總合計画研究所 / 東京都	一般財團法人 北海道東北地域經濟總合研究所 / 東京都
株式會社上越市創造行政研究所 / 新潟縣	
一般財團法人 商工總合研究所 / 東京都	株式會社 北海道二十一世紀總合研究所 / 北海道
株式會社 情報通信總合研究所 / 東京都	
株式會社 常陽産業研究所 / 茨城縣	みうら政策研究所 / 神奈川縣
一般財團法人 常陽地域研究 Center / 茨城縣	みずほ情報總研 株式會社 / 東京都
一般社團法人 食品需給研究 Center / 東京都	みずほ總合研究所 株式會社 / 東京都
一般社團法人 生活經濟政策研究所 / 東京都	株式會社 三井住友トラスト基礎研究所 / 東京都
公益財團法人 生協總合研究所 / 東京都	
株式會社 政策技術研究所 / 東京都	株式會社 三菱化學テクノリサーチ / 東京都
一般社團法人先端技術産業戰略推進機構 / 東京都	株式會社 三菱總合研究所 / 東京都
	株式會社三菱 UFJ リサーチ&コンサルティング / 東京都
株式會社 創建 / 愛知縣	
株式會社 總合計画機構 / 大阪府	公益財團法人 未來工學研究所 / 東京都
公益財團法人 總合研究開發機構（現 NIRA 總合研究開發機構）/ 東京都	株式會社 明治安田生活福祉研究所 / 東京都
	株式會社 メッツ研究所 / 東京都
公益財團法人 損害保 事業總合研究所 / 東京都	株式會社 森のエネルギー研究所 / 東京都
	公益財團法人 山梨總合研究所 / 山梨縣
株式會社 ダイナックス都市環境研究所 / 東京都	株式會社 UG 都市建築 / 東京都
	株式會社 よかネット / 福岡縣
株式會社 大和總研 / 東京都	横須賀市都市政策研究所 / 神奈川縣
高崎經濟大學 産業研究所 / 群馬縣	株式會社 レノバ / RENOVA, Inc. / 東京都
株式會社 ダン計画研究所 / 大阪府	株式會社 リジオナル・プランニング・チーム / 東京都
株式會社 丹青研究所 / 東京都	
一般財團法人 地域開發研究所 / 東京都	株式會社 立地評價研究所 / 大阪府

名稱	名稱
株式會社 地域開發コンサルタンツ／東京都	立命館大學 社會システム研究所／滋賀縣
株式會社 地域計画建築研究所（アルパック）／京都府	株式會社 流通研究所／神奈川縣
株式會社 地域經濟研究所／宮崎縣	公益財團法人 連合總合生活開發研究所／東京都
株式會社 地域情報システム研究所／東京都	公益財團法人 労働科學研究所／神奈川縣
一般社團法人 地域問題研究所／愛知縣	独立行政法人 労働政策研究・研修機構／東京都
株式會社 ちばぎん總合研究所／千葉縣	
一般財團法人 地方自治研究機構／東京都	一般社團法人 ロシア NIS 貿易會／東京都
公益財團法人 地方自治總合研究所／東京都	一般財團法人 和歌山社會經濟研究所／和歌山縣
公益社團法人 中國地方總合研究 Center／廣島縣	
公益財團法人 中部圈社會經濟研究所／愛知縣	
公益財團法人 中部産業・労働政策研究會／愛知縣	
株式會社 テクノバ／／東京都	
一般財團法人 電力中央研究所／東京都	

資料來源：依據（総合研究開発機構（NIRA）網頁，2022a）。日本のシンクタンク。
　　　　　https://www.nira.or.jp/network/ 研究者自行做成。

註：本日本智庫表因受限於時間以及人力、物力，無法自行調查，僅引用日本總合研究
　　開發機構（NIRA）網頁資料整理而成，僅供參考。如有遺漏欠缺列舉之機構，尚請
　　海涵。

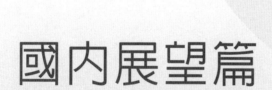

國內展望篇

第六章

教育研究的智庫功能發揮
——大學、中小學與政府的協作

潘慧玲

美國賓州州立大學哲學博士
淡江大學教育與未來設計學系特聘教授

壹　緒論

　　將智庫界定為非營利的公共政策研究組織（Weaver, 1989），是目前較廣為接受的定義，而智庫之設置，旨在運用專業知識，提供政策制訂的建議。傳統上，獨立性被當成智庫的一個重要特徵，不僅在地位上，不隸屬於任何學術機構、政黨或利益團體；在運作上，也能保持獨立，秉持中立的觀點（谷賢林、邢歡，2014）。與智庫服務於公共政策之探討相關的，則是學界自 1950、1960 年代即關注的研究與政府決策間關聯之議題。尤其，近十餘年來，對於政策與實務如何運用研究以引導教育改進的壓力，日益增大；為使研究與決策間的距離能夠縮短，開始有了研究與實務夥伴關係建立的籲求與行動（Broekkamp & van Hout-Wolters, 2007; Coburn & Penuel, 2016; Coburn, Penuel, & Geil, 2013），而這也使得教育研究的執行者不一定需如傳統智庫般地重視地位獨立性的保持。本文即以此立場切入，闡述教育研究的智庫功能發揮，若能透過研究機構（通常是大學）、實務現場（通常是中小學）及政府之間的協作，則在相互理解與支持下，研究對於政策制訂與實務改進將可產生更大的效能。

　　在討論教育研究的智庫功能時，事實上所牽引的就是上述研究與決策間關聯的探討。研究不應只是關在象牙塔中發生與運作，如何以系統性探究讓社會更加美好，向來是學者內心的關懷。而有關教育研究在決策中的位置，已有數十年的發展。從 1950、1960 年代對研究深具信心，認為研究的結果可直接作為決策依據至今，期間又歷經對於研究的信心危機、調整對於研究的不當期待、加強研究系統使其更具效能，以及模糊化研究、政策與實務邊界以進行知識轉化，以及加強研究與實務夥伴關係等不同發展的軌跡；在教育研究與決策的探討上，也逐步擴大範圍，將教育研究、政策、實務（practice）與改革放在一起談論（潘慧玲，1999；Broekkamp & van Hout-Wolters, 2007; Coburn et al., 2013; Coburn & Penuel, 2016; Hammersley, 1994; Hargreaves, 1996; Tomlinson & Tuijnman, 1994）。故而，本文在探討研究為決策所用時，決策所指的就不僅是政府部門的決策，也包含學校運作的決策。為闡釋教育研究智庫功能的發揮，以下先鋪陳研究與決

策關係模式的概念釐析，再以兩個案例說明透過大學、中小學與政府協作以提升教育研究的智庫功能，最後則提出未來的展望。

 ## 研究與決策的關係模式

　　在社會科學中，有關研究如何在政策與實務中被應用，曾有學者提出不同的分類模式，早在 1972 年，Janowitz 即提出兩種模式：一為視研究與決策為線性關係的工程模式（engineering model），研究結果可提供決策之用；另一為啟蒙模式（enlightenment model），強調研究所提供的是智識與概念的貢獻，而不在於研究結果的直接應用（Finch, 1986）。就在質疑研究可對政策產生影響的脈絡下，陸續出現有關研究與決策關係的模式探討，例如：Weiss（1979）在其著名文章〈研究之用的多重意義〉（The Many Meaning of Research Utilization）中談到七種模式（線性、問題解決、互動、政治、戰略、啟蒙、研究為社會中智識事業的一部分等模式），Husen（1984）進一步歸納縮減為工程與啟蒙兩種模式。而到了強化研究系統以擴大應用功能的 1990 年代，Hammersley（1994）也針對研究與實務的關聯，以學術、工程與批判等三種模式進行論析。進入 21 世紀，因應知識典範的轉移，以及實際應用的需求，對於研究與實務是否一定要截然二分有許多的反思，也有了讓實務工作者進入研究發展歷程中的想法。以 Broekkamp 與 van Hout-Wolters（2007）提出的「跨越疆界實踐」（boundaries-crossing practices）與「知識社群」（knowledge communities）模式，以及 Coburn 等人（2013）闡釋的「設計研究」（design research）及「網絡改進社群」（networked improvement communities）模式觀之，都模糊化了研究者與實務者之間的界線。這使得研究的產出更符合實際所需，也讓實務工作者有了新的角色認同，他們可以是知識或實踐方案的共構者。於是本文在綜合前人所提的工程、政治與啟蒙模式之外，增加一類，稱之為「共構模式」。

一、工程模式

此模式涵蓋了 Weiss（1979）所提的線性與問題解決模式，通常是決策者或實務工作者面臨問題，卻欠缺解決問題所需的資訊，此時，研究者可提供所需的知識或資訊，故而研究的目的在於解決問題。至於研究者提供的資訊，可有不同的形式，或為描述性資料、說明性資料、評鑑政策成效的資料，或是提供問題解決的處方式資料。

二、政治模式

Husen（1984）認為戰略模式可整合至政治模式中，決策者在此模式中，對於一些爭論多時的議題，會委託研究，藉之支持自己心中已有的定見。而研究者在這政治爭鬥場上，所面臨的是無法清楚說明研究發現意義之困境，所幸涉及政策辯論的各方都能取得研究結果，倒也讓問題澄清的功能得以發揮。

三、啟蒙模式

此模式併入了強調決策者與研究者之間存在不斷對話的互動模式（Husen, 1984），而 Weiss（1979）所提的「研究為社會中智識事業的一部分」模式，以及 Hammersley（1994）述及的批判模式，都可歸於啟蒙模式。社會科學研究常以滲透方式進入決策過程，發揮啟蒙作用。而此模式中所指的研究，並非特指某一項研究發現或委託研究，而是泛指一般的研究。這些研究除能讓決策者拓展視野，留意新議題，有助於新政策的形成，亦能促進大眾對於社會議題的了解與思考。當然，還有一些研究者扮演社會評論家的角色，針對公共領域中的議題進行討論，從事長期性的政策議題研究，所獲結果對於不同類型的實務工作者，均有啟蒙之效（Hammersley, 1994）。

四、共構模式

長期以來，學術圈認為研究的目的在於提供學術知識，尤其側重抽

象理論知識的貢獻。然此最具影響的主張，後來受到挑戰（Hammersley, 1994）。尤其在後現代思潮帶動下，不同型式的知識均具價值，不一定學術殿堂的知識就較具優越性，且不一定非要用其指導教育實踐（Hargreaves, 1996）。故而對於將大學與實務工作者區隔爲知識生產者與知識消費者的主張，開始有了不同的思辯。於是研究與實務建立夥伴關係，在研究歷程中，研究者、實務工作者、政策決策者共同參與（Broekkamp & van Hout-Wolters, 2007; Coburn & Penuel, 2016; Coburn et al., 2013），便成爲一種增進研究被使用的取徑（approach）。

發揮教育研究的智庫功能：兩個協作案例

教育智庫對於決策的助益，不僅針對中央或地方層級的政府，也可以是學校（Hargreaves, 1999）。在教育現場中，要推動一項新的政策，尤其是課程與教學變革，需要學術資糧的注入、研發可推動的策略與執行內容。而爲貼近實踐者的脈絡與需求，研發的過程納入利害關係人的聲音是必要的。在共創模式的思路下，近十餘年來出現一些大學、中小學與政府協作的案例，諸如，國立臺灣師範大學推動「學校全面發展計畫、教育部專案高中優質化計畫、教育部六都策略聯盟、教育部專案學習領導下的學習共同體計畫」等。以下即針對前所說明的共創模式，以兩項計畫爲案例，闡述以大學、中小學與政府協作方式所發揮的教育研究智庫功能；該二嘗試，呈現了政府角色愈彰顯，愈能以研究帶動學校現場的改變。之所以呈現該二案例，係考量從 1990 年代中期後，臺灣進入一個新的教改階段，在權力下放下，許多聲音都成爲決策的重要參考，因而選擇於 2008-2011 學年度實施的學校全面發展計畫。之後，最重要的教改政策是 2014 年推動的十二年國民基本教育，故以一項促進學校變革以落實十二年國教適性揚才目標的計畫──學習領導下的學習共同體計畫（2013-2015 學年度），加以釋析。

一、學校全面發展計畫：評鑑促動學校發展

　　學校在講求績效責任的教改脈絡中，被課以更多的責任經營學校，也就需要不斷地進行自我更新。這些國際間學校的實踐經驗在一些學校效能與改進（school effectiveness and improvement）的文獻中均有所鋪陳（Hopkins, Ainscow, & West, 1994; Hallinger, & Heck, 2010; Harris, Day, Hopkins, Hadfield, Hargreaves, & Chapman, 2013），只是學校的發展若能有評鑑作為持續性的檢視機制，則可透過回饋資料進行更有方向性的改進。在評鑑領域，歷經典範的轉移，評鑑對於個體增能（empowerment）與組織發展的作用不斷地被提倡（如：Fetterman, 1994, 2000; Preskill, 2003; Preskill & Torres, 1999），此學術脈絡使得學校效能與改進領域中注入「評鑑」新元素，以評鑑作為驅動學校發展的取徑，成為教育領域中可加嘗試的一項新作法。另者，評鑑需要資料的運用，而以評鑑趨動學校發展，正好也呼應國際間資料驅動決策（data-driven decision-making）的風潮。有關資料驅動決策的概念，可溯及 1970、1980 年代美國各州要求學校改進計畫中需運用成果資料（Marsh, Pane, & Hamilton, 2006），之後，小布希政府推動《不讓孩子落後法案》（No Child Left Behind），強調標準本位績效責任的承擔，更成為資料運用廣為盛行的趨力。觀諸國際，資料運用頗為風行，只是在臺灣尚不夠熟悉，實際應用的也少。

　　在上述背景下，國立臺灣師範大學以教育部五年五百億計畫經費補助成立的頂尖中心——「教育評鑑與發展研究中心」，於 2008-2009 學年度推動「學校全面發展計畫」（以下或簡稱「學發計畫」），與新北市（原臺北縣）與桃園市（原桃園縣）展開合作，參與的學校在上述二縣市各有國中四所、五所，期冀結合大學、縣市政府與學校的力量，達成四項目的：1. 研發評鑑工具及中小學實務評鑑學習教材，提供中小學自我評鑑運用；2. 結合大學、地方政府、中小學之力，建立三位一體之聯盟，共同提升中小學辦學績效及學生學習品質；3. 建立中小學自我評鑑能力，並深植評鑑文化；4. 研究中小學實施自我評鑑至促進學校改進發展之整體歷程。此計畫後續於 2010-2011 學年度，又延展至高中階段實施。以下即針對計

畫的模式與工具研發、計畫推動方式進行釋析。

(一)模式與工具研發

為了幫助學校透過評鑑探究，在參與、對話與反思過程中運用資料來促進學校發展，乃著力於學校全面發展模式的研發。經由國際作法的分析與親至香港的考察，發展了包含四步驟的 EDPI 循環模式：評鑑（Evaluation）、診斷（Diagnosing）、計畫（Planning）、改進（Improving）（潘慧玲，2018）。在此循環中，學校先執行評鑑，接著診斷問題，並了解自己的優勢與需補強之處，再據以提出改進的行動方案，而實施後，進一步檢視成效，進入另一個循環的 EDPI。

為進行評鑑工具的研發，考量當時國內各縣市中小學的校務評鑑以績效表現為重，訪評時間短，且訪評意見多是針對學校表現之評述，細部的診斷功能不易發揮。且因「資料」是協助學校發展的重要依據（Marsh et al., 2006），學校除原已有的人口變項資料（如：性別、社經地位、流動率等）、學生成就資料（如：學力測驗、年級或科目之正式評量等）及學校歷程性資料（如：學校申請之計畫、教師之教學設計等），也需蒐集知覺性資料（如：教師、學生與父母等調查資料）（Bernhardt, 2005; Rankin & Ricchiuti, 2007），故而，著手編製問卷，幫助學校蒐集知覺性資料補充其資料來源，以作為評鑑的起始點。在參考不同縣市校務評鑑指標及相關文獻後，計畫團隊發展了三份調查工具，包括背景面與條件面，以幫助學校掌握自己的優弱勢。在背景面，編製了「學校環境觀感」問卷，提供學校透過不同利害關係人（學校行政人員、教師、學生、家長）了解在行政運作、課程與教學、教師專業發展、學生事務與輔導、家長參與學校事務，以及整體觀感等面向上的知覺。在條件面，發展了「校長領導」、「組織學習」與「學校與家庭、社區夥伴關係」問卷，提供學校透過行政人員與教師視角，了解學校在促動學校革新上所具備的條件。除上述蒐集知覺性資料所需之工具，另亦研發「問題診斷表」及「行動方案研訂表」，作為引導學校進行問題診斷與規劃行動方案之用（潘慧玲，2018）。

(二)計畫推動方式

為促進學校的全面發展，「學發計畫」分從學校層級與教室層級推動。計畫團隊成員除了來自大學，也邀請退休優秀校長加入，以強化理論與實踐的結合。在尋求地方政府的支持下，以大學教師與校長配對進入學校的方式進行，逐步引導學校成員操作 EDPI 四步驟，落實學校的自我評鑑（詳圖 1）。在計畫初始與執行過程中，均辦理工作坊，以增進學校對於計畫的理解與執行能力。

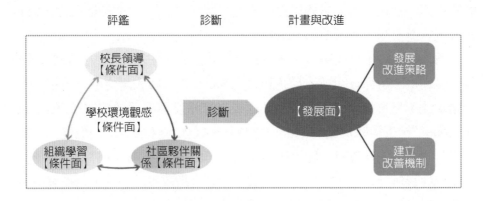

圖 1　自我評鑑學校層級架構

在透過 EDPI 進行改進與發展時，學校執行的第一個步驟是「評鑑」，所使用的工具，在教室層級包括：小學學力測驗；國中基本學力測驗；數學、英語、國文三科測驗；以及情意測驗。在學校層級使用的是「學校環境觀感」、「校長領導」、「組織學習」與「學校與家庭、社區夥伴關係」等問卷。這些問卷除進行參與學校之施測，也針對新北市（原臺北縣）與桃園市（原桃園縣）全市施測，以建立一個可供學校比較的常模。

施測後，計畫團隊即著手資料分析。學校針對資料分析結果如何做詮釋，是參與「學發計畫」需要開展的第一項能力。於是在計畫團隊辦理工作坊，幫助學校解讀所有統計分析數值的意義。當學校逐步嘗試運用資料，配對的計畫成員入校，與學校行政團隊、學科召集人進行對話，以促進者的角色，協助學校解讀資料、診斷問題，並透過資料澄清想法，進而

聚焦於改進行動方案的規劃。此計畫在實施兩年後告一段落，後續另以國科會計畫支持，將場域轉換至高中，開啟了更爲深入的大學與高中的協作（潘慧玲、張淑涵，2014）。過程中，也針對教師層級進一步發展了「了解社群運作」、「分析學生表現（I）（II）」、「聚焦行動方向」與「研訂行動策略」等工具，讓教師在每次社群討論中能夠聚焦議題進行對話。

二、學習領導下，中小學學習共同體之規劃與推動計畫：學校系統共學促能

有鑑於多年來的教育改革，總不易在學校生根，究其因，主要源自學校未能發展能因應外在環境變化的生態。故在當時十二年國民基本教育即將實施之際，期冀透過「學習領導下中小學學習共同體之規劃與推動計畫」（以下或簡稱「學共計畫」）的推動，幫助學校掌握改變的契機，逐步轉型爲具有學習力的有機體；讓成員於其中能樂意，也能不斷地致力於學習；且透過成員互惠、互助，讓學習成爲組織發展的動力，儲備學校面對挑戰所需的能量。爲達此目的，已獲國際重視的「學習領導」（leadership for learning）（Hallinger, 2011）被作爲推動計畫的取徑。學習領導含蘊權力分享及民主參與的精神，強調帶動多層級的學習，不僅是學生學習，亦含教師的專業學習，而學校也要進行組織學習與跨越學校的學習（MacBeath & Dempster, 2009）。爲讓學習領導的概念易於實踐，可做的是找尋一個較爲全面，且能深入觸及每一個學校成員的實踐媒介，而「學習共同體」（learning community）具此特性，乃以之與學習領導進行連結。「學習共同體」因佐藤學《學習的革命》一書的出版（佐藤學，2012）而爲國內所知曉，其以 Dewey（1922, 1927）與 Vygotsky（1978, 1987）的理論爲基礎，結合日本授業研究（lesson study）與西方協同學習（collaborative learning）概念，主張以「學習共同體」進行學習的革命。

有鑑於教育變革的推動，能否在地化是影響成敗的關鍵，故而「學共計畫」在展望國際發展、立基本土脈絡下，融合國內教改政策、西方教育學說、傳統文化智慧、日本佐藤論述、教育現場經驗，以「學習領導」作爲上位概念，以「學習共同體」（learning community）作爲具象化的操

作形式，試圖開展臺灣本土的概念與實踐，以促進學校生態逐步改變，教師動能日益激發，讓學校得以形成一個具有源源不絕發展力的自我創生系統（autopoietic system）（潘慧玲，2017）。為以草根方式推動「學共計畫」，先尋求與臺北市、新竹縣、基隆市及臺東縣等四個縣市合作，透過自願參與之學校和教師，啟動學校翻轉領導典範與學習典範之旅。後來隨著淡江大學「淡海區學習共同體發展中心」的成立，擴展與新北市合作，納入淡海區域的試辦。整體計畫就在 2013 年 3 月至 6 月辦理縣市宣導說明會後，啟動了 2013 至 2015 學年度的三年期程。

㈠推動策略

1. 進行政府、大學與中小學的攜手合作

從過去國際間教育改革經驗中，常可看到由上而下的教改策略未能完全奏效。在參酌其他國家的經驗後，深覺「學共計畫」的推動不宜全國一體施行，且需改變過去由上而下的指導關係，故而嘗試推動政府、大學與中小學的協作。縣市政府扮演資源提供者及精神支持者的角色，作為大學及中小學運作之後盾；大學透過增能課程，培力中小學教師及行政人員，並以夥伴模式進入中小學陪伴、支持與共學；中小學作為方案的實踐者，透過經驗的回饋，讓方案內容更符合現場所需。透過三方的協作，逐步發展出在地實施模式，帶動學校的變革。

2. 尋求政策、研究與實務的相互滋長

教育研究所建構之論說，可引導教育政策與實務漸趨於完善，而教育論說則可藉由教育實踐的結果作修正，並進而回饋於政策的修訂。因此，教育研究、教育政策及教育實踐三者之間具有相輔相成之關係。「學共計畫」強調與試點縣市共同合作，以學習共同體作為政策介入，大學端研發立論基礎、推動模式與策略，挹注中小學實務操作所需之研究資源，且從學校田野蒐集實踐訊息，作為改進理論發展與政策研訂之依據。經由持續不斷的民主辯證與審議，拓展教育研究、政策及實務的相互滋長關係。

3. 採取理論與實踐辯證發展的推動模式

在教育改革過程中，實務政策的執行者往往成為被動的知識使用者與接受者，且以研究─試作─推廣的線性（linear）模式進行政策推動時，

亦忽略了實踐中開展理論的可能性。「學共計畫」嘗試提出一個理論與實踐辯證發展的推動模式，透過研究者與實務工作者的共同參與，一起發展並完善理論。在操作上，係運用實徵研究的定期彙整實踐訊息，回饋模式研發，進而發展出更完善的推動方案與增能課程。如此，研究者與實務工作者形成了一種相互學習的聯盟夥伴關係。

4. 明訂分年重點循序推進

為經營學校成為一個持續共學成長的組織體，秉持漸進式的改革精神，分年推動不同的重點。第一年「凝聚教師共識、涵育推動土壤」：從凝聚學校共識開始，透過理念的宣導、先行者的經驗分享、模式工具的研發，以及計畫團隊與試辦學校成員共同涵育教育現場推動的土壤，建構一個適合發展本土化學習共同體的條件。第二年「建立協作機制、深化實踐經驗」：因應縣市的特性與需求，採取不同方式進行，諸如形成共學夥伴的學校策略聯盟、進行本計畫與縣市國教輔導團之連結等，將點與點的變革連結成線，逐步建立協作機制；同時深化第一年的實踐經驗，讓學習共同體能更加落實。第三年「致力在地扎根、擴散影響效應」：重點置於在地扎根，協助試辦縣市發展推動學習共同體的策略，並讓成功的經驗得以持續且擴散，影響其他未試辦的學校。

5. 設立推動組織便於計畫實施

為順利推行計畫，並彰顯學習共同體背後之民主參與精神，除成立計畫辦公室，也依工作職掌分設五個工作小組：「模式研發組」、「課程規劃組」、「實徵研究組」、「媒體資源組」及「行政推動組」。運作上，除計畫辦公室每個月召開一次例行會議（由各組組長、縣市承辦人、縣市諮詢團隊召集人及縣市中心學校代表為固定參與人員），各組依其工作計畫，召開小組工作會議，執行應負責之工作項目。另亦於各試點縣市成立共學諮詢團隊，進入試辦學校，提供學習領導下的學習共同體實施所需之支持與諮詢。諮詢團隊成員包含大學專家學者、退休優秀校長、中小學優秀教師及縣市國教輔導團成員，至 2015 學年度，已增至近百人。

6. 營造成員共識，力求理念實踐

本計畫編制龐大，除基本團隊成員外，尚有 33 所試點學校與將近百

名之諮詢委員。爲使團隊、縣市、學校與諮詢委員皆能同步獲取推動資訊，計畫辦公室定期舉辦諮詢團隊共識營、諮詢委員分享會等活動。每次參與人員包括計畫團隊成員、各縣市教育局（處）承辦人、各縣市諮詢團隊成員及各縣市試點學校校長及主任，過程中針對計畫所研發的推動模式、內容與策略進行研討，也了解諮詢委員與試點學校共學情形，並進行跨縣市試點學校推動經驗之交流。針對計畫辦公室最新之研發成果與動態消息，也在各次活動中進行分享。

㈡研發工作

1. 模式研發

爲發展「學習共同體」之在地模式——「學習領導下的學習共同體」，需著力於理論、操作方法、模式與策略之建構。透過國內外相關文獻蒐集與分析，了解其概念與實際作法，並在「模式研發組」會議中，經由成員不斷地相互激盪、研討，進行修正與再創發。此外，亦藉助計畫團隊、諮詢委員、試辦學校成員、及其他外部專家提供意見，讓前後所研發的成果，更具實用性、周全性與價值性。前後研發的摺頁、手冊與表單，包括：學習領導下的學習共同體宣傳摺頁、入門手冊 1.0 版、1.1 版與 1.2 版、進階手冊 2.0 版、「學習者中心學習活動設計備課單」、「課堂教學研究三部曲——備課、觀／議課自我檢核表」、「學習共同體公開觀課紀錄表」、「學習共同體公開觀課回饋表」等。

2. 成效評估

爲了解計畫執行成效，針對學校、教師及學生等三個層級發展問卷。透過預試確認工具信效度後，進行兩波施測。過程中，亦以學校填報之試辦學校期報表、年度學校自我檢核表，蒐集與分析各校實施學習共同體情形，定期提供學校了解計畫執行狀況與問卷調查資料分析結果，作爲改進參考。除量化資料，亦以臺北市、基隆市、新竹縣及臺東縣中的 12 所試辦學校，進行校長、主任、教師及學生實施學習共同體經驗之訪談。

3. 推廣資源

進行增能課程的設計並加以模組化，提供其他相關單位辦理之參考，

其中初階工作坊兼含宣導與增能課程；進階工作坊則提供參加過初階工作坊之學員研習，亦作為初階增能工作坊講師人才培育用。此外，也研製網路、影音、文宣與書籍及其他表單工具等四大類推廣資源。

㈢推動內容

1.以學校為基地進行推動

在「學習者為中心」的理念下，「學共計畫」以民主參與、夥伴共學、經驗探究、對話反思、多元展能及適應差異為實施原則，期能達成平等（equity）與優質（quality）之願景。為體現上述理念，且為便於學校實際操作時有較為具體可參考之準則，將「探究」、「合作」與「表達」作為學習的三要素，以引導師師共學、生生共學及師生共學。另以爵士樂為意象，彰顯學校不僅可如交響樂般，在校長領導下協奏演出，更可如爵士樂般，沒有固定的指揮，因應問題情境與任務需求的不同，每位演奏者都可能是拿起指揮棒的那個人。學習領導下學習共同體的實施，以學校為基地，透過校長領導作為觸媒，以及校務行政系統的運作，從文化面與結構面建構所需的推動條件，並尋求家長支持參與，共同致力於「教師學習共同體」與「課堂學習共同體」之實踐（詳圖2）。

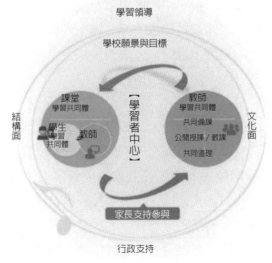

圖2　以學校為基地的學習共同體

　　「教師學習共同體」之實施，可將學校教學研究會轉型為教師專業學習社群，以進行課堂教學研究，透過「共同備課」、「公開授課／觀課」、「共同議課」三部曲，形成教師共學、相互回饋的教學精進循環。上述備課、觀課與議課等詞彙是本計畫為了溝通如何進行變革所創造的共同語言，其中採用「議課」而非「評課」一詞，是希望降低教師的心理負擔。議課所側重的是教師彼此相互研討與分享課堂上的學生學習，而非評論教師教學。至今，校園中對於備課、觀課與議課的概念多不陌生，且成為了教學中的日常語言。

　　此外，本計畫希望促進教師翻轉教學，致力於「課堂學習共同體」的經營，讓每一位學生成為學習的主體，並保障每一位學生的學習機會。在教學歷程中，教師扮演催化學生學習的角色，以異質分組的協同學習營造社群關係，以構築「學生學習共同體」。藉由學生在互助共學的過程中，承認、理解並尊重差異的存在，以正面積極的態度面對不同價值，進而培養深化民主素養。如此，「學生學習共同體」的實施，不但能啟發智性，還能陶冶群性（潘慧玲、李麗君、黃淑馨、余霖、薛雅慈，2014，2016；潘慧玲、黃淑馨、李麗君、余霖、劉秀嫚、薛雅慈，2015）。

　　為順利推展學習共同體，學校可先針對擁有的條件，選擇以學校、年級、領域、班級或教師為單位的前導試行模式。之後，就學校教學現況（含師資條件、學生學習及教學設備等）進行評估，了解教師參與學習共同體的可能性及後續發展，進行校本決策，決定進一步以何種推動模式進行（潘慧玲、李麗君等，2014，2016）。

　　2.入校攜手共學

　　長期以來，政府推動之教育改革政策，基層學校多半被動接受，若相關配套也不足，學校常會無所適從，衍生孤島之感。為避免此情況，「學共計畫」初始便延攬優秀人才，設置諮詢委員團隊，搭配於每一試點學校，以長期陪伴、共學方式入校，避免學校覺得自己是在單打獨鬥。雖然使用的是「諮詢委員」名稱，但想嘗試的是翻轉傳統上諮詢委員的角色定位，以「共學者」取代「指導者」；入校不是去指導，而是與校長、老師們一起共學。如此讓學習共同體的精神在計畫成員身上就能彰顯，而這樣

的作法，後來也在臺灣暈染開來，陪伴、共學在今日，已成為入校的常用詞彙。

　　諮詢委員入校時，依據試點學校的工作計畫協助其進行「教師學習共同體」中的課堂教學研究三部曲（共同備課、公開授課／觀課、共同議課），並參與共同學習。教師在共備與觀議課中，看到了教學的多種可能性，這是一種在真實情境中的專業學習，有助於課堂學習共同體的實施。除了陪伴、支持與共學，諮詢委員到各校也視需要提供相關諮詢與增能活動，如：針對行政與教學增能所辦的專題演講、讀書會、工作坊等。

3. 建立夥伴關係

　　學習領導下學習共同體之推動特色，在於通過由下而上、由上而下的交融策略，融會理論與實踐，以「實踐—審議—開發」的推動模式，建立地方政府、在地大學及中小學的鐵三角夥伴協作關係。計畫之運作，以每個月定期召開的總計畫例行會議，作為連結地方政府、在地大學及中小學之機制，會中各參與人員（含本計畫推動成員、各縣市諮詢團隊召集人或代表、各縣市中心學校、試點學校及教育局處承辦人員）例行研討下列事項：(1) 針對本計畫各工作小組業務報告、各縣市每個月的工作回報及相關問題做討論；(2) 協調計畫辦公室各工作小組及各縣市之間的相關行政事項；(3) 了解各縣市試點學校推動之困難及因應策略；(4) 商討共識營、增能工作坊辦理相關事宜。另各地方政府亦透過縣市聯席會議了解學校推動現況，並根據學校需求協助相關行政事項，讓在地政府成為學校推動時最前線的資源後盾。

　　為保持縣市端與計畫辦公室的緊密聯繫，各縣市設有中心學校，而其行政及教學團隊是縣市運作的核心團隊，扮演聯繫平台，並擔負召集縣市內試點學校工作會議及協助縣市辦理校際活動之責，可說是縣市推廣的重要推手。「學共計畫」亦運用在地大學資源，基隆市引進海洋大學，新竹縣引進清華大學與原新竹教育大學，臺東縣引進臺東大學，而臺北市與新北市則有臺灣師範大學、淡江大學作為後盾。除在地大學，尚有來自臺灣大學、暨南大學、靜宜大學等校之熱情學者，以及優異之中小學實務工作者加入諮詢團隊，共同陪伴試點縣市發展自有特色，發揮擴散效益，協助

更多教育工作者提升教與學的成效。

　　至於地方政府，因地域文化與具備條件不同，推動理念與方式各有所長，惟均提供重要的後勤資源。例如：臺東縣政府將自己定位於行政推動、業務協助的角色，儘量滿足學校端的需求，業務經費上採「求必有應」的方式；並以「精進教學計畫」邀請學共專家演講，於績優團隊發表會時與「分組合作學習深耕學校計畫」及「教學基地計畫」之學校交流。新竹縣政府視其為計畫辦公室與試點學校雙方的聯繫「窗口」，經由課督的協調溝通，達到相互理解的穩定夥伴關係；另也利用「教務主任會議」與「區域策略聯盟」邀請演講，並整合分組合作、磨課師、創新活化、亮點基地等計畫，俾利學校的推動。位於北海岸的基隆市則凸顯對於教育理念的堅持，在協辦計畫中，擘畫明確的教育理念，如第一年「讓每個學習者看見不同的學習風景」；第二年「成就港都每個孩子的學習力」，綱舉目張；並以「學習共同體」引領「精進教學計畫」。至於首都臺北市，「創造話題，持續為現場教師灌注動力」是其對自身任務的定位。為讓教師和學生對於變革維持討論熱度，不斷地加入新的討論議題，也結合原自2012年度起實施的學習共同體實驗計畫、授業研究計畫等，利用計畫的同質性辦理互相支持的研修會與討論會。當教師習慣觀念之辯證，便能拓深拓廣學習共同體，此為臺北市推動之想法，故以提供思想層面的資源為大宗，形成異於其他縣市之特色。

　　另者，國教輔導團是試點縣市在推行時經常借重的教育資源，臺東縣、新竹縣與基隆市皆是如此。臺北市則另闢蹊徑，採取跨校共備社群，將市內潛在具動能的教師挑選出來，以領域教師進行增能與合作，此社群制為臺北市推動學共的獨特亮點之一。跨校共備雖是臺北市內之團隊，然其中有些教師並不只將自己限於首都圈內，對服務他縣市亦有莫大熱忱，故從中成立一個「核心小組社群」，將學共精神推廣至整個臺灣。臺北市的跨校共備社群突破學校間的藩籬；「核心小組社群」更突破縣市間的疆界，將臺灣相同領域的教師結合了起來，討論不同版本教科書，也嘗試著解構與再建構課文。這些社群在臉書中，皆有公開討論之版面，方便成員進行即時交流與分享。而新竹縣也有其獨有的「校本實踐團隊」，國教輔

導團員一人帶領數個學校，一整年中一起行動，團隊會到這些成員學校中開展備課、觀／議課的活動，深化教師的觀念與行爲模式，這是一個由國教輔導團員與學校搭配所進行的深耕運動。

有鑑於計畫推動有其執行期程，而學校發展需要地方政府永續支持，故本計畫在告一段落前，即展開與地方政府之銜接工作，將原本屬於大學端的推動工作移往縣市端，也協助縣市端進行推廣組織之建置。試辦縣市在本計畫結束後，因人事異動與人力調配，故在後續發展上有些不同，有的以地方之計畫持續推動，有的則融入其原有相關計畫中實施。惟試點學校透過本計畫所累積的成果，成爲了後續執行相關教育政策及十二年國教課綱的重要資糧。

肆　協作案例分析與展望

一、協作案例分析

㈠協作夥伴關係的開展

對於研究與實務的夥伴關係，Coburn 等人（2013）以美國爲脈絡，提出三種類型。一爲類似於傳統作法，維持研究者獨立運作的「研究聯盟」（research alliances），另則是前所述及的「設計研究」及「網絡改進社群」。「研究聯盟」是由地方政府（學區）與研究機構所建立的長期夥伴關係，雙方針對關心的政策與實務進行研究問題的協商，最後以研究結果作爲政策或實務改進的參據。而「設計研究」進一步將實踐／解決方案的設計與研究作連結，探討的焦點常放在教學活動與課程教材，因而此類型除了研發可用於學校的課程與教學策略，也關心可解釋變革的理論建構。至於「網絡改進社群」，則連結學校、地方政府與大學進行課程與教學方案的研發，且實施場域不只一個，常涉及多個學區或社區。上述的「研究設計」與「網絡改進社群」與 Broekkamp 和 van Hout-Wolters（2007）分析的「跨越疆界實踐」與「知識社群」，可謂異曲同工。

以上的協作模式並非僅停留於概念介紹，目前已付諸實施的例子，

可如美國華盛頓大學與一個學區合作進行小學科學課程的重新設計、「提升教學的卡內基金會」（Carnegie Foundation for the Advancement of Teaching）主責的「建立教師效能網絡」（Building a Teacher Effectiveness Network）（Coburn et al., 2013）；荷蘭的「學術學校」（Academic Schools）（Broekkamp & van Hout-Wolters, 2007）；英國的「訓練學校」（Training Schools）與「專業發展學校」（Professional Development Schools）（Hopkins, 2001）；以及歐洲為了課程發展所進行的「設計與發展研究」（design and development research）（Van den Akker, 2010）；其皆翻轉了研究者與實務者的傳統角色，強調彼此的協作。反觀本文闡述的兩個國內案例，也都涉及大學、中小學與政府的協作，但協作中三方的角色不同，涉入研究的程度也有異。縣市端主要是以資源提供者及精神支持者的姿態出現，而涉入的程度，「學共計畫」要比「學發計畫」深得多。也就是縣市政府在「學發計畫」中僅是支持者，但在「學共計畫」中，則更進一步地提供學校相關資源，且能整合相關計畫以促進學習共同體的推動。此二計畫的推動，凸顯了政府的角色愈彰顯，愈能發揮教育研究促進現場改變之用。至於研發工作，縣市與中小學雖未直接參與，然以利害關係人身分提供許多諮詢意見。故而，這兩項計畫除了融入現場實踐經驗研發推動方案，含有「設計研究」/「跨越疆界實踐」的色彩，也在多個縣市推動，故具「網絡改進社群」/「知識社群」的成分。只是過程中，研究的權柄仍多在大學端，縣市與中小學端限於時間與精力，無法完全翻轉其傳統角色成為研究者。不過，對於什麼是研究，若以不同的抽象層次看待，則可發現愈接近在地的具體行動方案，政府與中小學端愈有可能發揮研究的功能。以「學發計畫」言，在執行過程裡，大學端透過相關評鑑資料分析，提供學校進行檢視與解讀，從旁促進學校人員間的專業對話，激生了以學校為主體、大學端為促進者的共構狀態。而在「學共計畫」裡，以實徵研究彙整實踐訊息回饋學共模式的研發，讓中小學的聲音進入實作方案的規劃，而縣市端配合學校的發展，進行相關配套的規擬，這些都讓研究者與實務者之間得以形成一種共學的夥伴關係；教師不再僅是知識的消費者，對於行動方案的建構，也有其著力的空間。

㈡資料啟知決策的作用

運用資料作爲決策或實務改進的參考，或以資料驅動，或以資料啟知（data-informed）稱之。而資料運用在國外已行之多年，「國際學校效能與改進學會」（International Congress for School Effectiveness and Improvement）即成立資料運用網絡，探討學校資料運用的相關問題。在美國，加州大學洛杉磯校區「全國評鑑、標準與學生測驗研究中心」（National Center for Research on Evaluation, Standards, and Student Testing, CRESST）發展的「優質學校檔案」（Quality School Portfolio）（CRESST Web, n.d.），以及哈佛大學教育學院推行的「資料精通計畫」（The Data Wise Project）（Steele & Boudett, 2008），均在協助學校運用學生學習資料，以改進教師教學、促進學校組織學習。而德州的非營利組織「全國教育成就中心」（National Center for Educational Achievement）在 1996 年啟動的「只爲了孩子」（Just for the Kids, JFTK）計畫，更進一步地透過個案研究建立學區、學校及教室層級的最佳實務，讓學校可以透過三步驟提升效能：1. 啟知（inform）：透過資訊平台提供之數據，了解自己學校與他校比較後的位置；2. 激發（inspire）：對照高表現學校的最佳實務，確認自己學校需改進之處；3. 改進（improve）：有計畫性地進行學校改進（National Center for Educational Achievement, 2009）。在亞洲地區，香港中文大學教育研究所接受教育統籌局的資助，在 2004 年啟動「優質學校改進計畫」，以大學提供優質、以數據爲本的專業支援，促進中小學不斷反思與學習，進行整全性的學校改進（梁歆、黃顯華，2010）。

在本文的兩個案例中，均做了資料的運用。「學發計畫」在以評鑑促進學校發展的 EDPI 循環中，學校運用各項資料，除了以問卷調查的知覺性資料了解學校背景面（各項行政施爲與教師發展）情形，也透過人口變項資料、學生成就資料，分析優劣勢，而「校長領導」、「組織學習」與「學校與家庭、社區夥伴關係」的施測結果，也讓學校掌握了革新所需具備的條件狀況，這些資料均成爲學校據以研訂改進方案的重要依據，例如：一所學校發展了「品格年行動方案」，以提升學生的品格與紀律（潘

慧玲、張淑涵，2014）。而在「學共計畫」中，各試辦學校回傳諮詢輔導紀錄表、試辦學校期報表、年度學校自我檢核表、諮詢委員每學期期末回傳的入校共學紀錄表，以及針對學校、教師與學生層級實施的前後測，都由計畫團隊進行資料分析，定期提供學校參考，作為學校進一步推動與改善學共實施的依據。

⑸在地精神的彰顯

在教育研究與實務的夥伴協作中，十分重視在地能力的建立（local capacity building）（Coburn et al., 2013）。在協作歷程中，需要針對縣市與學校需求，透過理論與實踐的連結、辯證與發展，幫助教育現場往前推進，於是彰顯在地的（place-based）精神成為夥伴關係中不可或缺的一環。在「學發計畫」案例中，每個學校有其發展的脈絡與條件，也有其相異的組織生命發展史，故而面對的難題，以及要解決的問題，都有所不同。計畫團隊幫助學校進行資料分析與問題診斷，配以大學教授與優秀校長入校參與研討和協作，所做的都是客製化地產出問題解方。而「學共計畫」要在校內如何推行，雖有計畫團隊建議的推動模式，然要以教師、班級、領域、年級或全校為單位進行前導試作，需要進行校本的思考與決策；在學習共同體的施作上，計畫團隊主責研發的學共模式，雖提供了理念精神與操作步驟的指引，學校實際進行時，有其可依需求的操作空間，故諮詢委員入校共學會因應學校特性，協助帶動教師共學與課堂翻轉。學校也在這歷程中，逐步營造出互幫互學的校園與課堂生態。至於各縣市政府配合試點學校的開展，也推行了不同的配套作法，有的結合教學精進計畫或縣市原有計畫，有的運用國教輔導團、成立跨校共備社群或建置校本實踐團隊，讓在地的精神發揮，不僅在學校層級，也在縣市層級。

二、展望

教育研究智庫功能的發揮，從一個保持研究者的獨立運作，到貼近在地脈絡進行大學、中小學與政府的夥伴協作，此研究與實務的關係可說是轉了一個大彎。這樣的發展，一方面受到後現代思潮的影響，不同型式的

知識受到肯認，知識生產者可以是大學教師，也可以是實務工作者；另一方面則是因日益複雜的教育問題，需要更多的利害關係人共同參與加以解決。只是在協作關係中，涉及多方，如何建立信任關係、營造互利情境、調節處於兩個文化世界的研究與實務工作者，都是面對的挑戰。此外，在委託計畫下，政府常有績效之要求，需要定期陳報計畫成果，這也造成大學端與中小學端在計畫執行過程中的壓力與負擔。雖有這些難題，為了在教育現場激發更多的變革能量、促進學校成為自我創生系統，研究與實務間的夥伴協作仍需繼續往前推進。臺灣目前已有多項教育部委託計畫進行此一類的嘗試，也對於教育現場產生了諸多重要影響。期待日後有更多人力與資源的挹注與投入，以開展更多樣態的協作夥伴關係，讓研究與實務的距離縮短，也讓教育研究對於政策與實務發揮更大的智庫功能。

參考文獻

一、中文部分

佐藤學（2012）。**學習的革命：從教室出發的改革**（黃郁倫、鍾啟泉，譯）。臺北市：親子天下。（原著出版於2006年）

谷賢林、邢歡（2014）。美國教育智庫的類型、特點與功能。**比較教育研究，12**(1)，6。

梁歆、黃顯華（2010）。大學與學校協作下學校發展主任的理念、策略與角色——香港優質學校改進計畫的個案研究。**教育研究集刊，56**(1)，99-126。

潘慧玲（1999）。教育研究在教育決策中的定位與展望。**理論與政策，13**(2)，1-15。

潘慧玲、李麗君、黃淑馨、余霖、薛雅慈（2014）。**學習領導下的學習共同體1.1版**。新北市：學習領導與學習共同體計畫辦公室。取自https://sites.google.com/site/learningcommunityintw/resource/lchandbook

潘慧玲、李麗君、黃淑馨、余霖、薛雅慈（2016）。**學習領導下的學習共同體1.2版**。新北市：學習領導與學習共同體計畫辦公室。取自https://drive.google.com/file/d/0BzFo0Q7y8dmZa1BmU3d0SEVlbnM/view

潘慧玲、張淑涵（2014）。策劃學校發展的資料運用：一所高中個案研究。**教育科學研究，59**(1)，171-195。

潘慧玲、黃淑馨、李麗君、余霖、劉秀嫚、薛雅慈（2015）。**學習領導下的學習共同體進階手冊2.0版**。新北市：學習領導與學習共同體計畫辦公室。取自https://drive.google.com/file/d/0BzFo0Q7y8dmZd0t0a0Q1a0IxYWs/view

潘慧玲（2017）。從學校變革觀點探析學習領導。**學校行政，110**，1-23。

潘慧玲（2018）。驅動學校改進的評鑑機制。**學校行政，118**，126-144。

二、英文部分

Bernhardt, V. L. (2005). *Using data to improve student learning in high schools.* Larchmont, NY: Eye on Education.

Broekkamp, H., & van Hout-Wolters, B. (2007). The gap between educational research and practice: A literature review, symposium, and questionnaire. *Educational Research and Evaluation, 13*(3), 203-220.

Coburn, C. E., & Penuel, W. R. (2016). Research–practice partnerships in education: Outcomes, dynamics, and open questions. *Educational Researcher, 45*(1), 48-54.

Coburn, C. E., Penuel, W. R., & Geil, K. E. (2013). *Research-practice partnerships: A strategy for leveraging research for educational improvement in school districts.* New York, NY: William T. Grant Foundation.

CRESST Web (n.d.). *Stepping up 2008-2009.* Retrieved from http://www.cse.ucla.edu/about.html

Dewey, J. (1922). *Human nature and conduct: An introduction to social psychology.* New York, NY: Henry Holt and Company.

Dewey, J. (1927). *The public and its problems.* Athens, OH: Swallow Press.

Fetterman, D. M. (1994). Empowerment evaluation: Presidential address. *Evaluation Practice, 15*(1), 1-15.

Fetterman, D. M. (2000). Steps of empowerment evaluation: From California to Cape town. In D. L. Stufflebeam, A. J. Shinkfield, & T. Kellaghan (Eds.), *Evaluation models: Viewpoints on educational and human services evaluation* (2nd ed.) (pp. 395-408). Boston, MA: Kluwer Academic.

Finch, J. (1986). *Research and policy: The uses of qualitative methods in social and educational research.* London, UK: The Falmer Press.

Hallinger, P. (2011). Leadership for learning: lessons from 40 years of empirical research. *Journal of Educational Administration, 49*(2), 125-142.

Hallinger, P., & Heck, R. H. (2010). Collaborative leadership and school improvement: Understanding the impact on school capacity and student learning.

School Leadership and Management, 30(2), 95-110.

Hammersley, M. (1994). Ethnography, policy making and practice in education. In D. Halpin & B. Troyna (Eds.), Researching education policy: Ethical and methodological issues (pp. 139-153). London, UK: The Falmer Press.

Hargreaves, A. (1996). Transforming knowledge: Blurring the boundaries between research, policy, and practice. Educational Evaluation and Policy Analysis, 18(2), 105-122.

Hargreaves, D. H. (1999). Revitalising educational research: Lessons from the past and proposals for the future. Cambridge Journal of Education, 29(2), 239-249.

Harris, A., Day, C., Hopkins, D., Hadfield, M., Hargreaves, A., & Chapman, C. (2013). Effective leadership for school improvement. New York, NY: Routledge.

Hopkins, D., Ainscow, M., & West, M. (1994). School improvement in an era of change. London, UK: Cassell.

Hopkins, D. (2001). School improvement for real. London, UK: Routledge Falmer.

Husen, T. (1984). Issues and their background. In T. Husen M. Kogan (Eds.), Educational research & policy: How do they relate?(pp. 1-36). New York, NY: Pergamon Press.

MacBeath, J., & Dempster, N. (Eds.). (2009). Connecting leadership and learning: Principles for practice. London, UK: Routledge.

Marsh, J. A., Pane, J. F., & Hamilton, L. S. (2006). Making sense of data-driven decision making in education. Santa Monica, CA: RAND.

National Center for Educational Achievement (2009). Just for the kids. Retrieved from http://www.just4kids.org.

Preskill, H. (2003). The learning dimension of evaluation use. In M. C. Alkin, (Ed), Evaluation roots: Tracing theorists' views and influences (pp. 343-355). Thousand Oaks, CA: Sage.

Preskill, H., & Torres, R. T. (1999). Evaluative inquiry for learning in organiza-

tions. Thousand Oaks, CA: Sage.

Rankin, L. & Ricchiuti, L. (2007). Data-driven decision making: Five questions to help make sense of your data. *Connected Newsletter*, *14*(1), 4-6.

Steele, J. L., & Boudett, K. P. (2008). The collaborative advantage. *Educational Leadership*, *66*(4), 54-59.

Tomlinson, T. M., & Tuijnman, A. C. (Eds.) (1994). *Education research and reform: An international perspective*. Washington, D.C.: OERI and OECD.

Van den Akker, J. (2010). Building bridges: How research may improve curriculum policies and classroom practices. In S. M. Stoney (Ed.), *Beyond Lisbon 2010: Perspectives from research and development for educational policy in Europe* (CIDREE Yearbook 2010) (pp. 175-195). Slough: NFER.

Vygotsky, L. S. (1978). *Mind in society: The development of higher psychological processes* (M. Cole, V. John-Steiner, S. Scribner, & E. Souberman, Eds. and Trans). Cambridge, MA: Harvard University Press.

Vygotsky, L. S. (1987). *The collected works of L. S. Vygotsky, volume 1: Problems of general psychology*. (R. Reiber & A. Carton, Eds.). New York, NY: Plenum Press.

Weaver, R. K. (1989). The changing world of think tanks. *PS: Political Science & Politics*, *22*(3), 563-578.

Weiss, C. (1979). The many meanings of research utilization. *Public Administration Review*, *39*(5), 426-431.

第七章

國家教育研究院成為優質
教育智庫的困境與突破

吳清山

國立政治大學教育博士
美國紐約州立大學水牛城校區教育行政博士後研究
國立暨南國際大學教育政策與行政學系榮譽講座教授
臺北市立大學教育行政與評鑑研究所名譽教授

壹　緒論

　　任何公共政策的規劃與執行，皆會對社會大眾生活影響深遠。因此，公共政策的決定，都需要經過討論和諮議過程，讓決策更為周延，以利政策執行，有益於個人福祉與社會發展。

　　各國政府為使公共政策更具可行性與價值性，在公共政策的研議或規劃過程中，通常會借助於智庫（think tank）的力量，讓政策制定者做出適當的決定。McGann（2021）提到「智庫是公共政策研究分析和參與的組織，對國內和國際問題進行以政策為導向的研究、分析和建議，從而使政策制定者和公眾能夠就公共政策做出明智的決定。」（第13頁）《韋氏字典》（Merriam-Webster Dictionary, n.d.）將智庫界定為「研究特定主題（如政策議題或科學問題）並提供訊息、想法和建議的機構、公司或組織」，而這些機構、公司或組織都具有非營利性的獨立特性。是故，智庫在政策制定過程中扮演著很重要的角色。

　　智庫發展由來已久，在現代社會中，多以「基金會」、「研究院」、「研究所」、「研究中心」、「委員會」、「論壇」、「學會」或「協會」等各種名稱稱呼。在全球化的時代，智庫的角色與日俱增，而且數量不斷增加，至2020年，全球智庫數量前五名為：1. 美國（United States）：2,203所；2. 中國大陸：1,413所；3. 印度（India）：612所；4. 英國（United Kingdom）：515所；5. 南韓（South Korea）：412所，其中屬於頂級教育政策智庫的前三名分別為美國的城市研究院（Urban Institute）、布魯金斯學會（The Brookings Institution）、蘭德公司（RAND Corporation）（McGann, 2021），可以看出這些智庫對於教育政策的影響力。

　　教育政策屬於公共政策一環，攸關教育品質與學生學習，政策決策過程中也必須和公共政策一樣，具有其嚴謹性，並參酌智庫的建議或諮詢智庫的意見，則教育政策執行，才能讓學生成為最大的獲益者。因此，教育政策制定者能夠透過智庫的研究、分析與建議，則所制定的政策不僅有其可行性，更能發揮教育的價值。

　　臺灣的教育智庫類型，主要可區分為下列五種：1. 政府設立：由政府

編列預算設立，例如：2011 年成立的國家教育研究院；2. 大學附設：附屬於大學的研究機構：例如：1990 年成立的國立臺灣師範大學「教育研究中心」；3. 學會：由教育專業學術團體所成立的組織，例如：中國教育學會、台灣教育研究院社；4. 基金會：依《財團法人法》所成立的組織，例如：1990 年成立的黃昆輝教授基金會；5. 民間團體：依《人民團體法》所成立的組織，例如：教師團體、家長團體和校長團體。這些智庫能透過研究報告、研討會或論壇、建言、開記者會或參與會議等形式，影響政府教育政策的研擬或執行（吳清山，2022）。

　　在上述智庫中，論其組織、經費和人力而言，則以國家教育研究院最具規模，而且當初成立最主要目的之一，就是要成為扮演國家最高「教育智庫」的角色，進行長期性教育研究與發展（教育部，2011；羅智華，2011）。而國家教育研究院於 2011 年 3 月 30 日正式成立以來，迄今超過 10 年，是否達到其當初成立的目標，成為優質的國家教育智庫，發揮教育政策的影響力，實值得加以探討。因此，本文首先進行教育智庫的時代價值分析，其次說明國家教育研究院的組織與任務，復次探討國家教育研究院成為優質智庫的困境，最後提出國家教育研究院成為優質智庫的策略，以及未來展望。

貳　教育智庫的時代價值分析

　　智庫起源甚早，最早可追溯到 16 和 17 世紀的人文學院和學術網絡，但智庫組織的建立，則始自 1831 年在英國倫敦成立的皇家聯合研究所（Royal United Services Institute）與 1884 年在英國成立的費邊社（Fabian Society）（Wikipedia, n.d.），後來美國及其他各國鑒於智庫的重要性和影響力，政府和民間也紛紛成立各種智庫的組織。

　　Weaver & McGann（2000）提出智庫有下列四大類型：1. 研究型智庫（academic research think tank）：重視嚴謹的科學方法從事研究，重視建立智庫的中立性、公正性和可信度。2. 契約型智庫（contract research think tank）：透過政府機關委託進行研究，提供報告給政府參考。3. 倡議型智

庫（advocacy think tank）：具有特定意識型態，具有政治行動導向，直接協助政府推動政策方案。4.政黨智庫（political party think tank）：係由政黨或政治人物所成立的智庫機構，具有濃厚的政黨色彩。

當然，這些智庫與大學相關系所都有類似的較高學術研究傾向，但智庫不像大學一樣會對學術理論進行基礎性研究，而是從事於當前重要公共議題的研究，進而提出具有實務性的政策建議。因此，智庫的政策影響力有時高過於大學的學術研究。尤其智庫在輔助決策、推進國家治理體系和治理能力現代化進程中，發揮著不可替代的作用，對政府決策、企業發展、社會輿論與公共知識傳播具有深刻影響（浙江大學資訊資源分析與應用研究中心，2021）。

隨著全球化和民主化的時代來臨，社會大眾要求公共政策的規劃與研訂，應該強化開放、透明和參與等原則，透過智庫的力量，有助於落實這些原則，此正可彰顯智庫在政府公共政策制定過程中的重要性。彭錦鵬（2012）提到在全球化的時代，智庫機構不能也無法在此潮流中缺席，「創造共享價值」、「健全公民社會」、「建立溝通平台」、「促進制度改革」，將是智庫機構最新的挑戰與努力方向，此一論點亦可看出智庫的時代價值性。

基本上，無論國內或國外的一般智庫，有時也會對於教育政策進行研究或提出建議，此乃擴大了教育政策訊息來源的多元性，對於教育政策的規劃與研訂，亦有其助益。後來隨著政府或民間成立的教育智庫紛紛成立，聚焦於教育政策議題討論或研究，而一般智庫注重於公共政策，教育政策研究可能只是其中一部分，教育智庫與一般智庫之目標、功能和關注議題方面實有所不同。處在教育國際化、重視教育績效化及倡導教育改革的時代裡，教育智庫正體現下列的時代價值：

一、提供教育政策論述與溝通平台

一般而言，教育智庫是集合一批教育專業和研究人員，針對教育議題或教育政策進行研究，提出對政策的建言或報告。Lewis（n.d.）曾提到所

有智庫的工作包括：進行學術研究、創造辯論空間、產生想法、監督公共政策和向公眾提供智力資源，足見智庫可提供多樣化的訊息，成為政策溝通很好的平台。

基本上，教育智庫本身也是一種非營利性的獨立組織，研究人員可針對當前重要的教育議題，甚至社會關注的教育課題深入研究，亦可透過學術研討會或論壇方式，提供大家討論教育政策議題的平台，甚至智庫的研究成果或報告，亦可藉由發布新聞或記者會方式，引發社會大眾對於教育政策議題的關注。此外，智庫亦可設定教育政策議題，運用社群媒體或網路，提供大家討論，成為教育政策論述與溝通平台，此乃具有其時代價值。

二、促進知識與教育政策制定結合

智庫最主要的目標之一，就是提供所研究的知識能夠轉化為政府政策的內容，以影響未來的政策的制定，亦即能夠將知識和政策制定相結合，縮短知識與政策的差距。馬博元（2011）曾提到智庫連結「學術」及「政策」兩大領域，為現實政策問題提供具學術基礎之處方。智庫學者研究艱難之政策問題，卻無政府官員所須面臨之時間壓力，智庫之非政府性質亦提供學術自由空間，能探討深具爭議性而政府機構有顧忌或不願直接碰觸之議題。

當今的教育議題，不管是十二年國民基本教育、大學入學制度的學習歷程檔案、雙語教育、疫後的教育重建等，都獲得社會大眾的關注，教育智庫若能夠就這些相關議題，提出建言或報告等訊息，深信有助於政府研議更周延的政策，這種知識研究與教育政策相結合，正可彰顯教育智庫的時代價值。

三、強化教育政策創新研究的動力

智庫本身具有專業性和獨立性，不像一般政府機構，它不必受限於科層體制的束縛，所進用的研究人員也以專業為導向，因此智庫較具創新思

維，較少受到框架的限制，此有利於提出突破性的見解。一般而言，智庫都以開啟新的研究議題為主軸，透過觀念改變世界和政府施政，它可以視為發動創意、創造和創新的引擎，激發政府部門政策的革新作為。

教育智庫具有倡導和開展研究的功能，它確認當前和新出現的教育政策問題，例如：學生學習品質、偏鄉教育、教育機會均等、高齡少子化教育發展、數位教學與數位學習、國際教育、師資素質等，進行有系統和客觀的研究，提出具有創新性的建議，有助於激勵教育創新研究動力，對於教育政策實務問題的解決，具有其時代的意義和價值。

四、提升教育政策制定品質的機制

智庫為一公共政策研究組織，具有相當重要的自主權，它所提出的建言或報告，不必考慮政府的立場或為政府所左右。智庫可運用其專業研究知識，促進與政策的連接，此乃有助於政府政策決定的嚴謹性。陳曉郁（2015）提到智庫的存在不僅能強化並橋接政策及研究，亦能提升政策制定品質。

處在教育變革的時代，加上社會大眾對教育品質要求愈來愈高，教育行政部門需要提出更具高品質和前瞻性的教育政策，光靠教育行政各部門研擬政策是不夠的，必須參酌智庫的意見，或委託智庫進行研究，當然，先決條件就是智庫所提出的建言或報告具有一定的品質，禁得起考驗或檢證。因此，智庫可成為提升教育政策制定品質很好的機制，此正符應智庫的時代價值。

五、形塑教育訊息傳播與分享的環境

智庫可貴之處，在於願意將所研究的成果或報告之訊息，釋放於公開平台，提供社會大眾或政府機關參考，此正可檢驗智庫之公信力與影響力，而且透過媒體的傳播，有助於形塑教育資訊的分享，對於建構公民社會的環境，也提供一個很有利的條件。

Mendizabal（2012）提到智庫最常見的溝通和外展工具有下列管道：

1. 出版物：例如：發行期刊或出版報告等；2. 線上或數位：例如：智庫網站、電子郵遞通訊、粉絲頁等；3. 媒體：例如：新聞發布、記者會等；4. 活動：例如：實體或網路研討會、工作坊、公共事件系列討論等。教育智庫透過這些管道釋放相關訊息，能夠擴散教育智庫的影響力，對於教育發展有其正向作用，這種形塑教育訊息傳播與共享的環境，正彰顯教育智庫的時代價值。

 ## 國家教育研究院任務與組織之分析

　　在先進國家，教育智庫對於教育政策的影響日益重要，除了民間設立之外，亦有不少國家設立國家級教育研究機構，例如：美國「教育科學研究院」（Institute of Education Sciences）、日本「國立教育政策研究所」（National Institute for Educational Policy Research）、韓國「教育研究開發院」（Korean Educational Development Institute），以及中國大陸「中國教育科學研究院」等都具有一定的規模，扮演教育研究和智庫的角色。

　　我國成立國家級教育研究機構，早在 1996 年行政院教育改革審議委員會的《教育改革審議報告書》中就提出下列的建議：「成立國家級教育研究院，以從事教育基礎性研究、教育政策與制度之研究、課程教材之研發、學力指標和教育發展指標之建立、教育研究資訊之服務及國際教育之比較等。」（行政院教育改革審議委員會，1996，摘 16 頁）後來教育部依此建議進行國家教育研究院成立之規劃，行政院院會於 2009 年 6 月 11 日通過《國家教育研究院組織法》修正案，遂將該修正案送至立法院審議，而立法院於 2009 年 9 月 18 日進入一讀會，當時在審議過程中，教育部部長吳清基於答詢中特別提到國家教育研究院的定位如下：

　　　　國家教育研究院為隸屬教育部之學術研究機構，定位為：以教育學術為基礎，進行教育問題研究、政策研議與教育領導人才培訓的永續性教育智庫，期望達成「國家永續性教育智庫、教育溝通與對話平台、教育領導人才重鎮」之願景。（立法院，2010）

由此可知，當時成立國家教育研究院的目的，就是能夠扮演著國家級教育智庫的角色。後來《國家教育研究院組織法》也於 2010 年 11 月 16 日三讀通過，同年 12 月 8 日由總統公布，行政院亦發布國家教育研究院施行日期為 2011 年 3 月 30 日，籌備將近 10 年的國家教育研究院終於法制化能夠成立，亦屬教育界大事。茲就國家教育研究院之任務與組織分析如下：

一、國家教育研究院之任務分析

依《國家教育研究院組織法》第 1 條規定：「教育部為長期從事整體性、系統性之教育研究，促進國家教育之永續發展，特設國家教育研究院（以下簡稱本院）。」依此而言，國家教育研究院從事整體性和系統性的教育研究，定位為研究機構，而非社會教育機構。

復根據組織法第 2 條規定：「本院掌理下列事項：一、教育制度、教育政策及教育問題之研究。二、教育決策資訊及專業諮詢之提供。三、教育需求評估及教育政策意見之調查。四、課程、教學、教材與教科書、教育指標與學力指標、教育測驗與評量工具及其他教育方法之研究發展。五、學術名詞、工具用書及重要圖書之編譯。六、教育資源之開發整合及教育資訊系統之建置、管理及運用。七、教育人員之培訓及研習。八、教育研究整體發展計畫之擬訂及執行。九、教育研究成果之推廣、服務、學術交流與合作。十、其他有關國家教育研究事項。」從這條規定，茲將國家教育研究院歸納為下列四大任務：

㈠從事教育研究

研究為國家教育研究院的首要工作，亦是扮演教育智庫的必要條件，所從事的研究包括：教育制度、教育政策、教育問題、教育需求評估、課綱研發、教育指標、學力指標、評量工具研發等，這些研究結果可供教育決策之參考，善盡教育智庫的責任。

(二)整合教育資源

教育資源相當豐碩，但缺乏一個整合機構，而教育資料庫的建置，又是提供政策證據導向決定的重要依據，因而國家教育研究院成立就擔負此整合教育資源責任，以發揮教育資源的功效；換言之，在國立教育資料館過去運作的基礎下，持續向前精進教育資源的開發及整合。

(三)培訓教育人員

教育人員素質攸關教育品質良窳，需要不斷地從事專業成長，才能提高專業知能。國家教育研究院前身已有培訓教育人員豐富的經驗，亦應持續負起學校教育人員（包括：教育行政人員、校長、學校行政人員和教師）的研習責任，以促進教育人員的專業成長。

(四)推廣教育成果

國家教育研究院具有其社會責任，必須善盡社會服務功能，因而推廣教育研究成果及分享教育資源，亦成為國家教育研究院任務之一；此外，國家教育研究院為擴大其研究功能，學術交流與合作，亦屬任務不可或缺的一環。

基於以上之說明，國家教育研究院成立之後，就以「讓國家教育研究院成為世界一流的研究機構」為努力的目標。因此，提出三大願景：1. 教育政策發展智庫；2. 課程測評研發基地；3. 領導人才培育重鎮。作為國家教育研究院未來經營的方向。為了達成國家交付的任務及實現國家教育研究院的願景，並以下列五項核心價值為基礎：1. 品質：凡事做對，也要做好；2. 團隊：同心協力，相互合作；3. 創新：激發活力，敢於突破；4. 真理：持續精進，發現事實；5. 卓越：好要更好，精益求精（吳清山，2011）。這些核心價值，提供國家教育研究院經營理念的準繩，以有效發揮研究、研習和服務的功能。

二、國家教育研究院之組織分析

國家教育研究院為有效執行其任務，必須設立一定的組織，作為處理事務及進行內部分工，特別訂定《國家教育研究院處務規程》。依該規

程第 4 條規定：「本院設下列中心及室：一、教育制度及政策研究中心。二、課程及教學研究中心。三、測驗及評量研究中心。四、語文教育及編譯研究中心。五、教科書研究中心。六、教育資源及出版中心。七、綜合規劃室。八、祕書室。九、人事室。十、主計室。十一、教育人力發展中心。十二、原住民族教育研究中心。」後來基於推動業務需要，增設資訊推動小組、圖書館和策略溝通辦公室之行政單位，如圖 1 所示。

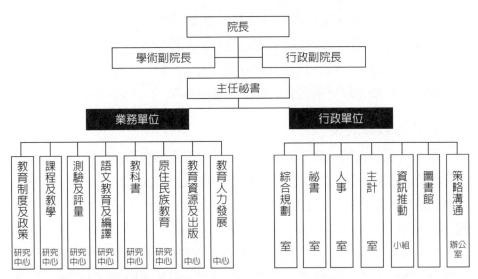

圖 1　國家教育研究院組織架構

從圖 1 資料來看，國家教育研究院的主力，仍在於三大中心：教育制度及政策研究中心、課程及教學研究中心和測驗及評量研究中心，皆是以研究爲導向。依《國家教育研究院處務規程》規定，教育制度及政策研究中心掌理事項如下：「一、各級教育制度、政策及問題之研究。二、鄉土及多元文化教育之研究。三、教育政策意見之調查及分析。四、教育決策資訊及專業諮詢之提供。五、教育指標之研究。六、教育需求評估之研究。七、各國教育制度及政策比較之研究。八、其他有關教育制度及政策研究事項。」而課程及教學研究中心掌理事項則爲：「一、課程及教學之基礎性研究。二、課程綱要之研究。三、課程發展及實施之研究。四、課

程及教學評鑑之研究。五、國內外各級學校教材教法之研究。六、課程及教學之實驗。七、其他有關課程及教學研究事項。」至於測驗及評量研究中心掌理事項則是:「一、學力指標設定及標準化測驗工具之研發。二、學科試題之研發及題庫之建置。三、學習成就評量資料庫之建置及研究。四、教育長期追蹤資料庫之建置及研究。五、多元評量模式之建立。六、測驗統計分析及研究。七、其他有關測驗及評量研究事項。」

　　從國家教育研究的任務與組織來看,研究的分量極重,因而教育制度及政策研究中心、課程及教學研究中心和測驗及評量研究中心的任務相對重要,可以說是構成教育智庫的臺柱。

 ## 肆　國家教育研究院成為優質智庫的困境

　　國家教育研究院成立以來,迄今已逾 10 年,無論在研究、研習和服務等方面,也發揮一定的功能;但要成為優質的智庫,可能仍須努力。基本上,國際上從事優質智庫的研究,都採用不同評估指標,例如:《全球智庫指數報告》(Global Go to Think Tank Index Report)的評估指標包括:利用率指標(Utilization indicators)、產出指標(Output indicators)、影響力指標(Impact indicators)(McGann, 2021);《全球智庫影響力評價報告》採用 RIPO 指標體系,即:智庫資源 R(Resource indicators)、智庫影響力 I(Impact indicators)、智庫公共形象 P(Public Image Indicators)、智庫產出 O(Output indicators)(浙江大學資訊資源分析與應用研究中心,2021);至於《中國智庫報告:影響力排名與政策建議》則採用指標包括:決策影響力、學術影響力、社會影響力、國際影響力、智庫成長能力(上海社會科學院智庫研究中心,2019)。為利於理解這三大智庫評估指標,茲整理如表 1 所示。

表 1　全球智庫指數報告、全球智庫影響力評價報告和中國智庫報告評估指標之比較

報告名稱	評估指標	負責機構
全球智庫指數報告	利用率指標、產出指標、影響力指標	美國賓州大學「智庫與公民社會計畫」（Think Tanks and Civil Societies Program）
全球智庫影響力評價報告	智庫資源、智庫影響力、智庫公共形象、智庫產出	浙江大學資訊資源分析與應用研究中心
中國智庫報告	決策影響力、學術影響力、社會影響力、國際影響力、智庫成長能力	上海社會科學院智庫研究中心

　　從表 1 資料來看，要成為優質智庫，最重要的指標在於智庫的影響力，就是對於政策制定和社會的影響力，當然要邁向國際頂尖智庫，還須包括政界、企業界和國際的影響力。就優質教育智庫而言，必須對於教育政策的訂定以及教育訊息傳播產生相當程度的影響力。平心而論，國家教育研究院要成為優質智庫，尚有努力的空間。主要原因在於，它成立以來面臨到下列的困境：

一、具有歷史包袱，且聽從教育部指揮

　　國家教育研究院係由國家教育研究院籌備處、國立編譯館和國立教育資料館整合而成。國家教育研究院籌備處是由臺灣省國民學校教師研習會和教育部臺灣省中等學校教師研習會整併，以研習為主，並負責籌備國家教育研究院的成立，國立編譯館和國立教育資料館也都以行政人員和聘用人員為主，並非從事研究工作；然而為保障原有人員工作權，必須依其意願和專長留用，無法大幅聘用新進人員，其人力及專業受限，這種歷史包袱難免會影響研究產能和智庫功能的發揮。此外，國家教育研究院附屬於教育部機構，必須聽從於教育部指揮，且教育部經常交辦各種任務，影響國家教育研究院研究工作、獨立性和專業自主性。

二、人事和經費之運用，都受限於法規

　　國家教育研究院就組織法律屬性而言，屬於政府機構之一，必須遵守政府相關法規辦事，不像行政法人或財團法人具有較高的獨立性和自主

性，當初成立之前，亦曾針對採行政法人或財團法人方式有所評估，但限於自籌財源具有相當難度，因而作罷。然而一旦成為政府機構，其人事員額和經費預算使用都受到人事和預算法規限制，缺乏彈性，無法充分滿足國家教育研究院研究功能，影響教育智庫的發揮。從先進國家的經驗來看，教育智庫的研究機構，都具有較大的獨立性、自主性，較少受到政府法規的限制，才能有效展現其影響力。

三、研究人力不足，影響研究產能品質

國家教育研究院屬於研究機構，人員配置應以研究人員為優先考量，然從國家教育研究院預算員額來看（如表 2 所示），民國 101 年度到 111 年度，員額有減少的現象，主要原因在於駐衛警、技工、工友和駕駛出缺不補所致；但從職員來看，則增加人數很少。而職員中又分為公務人員和研究人員，在 106 年度國家教育研究院曾就員額結構進行分析，其中研究人員占 40%、公務人員占 31%、聘用約僱占 14%、技工工友駐警駕駛占 15%，研究人員大約 53 人。就一個國家級的教育智庫而言，研究人員仍屬偏低，勢必影響到研究產能和品質。此外，研究人員容易流動，大學有職缺，都會優先考量轉進，影響研究發展之長期性。

表 2　101-111 年度國家教育研究院預算員額

年度	職員	駐衛警	技工	工友	駕駛	聘用人員	約僱	合計
111	130	1	6	5	1	21	4	168
110	130	2	7	6	1	21	4	171
109	129	2	10	6	1	22	4	174
108	128	3	10	7	1	23	4	176
107	128	3	10	7	1	23	4	176
106	129	3	13	8	1	23	4	181
105	127	3	14	11	1	23	8	187
104	127	3	17	11	1	23	8	190
103	127	3	21	13	1	23	8	196
102	126	3	22	13	1	25	9	199
101	123	3	23	13	1	25	12	200

資料來源：整理自中華民國 101-111 年度國家教育研究院單位預算。

四、研究經費比率偏低，影響研究開展

國家教育研究院是以研究為主的單位，因而預算當以研究為主。但從表 3 資料來看，101-111 年度國家教育研究院研究經費占總經費百分比約 15% 到 24%，其中 102-107 年度較高，主要原因在於課程及教學研究中心投入較多經費研發十二年國民基本教育新課綱。基本上，足夠研究經費是支持研究的必要條件，然而從整個經費而言，大部分用諸於人事費和業務費，實不利研究之開展。

表 3　101-111 年度國家教育研究院總經費、研究經費和研究經費占總經費百分比

單位：千元

年度	總經費	研究經費	研究經費占總經費百分比	備註
111	544,886	93,741	17.21	研究經費計算係以教育制度及政策研究中心、課程及教學研究中心、測驗及評量研究中心之預算總和。
110	565,103	93,340	16.52	
109	548,826	87,035	15.86	
108	557,077	85,560	14.83	
107	580,190	131,916	22.74	
106	562,933	133,499	23.71	
105	552,241	122,085	22.11	
104	557,463	133,938	24.03	
103	536,850	118,624	22.10	
102	492,380	118,269	24.02	
101	500,966	92,044	18.37	

資料來源：整理自中華民國 101-111 年度國家教育研究院單位預算。

五、研究成果難轉化政策，無法凸顯效果

國家教育研究院要彰顯其教育智庫的功能，必須能夠將研究成果有效轉化為政策，且能用之於實務的改進，亦即建立「研究─政策─實務」（research-policy-practice）三者的連接，才能展現研究成果的影響力。

　　然而從國家教育研究院的成果來看，除了十二年國民基本教育課綱的研發，可以看出研究成果轉化爲政策的效果外，其他在高等教育、技職教育、終身教育、師資培育、實驗教育、偏鄉教育、國際教育、教育經費等方面的研究成果，影響政策制定有限，無法建立「研究─政策─實務」三者之鏈結，不易凸顯國家教育研究院轉化政策之成效，難免削弱國家教育研究院的智庫功能。

六、政策建言力道不足，影響智庫功能發揮

　　國家教育研究院是以教育政策發展智庫爲其願景，對於教育政策發展具有引導的作用，提供政府教育諮詢與建言可說爲其重要任務之一，然而教育部在研訂重大教育政策之時，未必請國家教育研究院進行前導性研究，或先諮詢國家教育研究院的意見，導致國家教育研究院教育智庫的功能不易彰顯。

　　國家教育研究院爲了扮演教育智庫的角色，曾在 2012 年邀集學者專家研定《教育政策綱領之研究》（國家教育研究院，2012），頗具政策參考價值，可惜教育部未能充分應用。即使近年來，國家教育研究院致力整合教育部駐外單位各國教育訊息之課題，並由相關研究員撰擬，發表於國家教育研究院電子報，並送請教育部參考，可惜教育部各單位未能好好利用。由此可見，國家教育研究院提供政策建言，力道仍有所不足。

七、政策評估研究不夠，難以提供政策改進

　　教育政策實施，影響教育發展相當深遠。就教育政策發展歷程而言，它包括政策規劃、計畫研擬、執行、效益評估等過程，而政策效益評估更可作爲未來改進的參考，國內很多教育政策都投入龐大的教育經費和人力，例如：教育部推動第一期技職再造方案及第二期技職再造計畫，預算經費各達 234 億及 202 億餘元，以及「高等教育深耕」五年計畫，投入總經費高達 836 億元等，均屬國家重大教育政策，然而這些政策實施所發揮的效益，社會大眾並無法了解，主要原因在於教育部並未委託相關機構進行效益評估，其實國家教育研究院可說相當適合進行政策評估研究，然而

卻未進行有系統和整合性研究，實屬可惜，很難展現智庫對於政策改進的功能。

八、缺乏完整性資料庫，不利政策參考應用

教育政策決定，必須建立在資料或證據的基礎上，才能降低政策決定的偏差。因此，資料導向決定（data-driven decision making）或證據本位決定（evidence-based decision making）日益受到重視，亦成為政策決定的重要依據。是故，大型資料庫的建置，更顯得有其必要性，例如：學前教育資料庫、國民教育資料庫、技職教育資料庫、高等教育資料庫和師資培育資料庫等之建置，透過資料蒐集、分析和詮釋，對於教育政策極具實用價值，可惜國家教育研究院尚未建置完整的資料庫。

此外，我國參加國際的學生成就評量，包括：國際學生能力評量（PISA）、國際數學及科學趨勢調查（TIMSS）、促進國際閱讀素養研究（PIRLS），分散於各處，缺乏有效整合，無法充分應用於政策決定參考。基本上，國家教育研究院是一個國家級的智庫單位，要從事長期性的研究，應該把這些資料庫整合在一起，以利方便保存和應用。

 伍 國家教育研究院成為優質智庫的突破

國家教育研究院成立迄今，才 12 年之久，要充分發揮其教育智庫的功能，的確還需要相當大的努力。基本上，教育部要重視國家教育研究院，給予充分的人力和經費資源，以利做好研究工作，進而扮演好教育智庫的角色。不可否認地，國家教育研究院在組織營運上遇到一些困境，需要一一加以克服，一方面需要教育部協助，一方面需要自身的努力，才能成為國家級的優質智庫。茲將國家教育研究院成為優質智庫困境的突破策略說明如下：

一、減少行政干預和任務指派，確保獨立自主

國家教育研究院，當初不以「國立」，而以「國家」為名，成為獨

立機構設置，就是要確保其獨立性，避免行政干預，以利人員專注各項研究。從國家教育研究院發展和人員組成而言，本身就有其歷史包袱，倘若教育部過度介入，甚至給予過多的任務指派，則將使研究人員分身乏術，難以顧及其研究工作，不利於扮演教育智庫的角色。

從世界先進國家的智庫發展來看，獨立性是一個很重要的條件，才能維持其專業性和超然性的地位。處在國家教育研究院尚無法轉型為行政法人或財團法人之處境，教育部應尊重國家教育研究院的自主性，讓國家教育研究院從事長期性、系統性、整合性和前瞻性研究，全力做好政策型研究，以利發揮教育智庫的功能。

二、鬆綁相關人事和主計規範，降低運作束縛

國家教育研究院屬於政府所設立機構，因而必須接受政府人事和主計相關法規的規範，此乃限制於國家教育研究院的發展。基本上，國家教育研究院屬於研究機構，並非科層體制的行政機關，倘若事事都要遵循行政機關的人事和主計法規的約束，實在很難開展其研究的能量。例如：人員進用要受人事法規束縛，就缺乏人員進用的彈性，很難聘到優秀的研究人員加入國家教育研究院的行列，而經費的使用又受限於主計法規，無法彈性運用就很難支持應變性研究的需求。因此，國家教育研究院要發揮其教育智庫的功能，鬆綁相關人事和主計規範，給予更大的彈性自主空間，以利組織針對實際需求靈活運用，則才有其可能性。

三、增加研究人員員額，擴展政策研究能量

國家教育研究院是以研究為導向，而非以行政為目的，因而必須有足夠的研究人員，才能擔負研究的重責大任。從 2022 年國家教育研究院 53 位研究人員來看，約占總人數的四成，似乎難以支撐龐大的各級各類教育研究，不僅缺乏學前教育、技職教育、特殊教育、終身教育等領域之研究人員，而且也很難組成專屬領域的研究社群，例如：高等教育研究社群、國民教育研究社群等，顯然無法大幅提升研究能量。

國家教育研究院要成爲優質智庫，首要條件就是提高研究人員的比例達六成以上，降低行政人員的比例，而且要聘用優秀學者加入研究行列，甚至亦可商借大學教授；此外，也要提供研究人員更好的研究環境和助理人員，並降低優秀研究人員的離職，讓研究產能和品質提升，國家教育研究成爲優質智庫，可能性將大增。

四、提高研發經費比例，充裕研究所需資源

國家教育研究院要成爲優質的智庫，人力和經費可說缺一不可，而經費又是支持研究人力的重要條件。從國家教育研究院研究經費占總經費的比例來看，似乎有偏低的現象，宜將目前的 17.21%，提高至 30% 以上，且逐年提高，以充裕研究經費，提供足夠研究的資源和設備，才能讓研究人員專心研究，激發研究人員的產能；同時也應該設立傑出研究人員獎勵辦法，撥出一筆經費，作爲優秀研究人員的獎勵之用，對於研究人員具有激勵效果。當然，研究經費提高，一定要好好進行規劃，讓經費確實用在刀口上，能夠發揮其效益。因此，提高研究經費，也要建立研究績效責任，則研究經費的投入才有意義和價值，一旦能夠提升研究的品質和應用，則才有助於成爲優質的教育智庫。

五、強化政策研究品質，擴大智庫之影響力

優質教育智庫首要條件，就是所提出的研究報告或建言具有高度的品質，能夠爲教育政策所採納。國家教育研究院以目前有限的研究人力，要能夠提出高品質的研究成果，仍有其難度。因此，國家教育研究院除了鼓勵研究人員與國內外學者交流合作研究外，亦可與大學建立學術研究聯盟，結合大學充沛的研究人才，擴大政策研究的品質。此外，教育部進行相關政策規劃時，應請國家教育研究院相關人員參與，一方面可以發揮國家教育研究院諮詢的功能；一方面亦可讓研究人員了解政策規劃的內涵及需求，選定研究題材也能與教育部未來政策相對接，此將發揮國家教育研究院智庫的功能。

六、深化教育政策評估研究，提供政策改進參考

從國家教育研究歷年來的研究成果而言，在政策評估這一區塊的研究，是屬於比較弱的一環，因此所做的研究報告，對於政策改進或實務改善，效果實屬有限，難以展現優質教育智庫的作為，未來宜加強在政策執行後的評估，擇定教育部當前重要的方案或計畫進行有系統的研究，倘若研究人力不足，亦可邀請學術界的學者專家共同研究，結合學界力量，負起政策評估工作，進行政策執行的效益分析，了解政府推出教育政策的影響面，則所出版的研究報告或改進建議，將有助於政策改善和未來推動相關政策的參考，此才能提升國家教育研究院的智庫形象及地位。

七、建置教育資料庫，提供政策分析及決定之用

國家教育研究院具有從事整體性和系統性研究的任務，這項任務必須有完整的資料庫作為基礎，以利研究工作之進行。由於國家教育研究院的組織架構完整，且研究資源和人力要比一般大學豐富，建置及整合教育資料庫，可能比一般大學更為適切，具有專門的人力從事資料庫的整合及分析工作。目前國內分散各單位的教育資料庫，只有國家教育研究院才有整合空間；此外，國家教育研究院也應針對政策研究及分析之需求，建置相關的資料庫，對於政策決定就會產生實質的效果。例如：美國「教育科學研究院」下設國家教育統計中心（National Center for Education Statistics, NCES），專門蒐集、分析及發表對政策有用之教育統計資料，對美國教育政策決定具有其影響力。國家教育研究院要發展成為優質智庫，絕對不能忽略資料庫的重要性。

除外，國家教育研究院要往優質智庫邁進，國際化亦屬重要的策略，例如：每年辦理國際學術研討會，建立學術討論平台，鼓勵跨國性研究，建立國際學術聲望，加強與國際教育智庫交流與合作，擴大國際能見度，亦有助於形塑優質教育智庫的有利條件。

陸 國家教育研究院成為優質智庫的展望

　　國家教育研究院歷史雖然不長，但如能掌握方向，好好耕耘，成為國家級優質智庫是大有可為。McGann（2021）提到：「頂尖級教育政策智庫，係致力於為政策制定者和公眾提供有關教育問題的卓越創新研究和策略分析。這些智庫在廣泛政策議題的研究、分析和公眾參與方面表現出色，其目的在促進辯論、激勵相關人員之間的合作、維持公眾支持和資金，以及增進相關國家之一的整體生活品質。」（第33頁）依此而言，國家教育研究院未來從事卓越創新研究和策略分析、積極參與教育政策議題討論、爭取社會大眾支持、具有豐沛的資源和促進教育品質的提升，才是邁向優質教育智庫的有力保證。

　　展望未來國家教育研究院成為優質智庫，「人」還是關鍵所在，必須奠基於專業領導者、卓越研究團隊、超然研究地位、創新研究文化和前瞻研究成果，才能可大可久，如圖2所示。

圖2　優質教育智庫的要素

　　茲依圖2資料，將國家教育研究院的未來展望說明如下：

一、專業領導者

國家教育研究院院長掌握整個研究方向，具有前瞻思維和專業知能，

實屬極為重要。依《國家教育研究院組織法》第 3 條規定：「本院置院長一人，比照大學校長資格聘任。」依此而言，成立以來院長皆由部長聘任，未來院長可考慮打破現狀，參酌公立大學校長遴選的方式，由教育部組成院長遴選委員會，歡迎有資格、有意願、有能力的人士報名參加遴選，深信有助於挑選更合適人員出任國家教育研究院院長職位。

二、卓越研究團隊

現在是一個講求團隊的時代，研究亦是如此，非洲諺語：「一個人，走得快；一群人，走得遠。」這就是團隊的力量。國家教育研究院要發揮其研究能量，結合研究人員成為有執行力的團隊，聚焦於教育政策重要議題進行研究，才能展現研究的績效，倘若流於個人單打獨鬥、單兵作戰，力量就會分散，研究成果的影響力可能有限。因此，未來國家教育研究院可依研究人員的專長和興趣，組合研究社群，鼓勵社群成員定期聚會討論，假以時日，必可看出成效。

三、超然研究地位

研究本身具有系統性、獨立性、客觀性和專業性，在研究過成中秉持科學探究的精神和態度，致力於議題的探討和分析，不受政治或其他外力干擾，確保研究的超然性，則研究成果才有公信力和說服力，亦是教育智庫必備的條件。因此，國家教育研究院為確保其研究的品質和公信力，不能為政治背書，「有幾分證據，說幾分話」，才能獲得社會大眾的信賴，亦不會造成政策決定的誤判。

四、創新研究文化

國家教育研究院本身就具有智庫的屬性，而智庫的特性就是看得早、看得遠，能夠洞燭機先，掌握議題脈絡，引領議題研究。因此，未來國家教育研究院宜鼓勵同仁從事創新性和跨領域的教育政策議題研究，慢慢形成一種創新研究的氛圍和文化，則有助於創新的研究發現。平心而論，

國家教育研究院有關教育研究規模、人力和資源都比一般大學教育相關系所爲大，未來應該成爲教育創新研究的火車頭，帶動教育創新的研究與發展，才能讓國家教育研究院更具影響力。

五、前瞻研究成果

研究的過程雖然重要，但研究成果更可貴，倘若研究成果具有前瞻性，有助政策的研擬和實務的改進，則研究成果將更具有價值性。教育發展受到各種內外在環境的影響，需要更具有前瞻和長遠的眼光，構思未來的教育政策，尤其科技的高度發展、新冠疫情的衝擊、氣候變遷加劇、國與國衝突頻頻等，都會影響到教育未來的發展，能夠及早規劃研究的議題進行研究，必能有助於提出前瞻性的研究成果，則對教育的貢獻就相當大，國家級教育智庫的地位才能屹立不搖。

 柒　結論

國家教育研究院的成立，各界寄予厚望，期望成爲國家級的教育智庫，爲教育政策的規劃、執行與評估，提供諮詢和建言，讓教育政策推動更具品質、更符合人民的需求。

不可否認地，近十多年來，國家教育研究院的人員都相當努力，也有一定的績效，尤其十二年國民基本教育課綱的研發，更是立下汗馬功勞；然而因受到歷史包袱和主客觀環境影響，國家教育研究院要成爲優質的教育智庫，仍有努力的空間。

基本上，爲能有效發揮國家教育研究院智庫角色，在人事和經費應具有獨立性，重新定位其法律地位，實值得進一步研議。倘若智庫機構受限於法規，用人和經費使用缺乏彈性和靈活性，勢必難以符應社會快速變遷的需求，無法發揮其智庫的功能。此外，未來教育部宜降低指派任務，增加政策諮詢分量，則國家教育研究院智庫功能才能彰顯。

當然，國家教育研究院要能展現其智庫影響力，必須本身要有本事和實力，亦即政策建言和研究報告具有專業性和公信力，足爲社會大眾所

信賴和肯定，則國家教育研究院在教育政策決定過程中，更能凸顯其重要性。

　　國家教育研究院邁向優質智庫過程中，難免會遇到困境，但只要能把握方向，尋求和整合資源，還是能夠有效克服，持續精進。然而更重要的是，國家教育研究院未來具有專業領導者、卓越研究團隊、超然研究地位、創新研究文化和前瞻研究成果，才能開創新局，則成為優質教育智庫，將是指日可待。

參考文獻

一、中文部分

上海社會科學院智庫研究中心（2019）。**中國智庫報告——影響力排名與政策建議**。上海：作者。

立法院（2000）。**立法院第7屆第4會期第17次會議議案關係文書**。臺北：作者。

行政院教育改革審議委員會（1996）。**教育改革審議報告書**。作者。

吳清山（2022）。教育智庫。**教育研究月刊，337**，125-126。

吳清山（2011）。開創教育研究新境界。**國家教育研究院電子報，13**。取自 https://epaper.naer.edu.tw/edm.php?grp_no=1&edm_no=13&content_no=304

浙江大學資訊資源分析與應用研究中心（2021）。**全球智庫影響力評價報告**。杭州：作者。

馬博元（2011）。智庫在華府。**外交部通訊，29**(2)。取自 https://multilingual.mofa.gov.tw/web/web_UTF-8/out/2902/3-2_page.html

國家教育研究院（2012）。**教育政策綱領之研究**。臺北：作者。

教育部（2011）。**成立國家教育研究院　發揮國家教育智庫功能**。臺北：作者。

陳曉郁（2015）。**全球智庫發展概況**。財團法人國家實驗研究院科技政策研究與資訊中心。取自 https//portal.stpi.narl.org.tw/index?p=article&id=4b114 1427395c699017395c756941e51

彭錦鵬（2012）。**兩岸公共治理智庫之解析**。兩岸三地智庫論壇。6月18日。福州市：福建省政府發展研究中心。

羅智華（2011）。教研院定位最高教智庫。**人間福報**。取自 https://www.merit-times.com/NewsPage.aspx?unid=209186

二、英文部分

Lewis, S. (n.d.). *Think tank*. May, 4, 2022 Retrieved from https://www.techtarget. com/searchcio/definition/think-tank

McGann, J. G.(2021). *2020 global go to think tank index report*. The Lauder Institute, The University of Pennsylvania.

Mendizabal, E. (2012). *Communication options for think tanks: Channels and tools*. https://onthinktanks.org/articles/communication-options-for-think-tanks-channels-and-tools/#

Merriam-Webster Dictionary (n.d.). *Think tank*. May, 3, 2022 Retrieved from https://www.merriam-webster.com/dictionary/think%20tank

Weaver & McGann (2000). *Think tanks and civil societies: Catalysts for ideas and action*. London: Routledge.

Wikipedia (n.d.). *Think tank*. May, 5, 2022. Retrieved from https://en.wikipedia. org/wiki/Think_tank#History

強化國科會專題計畫研究成果的政策與實務應用

林明地

美國威斯康辛大學麥迪遜校區哲學博士
國立中正大學教育學研究所教授

研究的目的，除了知識的追求，更重要的是讓研究成果能協助社會改善自身的處境。（林明仁，2022：2）

不必然是教育研究做得不好，才使得研究成果的政策應用（成爲教育政策制定的基礎）與實務應用（在教育現場的眞實應用）不高；似乎也不是政府教育官員刻意要忽略或忽視教育研究成果，或實務現場教育工作者不需要教育研究成果的協助。但從實際的現況來看，教育研究、政策與實務的銜接，眞的有些問題。（本文作者撰寫本文前後的省思）

「教育研究成果無用論」的評價「言過其實」，事實上多位國民中小學校長、主任、組長在回答「教育領導研究（成果）對（您）學校領導、行政實際的協助爲何？」的問題時指出，教育領導的研究能提供他／她們學校領導新理念，介紹新的研究成果，有助於領導作爲的創新，並協助提高領導格局。（林明地，2017所作的訪談）

研究做得再好也沒人用，因爲應用研究成果訂定政策的風氣並不普遍——主動應用研究成果的風氣待加強。（本文作者撰寫本文前後的省思）

教育研究成果散落在各處，太多也太雜，要眞正成爲教育政策制定之參考，還需要（教育智庫）有系統的整理「將資料變成證據」，才有可能成爲「證據本位」或「證據驅動」的教育政策制定與實施。（本文作者2022訪談教育行政官員的心聲）

最後思考一個根本的問題——誰負有最後責任，讓國科會專題計畫研究成果在政策與實務層面加以應用？或者成爲教育智庫的素材，進而發揮研究的政策影響力？（本文作者撰寫本文前後的省思）

緒論

　　為提升教育品質以及學生生活福祉，針對教育政策與教育措施持續改善是無法避免且必要的（林明地，2017；Garet, Mitrano, Eisner, Kochanek, Jones, Ibis, & Estrada, 2021），因為教育環境、人員價值不斷改變，而且國際教育競爭從來沒有停止過，這可能也是世界許多國家持續訂定高品質且適當合宜、前瞻開創的教育政策，進行教育改革與學校革新的重要原因。儘管如此，如何訂定高品質且適當合宜、前瞻開創的教育政策，或者是如何依據教育研究成果所形成的較具共識的證據，訂定證據為本的教育政策與學校革新方案，或是證據驅動的教育實踐，是許多國家所面對的共同議題（王麗雲，2006a；O'Connor, 2022）。雖然影響教育政策的因素頗多，從評估、訂定、實施到持續回饋修正的流程均有關（王麗雲，2006a；O'Connor, 2022），但其中善用教育研究成果，不管是從教育系統的巨觀政策層面或是從學校（或個體）的微觀實務層面而言，都相當重要。

　　本文主要從教育政策與實務應用的層面，探討如何強化國家科學及技術委員會（以下簡稱國科會）專題計畫研究成果的應用。其中政策應用指的是政府部門應用教育研究成果於教育政策制訂與實施；而實務應用則涉及學校行政人員或教師應用教育研究成果於教學實踐上。

　　本文首先說明國科會專題計畫研究成果成為教育智庫素材的爭論與初步共識；其次闡述教育研究成果的政策應用與實務應用之意涵；第三說明國科會目前提升教育研究成果應用的作法；第四剖析提升國科會專題計畫研究成果的政策與實務應用未來可以努力的方向；最後為本文的結語。

 國科會專題計畫研究成果成為教育智庫素材的爭論與初步共識

　　教育研究成果是教育智庫的重要資產之一（王麗雲，2006b；李文富，2014）。針對研究成果應用性的議題，與部分中央機關其他各部會所委託的「政策導向型」的研究計畫比較起來，究竟國科會補助的所有專題計畫

研究成果（包括國科會主動徵件及申請人自動申請的）是否需與政策方向一致，或是與實際教育問題解決方向完全契合？或其研究的價值性是否純粹以其對教育政策與實務具貢獻來衡量？或研究成果能否純以成為智庫素材的程度來考量？等議題，社會各界並無絕對的答案與定論（林明地，2017）。這樣的爭論起因於一方面認為，完全受政策影響（或引導）的專題研究很難保持其客觀、中立與專業性，亦容易喪失其對教育政策的批判、反省與檢討；另一方面則考量，專題研究不能純粹以學術研究發現為目的，而忽略其對政策與實務的影響，特別是部分研究領域其實務應用的學科特性較為明顯的，忽略研究成果對實務之影響的研究，很難稱得上是好的研究（林明地，2017；Southerland, Gadsden, & Herrington, 2014）。

上述有關教育研究成果與教育政策、實務應用之關聯，若加上研究成果發揮影響力的時間（指何時發揮影響力與貢獻）、空間（指區域範圍，例如：有的研究成果影響力遍及全國，有的是地區性的）與文化（指對象，例如：不同族群文化）等因素，那這個問題就更複雜了（王麗雲，2006a；林明地，2017）。因為有的研究成果對教育政策的影響力具有延宕效果，並非立即發生；而有的研究成果則僅適用於都會區的情境，並不適用於偏遠地區；更有的研究成果僅適用於特定族群。

針對上述教育研究成果是否成為教育智庫素材，或是教育研究成果應用、發揮影響力與貢獻，以及「教育研究適當性」（Relevance of Educational Research）（Akkerman, Bakker, & Penuel, 2021: 416）議題的討論，目前較具共識的基本原則是，雖然面對教育學門各學科強調應用特性的差異（有的領域強調研究成果的應用性強一點、廣一點，或者立即性一點；而有的領域則相對不是如此），但大多教育研究者與教育工作者同意，品質較佳、高水準的教育研究，就必須是具實際現場問題意識的、鼓勵多元觀點的、具創新性的，以及重視證據的科學研究。換言之，「高品質的研究應該是改善教育政策與實務之基礎。」（High-quality research should be fundamental to the improvement of educational policy and practice.）（Southerland, Gadsden, & Herrington, 2014: 7）也比較有可能成為教育智庫的素材。

以國科會人文及社會科學研究發展處教育學門所公布的「專題研究計

畫重點議題」，其徵求計畫的主旨就指出，「㈠ 鼓勵學者藉由不同研究取徑對重點議題進行跨領域探究。㈡ 強調創新思維與問題意識，透過嚴謹深入探討與發現，提升研究品質並促進實務影響。㈢ 重視證據導向的科學研究，引領教育發展與實踐。」（國家科學及技術委員會人文處教育學門，2022a）可見教育研究仍需具有問題意識及其成果應用性，並協助解決問題。另外，與教育學關係密切的社會學在其學門「熱門及前瞻學術研究議題調查」的研究結果與建議中（張晉芬，2016），除提出一些需要結合其他領域共同研究，以協助社會找尋解決方案的重要議題外，並指出應多鼓勵撰寫與出版研究成果，重視「以證據爲基礎的實務」（p.42）之探究。

顯見學術研究必須連結社會問題及實務工作（Gutiérrez & Penuel, 2014），探究能解決問題的證據，希望「讓知識走出校園，對社會發揮影響。」（林明仁，2022: 1）

 ## 教育研究成果的政策應用與實務應用：兼顧二者

針對教育研究成果的應用，王麗雲（2006a：46）曾提出多種分類方式，例如其中一種是強調對教育工作者思考教育問題大方向所產生影響的「概念式應用」，以及著重達成特定教育決定（政策）之影響的「決定式應用」等。

本文作者認爲，若從教育研究成果應用範圍廣狹不同的角度來看，教育研究成果的應用應可以分爲「政策應用」與「實務應用」，用以說明其應用層面涉及整個教育系統（教育組織），或是學校團體與個體的應用。換言之，若教育研究成果成爲中央教育部或縣市政府教育局（處）的採用，形成據以推動的教育政策內容，則其應用範圍就會較廣泛，較屬於「政策應用」；但若是學校教師或行政人員發現某項教育研究的成果適用於其所服務的教學或學校行政的情境，那就較偏向教育實務的實踐，成爲「實務應用」。就像是本文一開始的引言所呈現的，還是有許多國民中小學教育工作者認爲教育領導研究的成果能夠提供教育（包括領導、教學或

課程）的新理念，有助於行政與教學作爲的創新，其實際應用的現象是存在的（林明地，2017）。

　　加強教育研究成果的應用最好能兼顧政策應用與實務應用——因爲政策應用比較有可能產生全系統的改變與革新；而實務應用比較有機會眞正落實在教室與學校的情境中，影響師生教與學。二者的應用都很重要，需要兼顧。

 國科會目前提升教育研究應用的作法

　　雖然社會或輿論一直對「數量龐大的教育研究對於實務工作者的改進究竟有何貢獻」有所爭議（王麗雲，2006a：iii），但針對加強研究成果的應用，國科會（即之前的科技部）一直以來都很重視並採取多元重要作法，以提升研究的影響力與應用（林明仁，2022）。

　　以下列舉國科會目前的一些重要作法，希望國科會補助的所有專題計畫研究（成果）能善盡社會責任。

一、主動規劃有助於研究成果實踐（應用）的專題計畫

　　爲加強研究與實務之連結，國科會（即之前的科技部）透過專案式的專題計畫，希望以關心社會、參與社會問題解決的方式進行研究及實踐（鄧育仁，2012），邀請申請人或申請單位「能有系統且深入了解在地，了解當地面臨的重要問題與困境，履行……社會（地方或社區）責任，提供解決問題之方式」（謝易儒，2014：13），其中「人文創新與社會實踐」及「大學與地方政府合作推動地方人文發展與跨域治理」計畫之推動（林明仁，2022；鄧育仁，2012；謝易儒，2014；蕭高彥，2018），就是這樣的例子。

　　深入而言，其中人文創新與社會實踐計畫，從 2013 年開始，至今已執行了四期，其重點「主要從研究創新與社會責任的角度，探討在地面臨的重要問題，透過人文反思、社會記錄，理解前因後果，陪伴在地團體，提出具體改善建議，以作爲未來政策制定之參考。」（林明仁，2022：1）

　　如此希望能有效結合研究與社會問題解決。而「大學與地方政府合作推動地方人文發展與跨域治理」（簡稱大地計畫）則「主要希望以人文關懷與價值創新的角度，探討偏鄉縣市面臨的人文發展與跨域治理的問題。計畫要求由地方政府與大學團隊共同商議政策議題，提出有創新可能性的解決方案，在公部門與大學密切討論合作的過程當中，扎扎實實解決地方所面臨的各項難題，以彰顯人文社會研究對社會改變的可能貢獻。」（林明仁，2022：1-2）

　　除了這兩個計畫之外，另外如「科普活動計畫」、「補助全國性學術團體辦理學術推廣業務計畫」，以及「人文社會科學研究中心」的多項計畫（國家科學及技術委員會補助人文社會科學研究中心，2022），多是透過主動規劃有助於研究成果實踐的專題計畫，希望推廣研究成果，形成政策或在實際場域的應用。

二、規劃重點議題，嘗試協助教育問題解決

　　與上述國科會主動規劃有助於研究成果實踐專題計畫的作法類似的是，例如教育學門專門針對教育問題，透過集思廣益與專家研討的方式，針對學門各領域（或跨領域）的重要問題，擬定重點議題（國家科學及技術委員會人文處教育學門，2022a），希望透過專題研究計畫的進行，提供重要教育問題解決的基礎。例如 2018 年有七大議題，2021 年經過彙整修改後，調整提出六項議題，包括如何因應未來學習，理解學習的科學基礎與應用；如何以教育研究回應全球化的變遷；課程改革如何在學校實際場域落實；如何因應社會變遷設計（或制定）教育治理、決策，以提升教育品質；如何以系統資料探究兒童發展與提供支持；以及如何進行科學實證的特殊教育研究等。

　　這樣的熱門議題，可以吸引具問題意識的、多元觀點的、具創新性的、重視證據的高品質研究，有效連結教育研究、政策與實務。例如：以2018 至 2019 年為例，這些重要議題共吸引近 300 件專題研究計畫，各重點議題分別有 10 幾件到近 70 件不等的計畫（本文作者根據國科會在教育

學門重點議題核定計畫狀況所做的統計），其中，因為我國當時正處於課程改革之際，因此有關課程變革的教育實踐研究有最多的計畫申請，這些專題計畫並從課程與教學、教育行政、特殊教育、教育有關專門領域、教育學方法論、我國教育制度、多元文化教育、教育史等領域與方向進行探究，跨領域的探究並協助解決十二年國教課程變革如何在學校落實實踐的議題。

三、鼓勵教育研究成果的應用

國科會最大宗的專題計畫仍是一般專題計畫，為鼓勵教育研究成果的應用，國科會有多項作為，包括鼓勵申請人將研究成果發表、推廣教育研究成果，並讓教育研究成果是公開可接觸的，以提升教育研究成果的影響力。這些作法包括：

㈠專題計畫鼓勵發表研究成果

為鼓勵申請專題計畫之主持人重視研究成果的發表，國科會人文處在申請一般專題計畫時，訂有「國科會人文司專題研究計畫主持人代表性研究成果表」供申請人填寫，並規範申請人列出至多五篇（本）近10年代表性的研究成果，其中至少一篇（本）為近五年之研究成果。為加強研究成果的應用，國科會人文處請申請人簡要敘述申請人所列出代表性研究成果的創見，以及對學術、實務或社會之重要貢獻。在該「研究成果表」中特別強調，「本表為評量計畫主持人研究表現之依據，務請詳實填寫。」（國家科學及技術委員會人文處教育學門，2022b）換言之，研究成果對實務與社會之重要貢獻是專題研究審查的重點之一。

另外，為鼓勵專題研究的主題能關心重要的教育議題，在「教育學門評分參考原則」中特別強調，若專題計畫「對教育議題能提出原創性解決方案之實作成果」，請審查委員酌予加分，並希望能於審查意見中敘明其為教育議題所提出創新解決方案的具體內容（國家科學及技術委員會人文處教育學門，2022c）。

從上述的說明可以發現，國科會鼓勵計畫主持人將專題計畫研究成果

發表，並在申請以及評分過程中強調其研究成果的發表。

㈡鼓勵跨領域、多年期的專題計畫，長期深入研究問題

由於教育問題複雜多元、牽涉範圍廣泛，常常需要從多角度且長期進行研究。國科會在教育學門專題計畫評分參考原則特別指出，「本部鼓勵多年期計畫案，以利長期研究計畫之推動，請審查者就計畫內容之研究目的及多年期進行方式，進行實質審查。」並鼓勵以跨領域的方式進行專題計畫研究（國家科學及技術委員會人文處教育學門，2022c）。

這樣的趨勢與國際研究應用的趨勢類似，例如美國教育研究學會（American Educational Research Association, AERA）2023 年的主題，就是在檢視重要的、具連貫性的教育研究成果，以彙整並追求真理（Interrogating Consequential Education Research in Pursuit of Truth）（American Educational Research Association, 2022）。因此國科會人文處透過鼓勵跨領域、多年期的專題計畫，長期深入研究問題，以增加教育研究成果的應用。

㈢公開成果報告，並檢視其政策應用參考價值

為推廣教育研究成果，國科會將計畫主持人的研究成果公開，並針對研究成果進行成果報告公共利益之審查，若經審查認為研究具有政策應用參考價值，經國科會確認最終審查結果後，國科會進一步將研究成果造冊送請相關業務主管機關參採。但比較可惜的是，基於相互尊重的原則，相關業務主管機關是否採用研究成果，國科會則尊重相關部會的判斷與決定。

四、辦理研究成果發表

為主動推廣教育研究成果，人文處各學門（包括教育學門）會定期舉辦研究成果發表會，針對重要教育議題與研究，邀請已完成（或將近完成）的計畫主持人分享其研究成果，以及研究成果的發表狀況。例如2020 年所辦理的「教育學門專題研究計畫成果發表會」就針對教育政策與學校變革、特殊教育課程與介入、學習的認知與情意因素、十二年國教課程變革下的師資培育課題、教育史哲研究、教育治理與方案評估、幼兒

教育研究、多元文化／性別教育、青少年心理健康、閱讀研究、臺灣高等教育研究與趨勢、樂齡教育研究、教科書、課程與教學的批判研究、素養導向的教學，以及比較教育研究發展與趨勢等主題，邀請計畫主持人發表研究成果，以主動推廣研究成果。

五、獎勵應用型研究

國科會除了鼓勵發表研究成果外，亦針對具有應用價值的研究進行獎勵。例如國科會的傑出研究獎勵就分為基礎研究獎與應用研究獎兩大類。在國科會傑出研究獎遴選作業要點指出，國科會傑出研究獎主要在「獎勵研究成果傑出之科學技術人才，長期從事基礎或應用研究，以提升我國學術研究水準及國際學術地位，創造社會發展與產業應用效益，展現科研成果之多元價值，增強國家科技實力。」其中應用研究類主要獎勵「研究成果以解決實務問題為主，對經濟、社會、民生福祉、環境永續、產業效益等具前瞻科技創新，改善人類生活之知識與技術，具有重大貢獻及有具體事實者。」（國家科學及技術委員會，2022）

這樣的應用研究成果與具備學術原創性、重要學術價值、學理創新性、及對學術發展具重大貢獻與影響者，同樣受到重視與獎勵，用以鼓勵應用型的研究，及研究成果的應用，協助解決實務問題。

伍 提升國科會專題計畫研究成果的政策與實務應用：未來可以努力的方向

從上述的分析可以得知，國科會及其前身的科技部，事實上是重視研究及其與社會發展或社會問題解決之連結，並強調研究成果的應用，未來宜持續重視這樣的努力方向，使研究及研究成果能善盡社會責任，協助建構更佳的社會，並提升人類福祉（林明仁，2022）。

另外，從本文最開始的幾個引言方向可以了解到，教育研究成果的應用牽涉許多環節，從不同角度或不同角色著眼，就有不同的理由指出其應用性受限制，對其應努力方向亦有不同的看法。為方便理解，並參酌教育

研究成果主動應用與被動應用的現象與方向（林明地，2017），本文作者將提升國科會專題計畫中，教育研究之政策應用與實務應用的努力分為兩大方向，包括：一、教育政策制定者與教育實務工作者主動應用教育研究成果，以及二、提升教育研究成果被教育政策制定者與教育實務工作者的實際應用，其可行的作法說明如下：

一、教育政策制定者與教育實務工作者主動應用教育研究成果

當思考到教育研究成果較難成為政策應用與實務應用的原因時，第一個思考方向是，教育政策制定者與教育實務工作者應用研究成果的習慣尚未能成為風氣。因此，當碰到問題時，教育政策制定者與教育實務工作者傾向於依據現場反應、直覺、經驗、慣例，或自身的知識與素養進行判斷與決定。

以下幾項建議可供未來努力，以協助教育政策制定者與教育實務工作者主動應用研究，形成風氣，以追求「證據本位」或「證據驅動」的教育政策制定與實施。

㈠設置教育智庫或類智庫，彙整教育研究成果、形成證據，以轉化應用

教育研究成果不會（也不可能）主動成為教育政策（林明地，2017），教育工作者也需要有個人、團體或機構等類似教育智庫能協助彙整教育研究成果、形成證據，以轉化應用（王麗雲，2006a；2006b）。張晉芬（2016: 40-41）在提出社會學門熱門議題時，也認為除了應多鼓勵撰寫與出版研究成果之外，尚須轉化研究成果，形成「以證據為基礎的社會工作實務（evidence-based practice）」。因此，轉化研究成果的教育智庫或研究機構、類智庫之設置有助於此目標之達成。

㈡專業訓練、專業發展加入相關課程

為增加教育行政人員與學校教育實務工作者運用教育研究成果的風氣，建議將「運用研究成果協助教育政策制定」的課程納入其職前培育、

職前儲訓、或專業發展的課程，若能搭配實際的案例說明，將更有助於應用研究成果於教育政策或實務的風氣形成。

㈢加強行政部門的平行溝通與聯繫，提升研究成果的參探應用

目前國科會成果報告公共利益之審查結果，僅供相關業務主管機關之參考，建議透過行政部門的平行溝通與聯繫來提升研究成果參探應用的可能性。例如定期舉辦有政策意涵研究成果之說明會、邀集相關部會政策官員與計畫主持人進行研討，以提升研究成果參探應用的可能性。

二、提升教育研究成果被教育政策制定者及教育實務工作者的實際應用

針對教育研究成果不易成為政策應用與實務應用的另一個思考方向是，從研究者提升教育研究被應用的角度著眼，換言之，設法提高研究品質、鼓勵融入實作、實務的研究、轉化研究成果使易於理解與接受，以及致力於推廣研究成果等作為來努力。茲說明如下：

㈠提高研究品質，慎重定義研究成果與影響

針對作好研究，在不同的學術領域多有一些較具希望的研究策略，有興趣的讀者可以參考相關的著作。以教育領導的研究為例，Riehl 與 Firestone（2005: 164-168）曾提出幾個較具希望能產出高品質、具問題意識的教育領導研究，包括：「全面的個案研究」（comprehensive case studies）、「設計研究」（design research）、嚴謹的量化研究，以及實驗研究等研究，系統的、整合的研究有助於上述目標的達成。而運用這些研究方法所進行的專題研究是否嚴謹，其中一個重要的判斷基準是，研究能否與實務有關，並有適當的連結（Gutiérrez & Penuel, 2014）。

因為研究產出的定義會牽涉到研究品質的定義，因此慎重的定義研究「成果與影響」（outcomes and impact）（Akkerman, Bakker, & Penuel, 2021: 416）也是很重要的。能與實務上持續前進的努力有意義產生關聯性或相關性，提升研究與實務之適當性（Akkerman, Bakker, & Penuel, 2021）

的研究，比其研究成果或影響來得更重要，這是另一個可以參考的定義。

㈡鼓勵融入實作、實務的研究

若專題計畫的研究問題來自實際現場問題，那嚴謹的研究設計，例如上述的設計研究、實驗研究、或全面的個案研究等，所產生的研究發現或成果，就有助於研究成果的應用於實務問題的解決。舉例而言，數學與英語學習的學生分組究竟是以異質分組或同質分組較佳？國小三年級的英語學習，是以聽、說、讀、寫何者爲佳？或怎樣的組合爲佳？等等，來自實務的問題進行探究，其研究的問題意識可以提高。

由於國內教育行政人員與學校教育人員並非都有閱讀外文期刊的習慣，而且教育研究也有所謂地區影響（local impact）與全球影響（global impact）（林明地，2017）的現象，因此，爲提高研究的成果、影響或適當性，應鼓勵計畫研究人員能夠國內、外期刊文章的發表並重，如此國內教育行政人員與學校教育人員才比較有機會閱讀到研究成果所發表的文章。

㈢轉化研究成果使易於理解與接受

本文探討研究成果應用，並非（也沒辦法）直接採用或複製，許多教育實務工作者抱怨研究成果過於專業化，不易理解；研究成果缺乏統整、轉化，故不利於研究應用是另一個不足之處。爲提高對研究成果的理解與接受程度，整合與轉化研究成果是必須的。

研究者可以設法讓研究成果易於理解，其中將研究成果或摘要視覺化（Rodrigues, 2021）是一項可行的建議，例如以圖、表、關係網絡等顯示研究成果，將有助於教育提高研究成果被教育政策制定者及教育實務工作者實際應用的可能性。

其次，轉化或「科普化」研究成果（摘要）亦可參考。例如教育研究集刊在粉絲專頁推行「新文搶先看」、「教育推播 time」的作法（可參考教育研究集刊粉絲專頁 https://www.facebook.com/depsntnu），請作者以生動有趣的方式介紹較爲學術、艱深的研究成果短文，應有助於研究成果的

推廣。

最後，國科會也可以思考，建議計畫主持人將專題研究計畫融入研究實踐與推廣的部分，並將研究成果試驗與推廣的部分設計在研究計畫的規劃撰寫中，且以固定比例的研究經費（例如 5%-10%）推廣研究成果，並將推廣的結果回饋並融入結案報告中，以增加教育研究成果應用於實務的可能性。

㈣推播、推廣研究成果

國內有關環境教育、地震災害防治教育，在推廣研究成果的努力可供參考。例如國家災害防救科技中心的任務包括：「推動防救災、科技研發成果之落實與應用」，以及「協助大專院校、研究機構參與災害防救科技之研究發展及其應用」（行政法人國家災害防救科技中心，2022），有助於研究成果的應用。

有關教育研究成果的推播、推廣方面，國科會可以考慮與國家教育研究院、教育廣播電臺、科學教育館、博物館等機構合作，在現有的基礎之上，特別著重研究成果的科普知識的推廣。

最後根據上述教育研究之政策應用與實務應用的努力方向——教育政策制定者與教育實務工作者主動應用教育研究成果，以及提升教育研究成果被教育政策制定者與教育實務工作者的應用，若回答本文最開始的引言，「誰負有（最後）責任，讓國科會專題計畫研究成果在政策與實務層面加以應用？或者成為教育智庫的素材？」本文作者認為，雖然教育研究是提供民主社會對話的智識基礎（王麗雲，2006a），大家都有責任協助教育政策、研究與實務之連結更強化，但在民主社會中，其另一個可以思考的方向是，對教育政策制定負有績效責任的主體，應負有較大責任實際主動應用教育研究成果，或設法讓教育研究成果的（被動）應用更具可能性；換言之，教育研究者須參考本文上述有關具問題意識的進行教育研究等建議，但政策制訂者應負有較多的責任，提升教育研究成果的政策與實務應用。

陸　結語

　　本文從教育政策應用與教育實務應用的層面，探討如何強化國科會專題計畫研究成果的應用。除說明國科會專題計畫研究成果成為教育應用的爭論與初步共識，並闡述研究成果的政策應用與實務應用之意涵外，本文指出，國科會目前提升教育研究成果應用的作法包括：一、主動規劃有助於研究成果實踐（應用）的專題計畫；二、規劃重點議題，嘗試協助教育問題解決；三、鼓勵教育研究成果的應用（含專題計畫鼓勵發表研究成果；鼓勵跨領域、多年期的專題計畫，長期深入研究問題；以及公開成果報告，並檢視其政策應用參考價值）；四、辦理研究成果發表，以及五、獎勵應用型研究。而未來提升國科會專題計畫研究成果的政策與實務應用可以努力的方向包括：一、教育政策制定者與教育實務工作者主動應用教育研究成果，以及二、提升教育研究成果被教育政策制定者與教育實務工作者的應用。前者包括：㈠ 設置教育智庫或類智庫，彙整教育研究成果、形成證據，以轉化應用；㈡ 專業訓練、專業發展加入相關課程；以及 ㈢ 加強行政部門的平行溝通與聯繫，提升研究成果的參採應用。後者包括：㈠ 提高研究品質，慎重定義研究成果與影響；㈡ 鼓勵融入實作、實務的研究；㈢ 轉化研究成果使易於理解與接受；以及 ㈣ 推播、推廣研究成果。

　　最後基於教育政策績效責任的概念，本文作者認為，教育研究者可參考本文有關提升教育研究成果應用的作法，但最終而言，教育政策制訂者與教育實務工作者應致力提高教育研究成果的政策與實務應用，因為他們負有較多的行政績效責任。

參考文獻

一、中文部分

王麗雲（2006a）。**教育研究應用：教育研究、政策與實務的銜接**。臺北
　　市：心理出版社。

王麗雲（2006b）。智庫對教育政策歷程影響之研究。**當代教育研究，
　　14**(3)，91-126。

行政法人國家災害防救科技中心（2022）。**任務運作**。網路資料，取自
　　https://www.ncdr.nat.gov.tw/Page?itemid=20&mid=15

李文富（2014）。從智庫的角色與功能論國家教育研究院參與推動教育部中
　　小學師資、課程、教學與評量協作中心之建構的意義。**教育人力與專業
　　發展，31**(5)，5-18。

林明仁（2022）。發行人的話：讓知識走出校園，對社會發揮影響。人文與
　　社會科學簡訊，23(2)，1-2。

林明地（2017）。**我國教育領導研究的發展：使用者的應用分析**。發表於
　　2017教育行政學術研究前沿高峰論壇。（2017年12月3日）。政治大學
　　教育學院主辦。專題演講一。

國家科學及技術委員會（2022）。國科會傑出研究獎遴選作業要點。網路
　　資料，取自https://www.nstc.gov.tw/nstc/attachments/166bd62f-3d14-4e27-
　　aee2-c964c192ff7e?

國家科學及技術委員會人文處教育學門（2022a）。**科技部人文司教育學
　　門專題計畫重點議題**。網路資料，取自https://www.most.gov.tw/most/
　　attachments/930d2cb4-bd43-4423-ae0d-f6ee794d1760

國家科學及技術委員會人文處教育學門（2022b）。**國家科學及技術委員會
　　人文處專題研究計畫主持人代表性研究成果表**。網路資料，取自https://
　　www.nstc.gov.tw/nstc/attachments/bc3dd011-a6c7-4b7d-bb74-d95c5fa8a2fc

國家科學及技術委員會人文處教育學門（2022c）。**國家科學及技術委員會**

人文處專題研究計畫審查須知及教育學門評分參考原則。網路資料，取自https://www.nstc.gov.tw/nstc/attachments/64e39fa7-4850-476e-8669-02a6047984fc

國家科學及技術委員會補助人文社會科學研究中心（2022）。**國家科學及技術委員會補助人文社會科學研究中心**。網路資料，取自hss.ntu.edu.tw

張晉芬（2016）。社會學門「熱門及前瞻學術研究議題調查」的研究結果與建議。人文與社會科學簡訊，**18**(1)，37-46。

鄧育仁（2012）。人文創新與社會實踐。人文與社會科學簡訊，**14**(1)，1。

謝易儒（2014）。「人文創新與社會實踐」計畫之推動。人文與社會科學簡訊，**15**(4)，12-16。

蕭高彥（2018）。人文司「大學與地方政府合作推動地方人文發展與跨域治理」規劃緣起。人文與社會科學簡訊，**19**(3)，6-8。

二、英文部分

Akkerman, S. F., Bakker, A. & Penuel, W. R. (2021). Relevance of educational research: An ontological conceptualization. *Educational Research*, *50*(6), 416-424.

American Educational Research Association (2022). *AERA president Rich Milner discuss the 2023 Annual Meeting theme*. Retrieve from https://www.youtube.com/watch?v=I6FtbjScv7M

Garet, M.S., Mitrano, S., Eisner, R., Kochanek, J. R., Jones, K. T., Ibis, M., & Estrada, S. (2021). *Continuous improvement in education settings: A literature review*. Arlington, VA: American Institutes for Research.

Gutiérrez, K. D., & Penuel, W. R. (2014). Relevance to practice as a criterion for rigor. *Educational Researcher*, *43*(1), 19-23.

O'Connor, J. (2022). Evidence based education policy in Ireland: Insights from educational researchers. Irish Educational Studies, DOI: 10.1080/03323315.2021.2021101

Riehl, C., & Firestone, W.A. (2005). What research methods should be used to study educational leadership? In: W.A. Firestone & C. Riehl (Eds.), *A new agenda for research in educational leadership* (pp. 156-170). New York, NY: Teachers College Press.

Rodrigues, J. (2021). Get more eyes on your work: Visual approaches for dissemination and translation of education research. *Educational Researcher*, *50*(9), 657-663.

Southerland, S. A., Gadsden, V. L., & Herrington, C. D. (2014). Editors' introduction: What should be count as quality education research? Continuing the discussion. *Educational Researcher*, *43*(1), 7-8.

第九章

科技大學如何成爲優質教育智庫——以高科大爲例

楊慶煜

美國科羅拉多州立大學機械所博士
國立高雄科技大學校長、模具工程學系教授

壹　前言

　　2022年初應邀參加臺灣教育研究院「2022年教育智庫學術研討會」，於會中擔任論壇與談人，並就本身作爲科技大學校長的身分，發表「科技大學如何成爲優質教育智庫」的演講。亦是野人獻曝將高雄科技大學（以下簡稱高科大）併校以來的校務發展及治校作爲，就校園政策與公共利益的立場與價值，作一番分享，成爲本篇文章的緣由。

　　本文首先簡單梳理「智庫」一詞與大學教育的關聯，特別是大學教育作爲政府、民間社會、乃至全球教育及文化發展中的智庫角色，主要發揮的作用以及承擔的工作爲何。接著討論「科技大學」有別於一般大學教育機構的使命與定位，並以高科大爲例，分享其自我定位與發展特色。最後是進一步討論高科大邁向優質教育智庫的方向與作爲，其中分爲兩個方向：一是從教學培育人才方面著手，二是談學校本身的科研能力與發展。希望就本文的陳述與討論，提供讀者與學界先進們，對科技大學擔任教育智庫的影響力及所發揮的價值，一些淺薄的視野和幫助。

 貳　智庫與大學教育的關聯

　　美國賓州大學教授James McGann（2009）在其擔任主持的「智庫與公民社會計畫」（Think Tanks and Civil Societies Program, TTCSP）中，定義「智庫」如下：

　　　「以知識爲基礎、以政策爲導向的機構；

　　　　爲政府、政府間組織和民間社會服務；

　　　　就國內和國際問題產生以政策爲導向的研究、分析和建議；

　　　　在關鍵政策問題上讓政策制定者、媒體和公眾參與；

　　　　使政策制定者和公眾能夠就公共政策問題做出明智的決定。」

　　由此，我們粗略梳理智庫的核心意義和作用在於「知識」與「政策」兩端的溝通合作及應用制定。而大學作爲高等教育機構，其主要工作便是培育人才、產出知識和科研成果，並且在治理學校的同時，透過校園政策

的施行，催化並實踐技術人才與產學研發成果的應用，幫助在地與區域正向發展，實現社會關懷和大學的社會責任，真正發揮現代化大學的職能。綜而言之，大學智庫的工作，即是作為知識產出與校園政策兩者之間的橋樑，以促進公共利益。

 ## 科技大學的使命與高科大自我定位

近數十年來，臺灣的高等教育隨著社會的變遷，從菁英教育、大眾化教育走向普及教育；而大學數量的增加，加上少子女化現象、全球化競爭、產業升級轉型及人才需求變化等因素，也讓高等教育面臨諸多衝擊與挑戰；同時，為了符合國家教育及產業發展需求，這些都促使高等教育資源必須加速整合——此即為當前最重要的教育政策與議題。

重視實務與技術培育的技職教育，除了與一般綜合性大學同樣必須面臨招生經營困境、人才培育與就業落差、學校定位等問題外，在應對產業需求上，技職教育還被賦予更高的期待。蔡英文總統也多次在公開場合表示：「技職教育是主流教育，學校應培養產業所需要的人才，成為產業支柱」[1]（張之謙，2017）、「翻轉技職教育地位，以培養產業所需人才」[2]（中時新聞網，2018）。

事實上，長久以來，臺灣的技職教育已然培育許多基層技術人才，在提供國家基礎建設人力及促進經濟發展上，扮演著舉足輕重的角色。然而，隨著科技發達、全球化、網路化、資訊爆炸時代的來臨，產業結構從單一規模經濟轉向創造更高產值為重的跨業整合範疇經濟[3]，產業快速地轉型發展，社會所需人才已和過去大不相同，如何配合產業脈動與社會需求，調整人才培育的方向，成為技職教育須不斷克服的挑戰。行政院

1　蔡英文總統於 2017 年 9 月 11 日出席僑務委員會東南亞僑生技職教育成果展時表示。
2　蔡英文總統於 2018 年 3 月 1 日出席七大工商團體春節聯誼會時表示。
3　範疇經濟（economies of scope），是一種經濟理論，表示由於增加所生產的不同商品數量，而降低平均生產總成本。

於 2021 年修訂之「技術與職業教育政策綱領」，明確將技職教育定位為「肩負培育優質專業技術人才使命，不僅是專門知識之傳遞，更以『做中學』、『學中做』及『務實致用』，作為技職教育之定位，且以『實務教學』及『實作、創新與終身學習之能力培養』，作為核心價值，俾以經由技職教育培養實務及創新能力俱佳之優質專業技術人才，成為帶動產業發展、提升產業研發、創新與永續發展，及促進社會融合之重要基柱」（行政院，2021）。由此，我們應該重新確認技職教育的使命與地位，將其視為國家產業發展最重要的搖籃。

高科大為結合南部地區、各具特色與發展主軸的三間科大所合併的新大學，目前學生人數約 2 萬 8,000 人，為全國第二，僅次於國立臺灣大學，且為學生人數最多的國立科技大學。[4] 高科大合校處於臺灣社會與產業結構急速變遷的環境下，對於學校而言，如何把握整併的契機，擴大三方加乘，持續在教學、研究及產學等方面，一方面肩負起高雄人才培育的責任，二方面推廣研發、促進產業發展，達成技職教育的核心價值並發揮教育智庫的影響力，便是高科大亟需找到的自我定位。

聯合國於 2015 年宣布「永續發展目標」（Sustainable Development Goals，簡稱 SDGs），其中呼籲各界重視並採取行動，以創造一個可持續發展的世界（行政院國家發展委員會，2015）。為此，高科大盤點校務計畫，著手落實聯合國 17 項永續發展目標，同時審視臺灣產業發展需求、技職教育理念、高等教育環境變化及國際潮流趨勢，以成為「國際化技職教育典範大學」為學校之定位；更在承襲原來三所母校的發展特色上，進一步納入「社會關懷」，成為以融合「產業鏈結」、「創新創業」、「海洋專業」與「社會關懷」四大特色為其發展主軸的新大學。在併校四年後，期望以數量優勢維持質量量能，透過多元學術領域、提升產研能量、整合共享資源、強化海洋專業及創新創業永續發展等條件和目標，營造親產學的合作環境，培育符合產業需求且務實致用的跨域合作人才。因為教

4　高科大於 2018 年由國立高雄海洋科技大學、國立高雄應用科技大學與國立高雄第一科技大學三校合併而成。

育是推動永續發展的基石，在學生心中種下一顆種子，未來一定會開花結果。

 ## 肆　科技大學成為優質教育智庫的方向與作為

本人自 2018 年起擔任高科大校長，當時便提出「以人為本、價值共創」的辦學理念，高科大是一所結合人文及社會關懷，並以「追求卓越」（For the BEST）為目標的科技大學——亦即以「高雄的智庫」（Brain）、「產業的引擎」（Engine）、「南向的基地」（South）與「融合的校園」（Together）共同創造高科大的價值。而在人才培育的理念上，則是打造未來希望（WISH）人才，其將富有「全方位跨域」（Whole person）、「國際移動力」（International mobility）、「永續學習力」（Sustainable learning）、「具人本關懷」（Humanity）之涵養。因此，在結合高科大成為一所 BEST WISH 大學的使命與目標下，學校發揮教育智庫之角色的兩個主要方向，便是「培育優質人才，擴散教育成果」與「推廣研發成果，促進產業進步」。

一、培育優質人才，擴散教育成果

(一)發揮技職教育領頭羊之角色

高科大作為技職教育的科大端，且是國內規模最大的科技大學，除了向下與技高端做垂直連結，也積極與南部地區的科大夥伴學校建立橫向網絡，其發揮技職教育領頭羊角色的作為包含：連結區域中心的夥伴團隊、精進技職教育課程、開設高中職微課程、辦理專題精進工作坊及高中職教師增能研習等。

首先，在連結區域中心夥伴團隊方面，我們除了密集且持續辦理各類校際交流參訪，強化高科大各系對接中南部高中職學校、東部高中職學校、離島高中職學校，與其科領域緊密結合，並爭取未來與技高端的合作機會。這當中也使用各種媒介進行各校協助，包含：電子郵件、電話、會

議、社群軟體，將相關資料共享予各校參考。目前所連結的區域中心夥伴團隊學校，包含：高雄餐旅大學、澎湖科技大學、臺南護理專科學校、嘉南藥理大學、臺南應用科技大學、大同技術學院、南臺科技大學、文藻外語大學、輔英科技大學、遠東科技大學、東方設計大學、樹德科技大學、正修科技大學、中華醫事科技大學、崑山科技大學、高苑科技大學等十六所學校，具有相當規模。

其次，在精進技職教育課程方面，是由科大、技高及產業等專業人士，共同組成「跨域課程發展團隊」，已發展五個團隊，其主題與團隊如下：

　　1. 潛水觀光產業：由六龜高中、高科大、小海豚半潛艇企業社組成。

　　2. 消費者專題探討：由澎湖海事、高科大、澎湖科大組成。

　　3. 幼兒領域專題：由旗美高中、高科大、樹德科大組成。

　　4. 獨木舟產業：由金門農工、高科大、政威事業有限公司組成。

　　5. 素養導向課程：由北門農工、旗山農工、高科大、高雄市教育局組成。

第三，乃是依高中職端的需求，媒合高科大師資，開設各式領域之高中職微課程。目前合作的技高端學校共四所，爲高雄中學、高雄女中、新莊高中及岡山農工；由高科大 10 個學院[5]協助開設：大數據與資料科學應用、智慧投資入門實作、臺灣產業發展與趨勢研討、航空中學堂、德語入門暨德國文化課程、文化創意產業微課程、海洋商務概論、海事教育特色簡介及發展等課程。

第四，以「世界咖啡館」模式辦理專題精進工作坊，邀請高中職與科技大學教師共同分享討論，激盪跨域跨界專題實作。當中，以專業類科分組討論，讓科大端與技高端教師一同發想符合產業趨勢之主題，創造專題題目，並透過分組交換的方式從不同的專業視角互動回饋。例如：針對南

---

[5] 高科大參與合作的院系爲：電機與資訊學院、財務金融學院、管理學院、海洋商務學院、水圈學院、海事學院、人文社會學院、共同教育學院、創新創業教育中心、外語學院。

一區服務學校推動新課綱問題提出之需求，媒合高科大、夥伴科大、高雄市教育局及相關產業，在 109 學年度共辦理 13 場活動主題，包含：實務課程、素養導向課程示例分享暨素養和社會對話、專題工作坊、彈性學習課程規劃講座、應用設計思考引導學生自主學習工作坊等，活動亦開放區域內高中職學校師長參加。

最後，則是辦理高中職教師增能研習，這是為因應 108 課綱變革，協助高中職學校開設自主學習及彈性課程，邀請高中職教師及夥伴科大進行交流分享。如在 2021 年 11 月 5 日所舉辦的「110 年科大共同指導高中職生專題實作成果展覽評比」，共計 13 所高職展現夥伴科大及技高端共同指導專題實作成果。

另外，為增進學生對高雄市政發展、全球永續發展目標（SDGs）的認識和關注，舉辦「2021 青年領袖培訓營」，選出 31 位技高菁英代表，搭配高科大 16 位各科系英語傑出學長姐，合力完成三天二夜共學營隊。以及，為了讓科大教師實際觀摩技高教學模式及了解學生學習情況，並與技高教師相互交流，使學生學習無縫接軌，於 109 學年度辦理 23 門「科技大學入班觀議課[6]」等。

以上皆為發揮科技大學培育優質人才、擴散教育成果的智庫功用，也讓高科大在擔任技職教育領頭羊的角色上，交出好成績。

㈡實踐大學社會責任

教育部自 2017 年推行大學社會責任實踐（University Social Responsibility, USR）計畫，其理念希望聚焦在地連結、人才培育及國際鏈結等面向及各項議題，以提升大學社會參與的深廣度（教育部大學社會責任推動中心，2020）。高科大響應該政策與理念，於一級單位下設置社會責任辦公室，針對南部在地農漁業、空氣汙染、水資源、偏鄉安全等議題，綜整、盤點、推動區域改善策略，並將社會責任實踐工作納入中長程校務發

6　觀議課是藉由說課、觀課、議課等專業回饋，讓技高端及科大端教師彼此有學習及成長的機會，同時增進科大端對於高級中等學校課程樣態之了解。

展計畫書，爲城鄉均衡發展貢獻力量[7]。

高科大以「高雄的智庫」爲期許，在社會責任實踐的工作上積極走入場域，盤點眞實議題，擬定永續發展策略並導入校內學研能量，與在地共存共榮，目前共有五組師生團隊，服務範圍橫跨高屏 10 個行政區域，於在地連結之成效上，多有建樹（如圖 1）。

場域 ＋	議題盤點 ＝	投入學研能量
林邊/佳冬	場域需要新的創生能量，但發展已陷入瓶頸，加上環境資源不當利用、養殖用藥產生食安問題以及產銷失衡等，導致產業脆弱不健全	海管所、海事中心、水殖系、水食系、航管系、商資系、工設系、應日系、文創系、基礎教育中心
永安	產域為生產水產品的重要據點，但正面臨著漁村人口外流與老化、傳統漁業萎縮、漁產產銷結構失衡、漁業生產廢棄物等問題	教務處、海管所、水食系、工設系
燕巢	場域在農業生產上有老年化人口急迫，燕巢農產加工品太少，尚未跨入六級產業、體驗行銷尚未整合等問題	學務處、教推處、創新育成中心、能源科技中心、農業環境檢測中心、財管系、資管系、電通系
桃源/六龜/茂林	高雄市 111 條土石流潛勢溪有 50 條位於場域，對當地居民而言始終有居住安全的疑慮；另外生態資源復育也是在地面臨的課題	營建系、工設系、資管系、文創系
橋頭/楠梓/左營	PM2.5 等空氣汙染物之危害廣為國人關切，而場域為全國 PM2.5 汙染最嚴重地區，對孩童健康發展有莫大影響	環安系、環境健康研究中心、高屏區環境教育區域中心、能源科技研究中心、博雅教育中心

圖 1　高科大執行 USR 計畫第二期議題盤點

資料來源：國立高雄科技大學大學社會責任計畫推動成果。產學營運處社會責任辦公室繪製，2021，6 月。高雄：國立高雄科技大學。

---

[7] 在教育部第一期（107 年－108 年）大學社會責任實踐計畫，高科大獲核定八件，核准總經費達 7,778 萬元；第二期（109 年－111 年）獲核定五件，核准總經費達 9,960 萬元。高科大 USR 計畫不僅連續兩期（四年）通過件數及總補助金額皆爲全國大專院校之冠，亦屢次獲得知名雜誌及各項外部評選的獎項肯定，相關獲獎如下：遠見雜誌 2021 大學 USR 傑出方案－產業共創組楷模獎（春燕築巢計畫）、天下雜誌「天下 USR 大學公民」評選－公立技專校院組第四名（學校整體成果）、2021 年 TCSA 臺灣行動永續獎－金牌（春燕築巢計畫）、2021 年 TCSA 臺灣行動永續獎－銅牌（鄰家好漁計畫）、2021 年 TCSA 臺灣永續獎－社會責任年報－銅牌（社會責任辦公室推動成果）、親子天下雜誌 2021 教育創新 100 入選（社會責任辦公室推動成果）。

以高科大執行教育部 USR 計畫第二期的五項計畫為例，說明如下：

1. 鄰家好漁形塑計畫：利用林邊、佳冬盛產之石斑魚的加工副產物，導入學校專業技術，協助在地居民開發新產品，並透過教育訓練與技術輔導，協助在地業者優化漁業養殖技術。

2. 海岸創生‧鑽石魚鄉－高雄永安漁村實踐計畫：輔導地方研發水產加工品，並經由與企業合作，推動產品上市平台，促進產業加值與升級。

3.「春燕築巢‧地方創生」從新農業出發計畫：透過六級產業加值策略，輔導燕巢在地小農品牌通過農糧加工室申請及建置。

4. 安居桃花源‧港都山線韌性城鄉營建計畫：以防災為主題，協助偏鄉山區高風險區域建置監視系統、規劃疏散避難路線及防災包設計等工作。

5.「智慧守望，環境再生」計畫（e-WATCHER）：推出高屏地區唯一之室內空氣品質專責人員訓練班，除輔導學員考取環保署室內空品維護管理人員，並可於未來投入空品管制場所服務。

此外，在場域積極投入社會責任工作的同時，如何協助實踐團隊、建構有效的校務支持系統，亦是高科大 USR 十分重要的一環。如教學支持措施上，設有問題導向學習課程（PBL）、微學分課程、創客微學分、創新教學、跨領域共創教學計畫補助、教師專業社群等制度，並響應教育部政策推動「大學社會責任實踐基地（USR HUB）」，以「專業輔導＋經費補助」的方式育成校內微型 USR 師生團隊，為學校永續推動社會責任工作，孕育人才與下一個亮點計畫。

除了發展教育部 USR 計畫之外，高科大還有多項不同面向的工作和成果，亦可視為科技大學發揮教育智庫角色，並實踐大學社會責任的作為和亮點成績。

首先是高科大獲得 2021 年度教育部「議題導向跨院系敘事力新創課程發展計畫」補助的「永續高雄－山海城鄉共生計畫」，這是將高雄在地議題帶入校園，發展新時代的跨領域教學模式。在這個計畫中，我們導入「永續城鄉」和「海洋生態」兩項 SDGs 核心議題，整體計畫分為三期，策略如下：

1. 探索議題：了解在地問題，將議題帶入教室。
2. 翻轉思維：透過未來思考模式帶領學生推展議題探勘。
3. 教學實踐：發展以敘事力為載體的跨領域教學知識產出。
4. 課程共構：培養學生解決真實世界問題的能力。

於前兩期計畫中，在探索議題面向，從了解在地問題，將議題帶入教室；第三期則希望能再深化議題，連結在地產業，嘗試解決場域問題。在翻轉思維的面向，前兩期透過未來思考模式帶領學生推展議題探勘；第三期希望能擴大思想縱深，發展跨界思維，進一步應用未來思考，創造場域未來可能性。在教學實踐研究的推動面向，發展以敘事力為載體的跨領域教學知識產出；第三期則是期待能增加教師發表機會，加強跨校合作與分享。對於課程共構，前兩期培養學生解決真實世界問題的能力；第三期希望藉由典範性課程的教學觀摩，推動跨校的教學觀摩，以及將課程模組推動到校內生根。

「永續高雄－山海城鄉共生計畫」是一個將議題融入課程，幫助學生從做中學，以培養務實致用、創新創業、跨域合作的人才。而為了培育務實的跨域人才，在教學面上，建立教師教學支援系統；協助教師增能及教學專業培訓，讓老師具備創新教學與跨域教學的能量；鼓勵教師進行教學實踐研究，讓教學實踐於課堂。在課程面上，則是建立課程共構模式，以及整合跨域學習資源，包含：集結跨專業的教師，從選定實踐場域、組織教師社群、建立課程模組等；使學生能從在地區域發展著手，進而關心全球化的永續發展議題。所謂敘事力計畫，即是透過「利他精神」促使敘事力、跨領域課程和現實世界議題有所連結，融入未來思考之觀念回應社會需求，培育具有素養能力的未來人才。[8]高科大希望藉由推動敘事力計

8　如在「永續高雄－山海城鄉共生計畫」的成果中，發展出「海洋資源永續課群」及「智慧城鄉創生課群」兩個課群模組。前者是以海洋資源融合敘事基礎，培育圖文創作與水產品開發的人才，在學習過程中，安排參訪永安工廠和永安漁港場域的踏查，讓學生發想漁產加工罐頭的菜色與文案設計，共完成漁產加工罐頭商品開發二組以及永安漁港風情為主題的圖文創作110件，所培養學生之敘事能力為口語表達力、設計開發力、創意思考力及圖像設計敘事力等。後者是以在地文化結合思維，培育故

畫，健全校內跨域學習生態。[9]

　　另一項是高科大參與教育部「跨領域教師發展暨人才培育計畫－A 類鋪植型苗圃計畫」，所提出的「行銷趣遊 X 農漁永續」計畫，其聚焦在高雄魚米之鄉──梓官區，以「北梓官農業」與「南梓官漁業」的產業特點，作爲設計思考發想的場域，透過高科大擁有完整海洋科技相關系所，以及建構優質海洋科技研發的基礎，結合夥伴學校的師資專長領域[10]，深入茄萣區興達港、溼地及梓官區蚵仔寮等場域，導入議題，進行跨校（領域）之教材開發與人才培育。計畫中乃針對漁港周邊地區特色產業發展、及因應發展可能產生的環境影響之議題，聚焦在海洋遊憩生態活動發展、漁村特色觀光文創產業、海岸環境維護等面向，提出解決實際場域問題之創意方案。[11]

　　這當中，亦是結合高科大長期在創新創業相關課程的規劃，推動鋪植型的苗圃計畫，將設計思考及雙教師共授爲核心之跨領域教學，配合校內行政資源導入常態課程，包含：核心通識課程、微學分、創客微學分、跨領域實務專題等，進而結合創意與創新學分學程、創新與創業學分學程，擴大進行相關種子師資與助教培訓，並在期間搭配著非學分課程的活動，實際演練創意發想及提案、跨領域實作、創業培育及創業競賽等，完成從

　　事編撰與文創商品設計的人才，過程中安排進行鳳山實地探勘（素材蒐集）、古蹟探勘（地圖繪製）、故事情境發想和繪本設計，學生共完成手機實境解謎遊戲三款、兒童繪本有聲書六本、文創小物五套組，培養學生之敘事能力爲包裝設計力、軟體開發能力、創意思考力、圖像設計敘事力等。

[9]　在校內永續推動策略如下：從議題導向跨領域敘事力計畫，發展出兩個課程模組，智慧城鄉創生及海洋資源永續課群模組；在穩健發展後，開展至校內推動校級議題導向敘事力學分學程，分爲兩個不同議題的學分學程；藉由校內深化來擴散課程模組的建立，結合學院發展特色，建立課程模組，推動跨學院議題導向共創教學計畫。

[10]　包含：國立高雄師範大學、義守大學、東方設計大學、實踐大學與樹德科技大學等校，其師資專長含括產品設計、工程、金融與管理、休閒與觀光管理、漁業管理等五類。

[11]　如在「創客微學分」的課程中，讓學生實作與設計蚵仔寮漁港環境衛生改善提案、蚵仔寮漁港體驗行銷方案、互動性科技（如將捕魚體驗 MR 混合實境）等的方案與活動。

創意到創業的系統化培訓。

最後則談到高科大作為「教育部南區地方創生推動中心」[12]，提供學校資源串聯地方公私部門、產業技術與在地文化等，協助地方特色轉換成經濟共生價值。「地方創生推動中心」是透過地方創生協力師[13]派駐地方，逐步了解及盤點在地需求與議題的同時，發掘當地所面臨的困境與勾勒發展優勢，藉由引入教育部資源及大專院校的專長與量能相互結合，發揮地方創生之價值，達到深化地方與學校教育資源之鏈結、串連地方產業創生永續發展的目的。同時在深耕地方場域的過程中，持續擴大區域人脈網絡，深化 USR 計畫與地方鏈結，媒合學校特色專長，讓 USR 學校成為「地方智庫」以解決地方需求。

例如屏東縣高樹鄉是全國人口老化最嚴重的區域，不僅青壯人口外流、地方農作不受重視、觀光資源與導覽系統皆未被妥善開發與串聯。高科大即以教育部南區地方創生推動中心之身分，盤點地方特色與發展議題[14]，跨校整合屏東大學、高雄餐旅大學、大仁科技大學之專長，並且媒合輔導高樹鄉觀光產業發展協會 54 間在地業者，投入大專校院的專業量能與地方支持資源，以人才培育、企業投入、品牌建立和科技導入為方向，形塑高樹特色農業品牌升級 USR 計畫，協助完成永續經營推動策略、特色農遊場域輔導、特色餐飲及伴手禮開發輔導、特色農遊體驗設計等工作。

以上介紹了高科大實踐大學社會責任的若干計畫，以及前文提及的

---

12 教育部成立北區、南區、原住民區的「地方創生推動中心」，其主責縣市範圍與執行學校如下：北區指彰化以北縣市，執行學校為國立臺灣海洋大學；南區指雲林以南縣市，執行學校為國立高雄科技大學；原住民區指各縣市原住民鄉鎮區，執行學校為輔仁大學。

13 地方創生協力師的工作重點包含：盤點地方需求及蒐集議題；分析地方問題、提出對策；串聯、媒合及導入教育部資源；整合地方教育需求作為教育資源投入重要參據；彙整未來 USR 計畫推動之基礎資料。

14 屏東縣高樹鄉之地方特色與議題，包含有：當地的加蚋埔平埔夜祭文化、多樣豐富的農作產品與歷史遺跡、全國產量最大的玉蘭花與產量前三的芋頭棗子，以及擁有開發溫泉之潛在條件等。

擔任技職教育領頭羊角色的多項工作，都是以「做中學」、「學中做」、「務實致用」爲核心精神，落實高科大欲打造未來希望人才的理念。

二、推廣研發成果，促進產業進步

㈠連結在地資源產學增能

學術與產學研究是大學貢獻社會、實踐社會責任的途徑之一，更是展現國家整體教育量能的具體方式。高科大盤點在地產業及社會所面臨的問題，以連結在地資源產學增能爲策略，結合學校能量資源，以「永續環境」、「產業鏈結」、「長期照護」、「在地關懷」作爲發展面向，這部分亦是延續前文的大學社會責任之實踐作爲，藉以擴散社會服務的影響力。

同時，高科大也強化對校友的持續關懷與聯繫，支援校友企業進行建教合作。包含建置「畢業生流向追蹤調查問卷系統」、積極與校友企業建立良好互動、進行企業訪談、增進對其企業文化及產業現況的了解，以及辦理企業雇主對畢業生職場能力之評價調查，透過主動蒐集雇主對畢業生之意見，確實掌握畢業生職場表現，並彙整企業主管對畢業生十二大職場能力滿意度，回饋各系所，作爲整體課程規劃或教學改進參考，藉以提升畢業生市場競爭力。另外，也透過參訪知名及校友企業，增進學校對企業之營運模式、研發現況、產業發展趨勢之了解，有效連結學校與業界合作的契機。

㈡打造特色創新發展環境

高科大合併後，學術單位多元且互補性強，依據原有發展重點與基礎，透過研究團隊的整合與創新，開發嶄新的跨領域合作，提供產企業更全面的服務，建立親產學合作環境，並打造高科大校園成爲創新研發環境，培育產業所需之創新研發人才，協助產業轉型升級。當中，除了積極爭取政府及產業外部計畫資源之外，高科大亦發展創新創業特色主軸，以精進創新創業生態系統運作綜效，彙集跨單位建議及各領域對創新創業之想法，持續推展創新自造實作工坊、種子教師研習營、執行產學合作計畫

及輔導商品化等，以多元收入項目協助創新創業之發展。

另外，高科大獲得教育部補助辦理「iPAS 南區產業菁英訓練基地及實作考場建置與維運計畫」，將所盤點的各校區系所之專業領域與能量，對應該計畫推動之九項 iPAS 產業人才能力鑑定項目，將九項實作考場分別規劃建置於不同校區。[15] 由不同系所教師組成專業之師資團隊及管理實作場域，建構實作場域及規劃課程訓練，培育南部地區大專院校相關系所教師成為種子教師，將檢定項目內容融入教學課程，並開辦學生考照輔導班及與南部地區產業鏈結合作等推動作法，為國家社會培訓符合產業所需之專業人才，讓高科大成為 iPAS 考科之實作教學與考照基地。此外，高科大還有多項優化技職校院實作環境計畫，包含：前瞻鐵道機電技術人才培育計畫、金融數位力實作場域計畫、半導體封裝測試類產業環境人才計畫、海事職場實習場域建置計畫、離岸風電產業海事工程菁英訓練基地等。

而在配合政府產業政策發展、及鏈結高雄產業園區研發這部分，高科大則已整合完成 21 個校級及 30 個院級研究中心（如圖 2），提供產業跨領域特色研究及技術開發服務，領域包括：前瞻模具、毒災應變、鐵道建設、智慧製造、能源科技、AI 金融、水域運動及海洋事務等。並且積極對應政府各項產業計畫，如前瞻基礎建設、5+N 產業政策、國機國造、綠能政策，以及訓練與培育各產業領域所需人才。

㈢提升研發成果產業價值

高科大為了鼓勵師生研發創新，以提升教師學術研究水準和創造研發效益，使教師研發成果商品化、學生創意發想產業化。在作法上，學校不僅補助申請專利，更成立單一窗口的產學連結辦公室，設置產學合作媒合及智慧財產專業經理人，協助教師產學合作及技術移轉授權等事宜；並進

---

15 其分別為：天線設計工程師、電路板製程工程師、物聯網應用工程師、巨量資料分析師、行動裝置程式設計師、行動遊戲程式設計師、智慧生產工程師、3D 列印積層製造工程師和電動車機電整合工程師。

圖2　高科大校級及院級研究中心圖

資料來源：國立高雄科技大學產學營運處繪製，2020，11月。高雄：國立高雄科技大學。

一步鼓勵學校研發團隊衍生新創公司及研發服務公司，引領大學研發成果創造產業價值。

　　首先，在訂定產學激勵辦法方面，高科大在併校初期，已完備22項產學合作激勵機制之法規新訂與整合，例如：薦送國家產學大師遴選作業、鼓勵教師進行國際產學合作、特殊優秀人才彈性薪資獎勵及產學合作獎勵機制。以及為完善研發成果推廣及運用辦法，完成10項研發成果管理及運用之法規制訂，並建立研發成果資料庫，媒合推廣教師專利及研發成果，促進研發成果商品化及產業化。[16]此外，為鼓勵教師積極投入學術研究工作，提升研究能量，在論文發表、計畫執行及學術會議舉辦等各方面，均訂有相關獎補助機制，例如：期刊論文發表獎勵辦法、計畫配合款申請要點、舉辦學術會議補助辦法、特殊優秀研究人才彈性薪資獎勵實施

16　高科大併校四年，在專利申請補助件數為：2018年補助34件，獲證件數（中華民國發明專利，下同）62件；2019年補助64件，獲證件數75件；2020年補助68件，獲證件數75件；2021年（截至12/1）補助83件，獲證件數72件。而技術移轉件數及金額統計為：2018年技轉50件，技轉金額23,600,905元；2019年技轉43件，技轉金額20,224,620元；2020年技轉47件，技轉金額35,390,519元；2021年（截至12/23）技轉136件，技轉金額27,979,133元。

辦法、指導學生參與國科會大專學生研究計畫補助要點等，以減輕教師研究負擔，培養研究風氣，促進學術發展。高科大也為了鼓勵教師赴產業研習或研究，提升教師產學實務能量，制訂《教師進行產業研習或研究推動要點》，以推動教師赴產業進行研究或服務。

㈣ 建構跨域產學創新聯盟

高科大目前共有 10 個院執行跨域特色計畫，將其各院研究課題，略述如下：

1. 工學院—跨域智慧建築加值多元整合計畫：以智慧綠能建築為研究發展主軸。

2. 電資學院—智慧港口路測監控系統以及海事機器人技術：發展高雄智慧港口相關資通訊技術。

3. 外語學院—以機器人作為臺灣廟宇文化導覽者，翻轉傳統觀光導覽模式：希望發展成為臺灣廟宇文化多語翻譯的數位典藏中心以及智慧導覽的 AI 文創基地。

4. 人文社會學院—運用環景、VR、動態捕捉等技術，以互動式新媒體展現人文語言：輔導特色社區未來整合為地方創生雛形，發展在地化與南向延伸模範。

5. 水圈學院—跨國進行「海洋永續與智慧加值計畫」：可有效進行海洋生態環境永續與加值，達到永續海洋資源的目的。

6. 海洋商務學院—海洋服務產業智慧加值：發展「智慧型水下觀光導覽系統」[17]與「航港產業知識庫系統」[18]兩個核心系統。

7. 財務金融學院—發展智慧金融創新，強化財務從業人員專業能量：以區塊鏈技術為核心，促進良好醫病信賴關係、強化醫務保險服務效能、簡化醫保行政流程、促進醫療服務品質。

17　除了具備水下觀光導覽功能外，也可蒐集及分析水下物件的位置，作為海上事故救援使用。

18　可提供航港相關研究使用，藉以作為制訂我國航港發展政策之參考。

8. 管理學院—結合食安與商務，研發各項水產加值產品：透過責任生產履歷平台導入與業者進行產業合作，培育水產業之行銷流通服務人才，並同時達到產業技術合作研發之目的。

9. 海事學院—智慧無人船舶技術之研發：利用感測器、通訊、物聯網、網際網路的方法發展智慧船舶科技。

10. 商業智慧學院—智慧生活圈：利用物聯網、AI 技術等，結合照護、商務及保全而發展的智慧化生活環境。

另外，高科大也建置產學連結合作育才平台，並依據國家重點產業發展與區域產業特色，籌組鋼鐵與金屬製品、海洋科技、綠色材料等三個重點產業工作圈，協助重點領域工作圈研擬區域產學合作人才培育方案與執行，將產業資源導入學校，引導改變學校培育人才的方向與內容，培養具有產業實務能力的未來產業人才。該執行辦公室開辦多類客製產學專班、教師產業研習課程，以及為企業量身打造實作訓練課程、編製產業實務教材，領域涵蓋複合材料、金屬加工、航運管理、船艦製造、離岸風電、綠能電動車等。

最後，高科大為增加國際產學績效，鼓勵學校教師結合業界，成立跨域教師產業成長社群，爭取及補助跨域之產學研發計畫，成立跨領域產學創新聯盟，於 2018 年及 2019 年與國立中山大學、高雄醫學大學、國立高雄大學、國立屏東科技大學、義守大學等六校組成南臺灣國際產學聯盟，結合南部各大專校院共同將學研能量與產業需求，推廣至國際市場。高科大更在 2020 年與國立成功大學、國立虎尾科技大學及遠東科技大學組成四校核心，並結盟南部正修科大、南臺科大、崑山科大、屏東大學、臺南護專、臺南大學、中金院及長榮大學等八校，以十二校力量組成大南方科研產業化平台（以下簡稱大南方平台），跨校跨領域合作，與沙崙、南科、橋科、循環經濟園區重點產業聚落及企業深化產學鏈結，以共同建立大南方產學創新生態系。

以上綜述高科大在學術與產學研究上，所推展的各項校園政策與計畫之成效，不僅發揮大學智庫影響力，協助產業發展，更是實現高科大邁向「國際化技職教育典範大學」一目標的重要途徑。

伍 結語

每個時代都有屬於它的挑戰，近兩年多以來，全球遭遇了疫情的奇襲與衝擊，由此重塑了我們就學、工作、互動聯繫和消費生活的方式，每一項調適都有賴創新的思維與作為，而創新正是大學的核心，也是高科大十分重視的特色。大學作為長久以來轉動世代的有機體，此刻更應該扮演領頭羊，調整人才培育以因應未來的變革，同時積極鏈結城市與產業的需求與資源，並發揚人文精神以促成跨界、跨學科、跨部門的韌性合作，協力解決世代的問題。

本文以高科大作為科技大學，陳述學校在發揮教育智庫角色上的兩個主要方向，分別為「培育優質人才，擴散教育成果」，以及「推廣研發成果，促進產業進步」。前者從技職教育科大端出發，包含與科大夥伴學校建立橫向網絡、與技高端學校建立縱向網絡，並結合前兩類網絡、再輔以區域產業界及專業人士的實務經驗，精進與實務化技職教育之課程。此外，科技大學在實踐大學社會責任上，更擅於推動真實議題、走入場域現場，真正發揮技職教育務實致用的精神，也為地方產業及學校本身建立永續發展的可能性。

而在推廣研發成果與促進產業進步方面：首先，高科大從永續發展的角度出發，積極連結在地資源為產學增能，亦加強與校友的連結，以提升學校與業界趨勢互動的能力。其次是打造更全面多元的創新研發環境，包含 iPAS 考場建置、多項優化技職校院實作環境計畫、眾多校級及院級研究中心等，提供訓練及培育各產業領域所需之人才。第三，由校方訂定多項產學激勵辦法及獎補助機制，鼓勵師生創新研發並將研發成果商品化與產業化，以及提升教師產學實務能量，推動教師赴產業進行研究與服務，深化科技大學促進產業進步的成效。最後，則是發揮高科大併校後共有10 個學院的學術資源，將高科大的學術聚落能量，於校內透過各院研究課題，執行跨域特色計畫；於校外成立跨域產學創新聯盟，與南部地區多所大學進行跨校、跨領域的合作，共同將學研能量與產業需求推廣至國際市場。

　　科技大學如何發揮優質教育智庫之角色，尚有未竟之處，這也是高科大自我期許的地方，例如：整合技職教育人力及協助國家政策研訂；舉辦技職教育論壇，提供社會及學界相關建言；以及發行技職專刊與書籍，增加聲量與關注度等。這當中，略可提上幾筆的是，高科大的「國際海事公約研究中心」已為國家提供海洋政策的制訂與海事教育的規範；「水下打撈技術」協助國軍成功打撈黑鷹直升機及 F5E 戰機；「鐵道中心」為太魯閣號事故列車完成黑盒子判讀的任務；甚而在疫情期間，高科大的「GWO 訓練中心」是全球唯一正常授課發證的單位，並且受邀到全球大會上分享我們的防疫經驗。

　　未來，高科大將繼續完善一所科技大學的智庫職責與角色，作為知識產出與校園政策的橋梁，為促進公共利益而努力。同時，亦不忘擔任高等教育與技職教育的一分子，應當對培育人才與產業發展積極貢獻創造力及創新效能，讓學校在承擔社會責任之負重者與產學研究之領航者的智庫工作中，帶領學校永續發展。

參考文獻

一、中文部分

行政院（2021）。技術與職業教育政策綱領。**技術及職業教育網**。取自
　　https://tvet.ie.ntnu.edu.tw/article/5098

行政院國家發展委員會（2015）。**聯合國永續發展目標（SDGs）說明**。取
　　自http://sdg.nuk.edu.tw/data/聯合國永續發展目標中文翻譯.pdf

國立高雄科技大學（2021）。**2020國立高雄科技大學永續發展報告書**。高
　　雄：國立高雄科技大學。

國立高雄科技大學（2022）。**國立高雄科技大學2021-2022 FACT BOOK**。
　　高雄：國立高雄科技大學。

張之謙（2017，9月11日）。培養產業人才　蔡英文：技職教育是主流教
　　育。三立**新聞網／政治**。取自https://www.setn.com/news.aspx?newsid
　　=293449

教育部大學社會責任推動中心（2020）。**關於USR計畫：聚焦社會議題，實
　　踐永續發展**。取自https://usr.moe.gov.tw/

翻轉技職教育是培育產業創新的第一步（2018，3月18日）。**中時新聞網／
　　工商社論**。取自https://www.chinatimes.com/amp/realtimenews/20180318
　　000205-260511

二、英文部分

McGann, J. G. (2009). *Bridging the Gap Between Knowledge and Policy*. Re-
　　trieved from https://mgimo.ru/upload/docs/World-Rankings_Jim-McGann.ppt

第十章

教育學術團體作爲智庫的美麗與哀愁——一個教育學術團體工作者的長期觀察

葉興華

國立臺灣師範大學教育研究所博士
臺北市立大學學習與媒材設計學系教授

壹　前言

　　取決多數、關注少數乃民主社會的重要特徵，故政府各項政策的決策過程中，廣納多方意見，進而關照各方需求遂成為重要環結。而政策的研訂，不僅要考量多元的需要，更要顧及社會中不同系統的連動性；政策的採行、推動更應反映現況需求、前瞻未來發展。所以，政策的研訂、採行與推動過程中所涉及的專業性，實不容小覷。其實，不僅政府組織如此，民間企業在自由經濟及國際競爭日益激烈下，任何的決策亦須格外審慎。是以，借助專業團體的力量，便成為政府、民間企業機構在重要決策研訂與推動時的必要作為。尤其，近數十年來，各國政府在許多政策的決策過程中，借助智庫（think tank）之力已是普遍的作為（澳門月刊，2015；蔡進雄，2018；Allern, S. & Pollack, 2020; Christensen & Holst, 2020; Lounas-meri, 2020; Miragliotta, 2021）。

　　教育是社會中非常大的系統，政策影響的範圍深遠，常是許多勢力的競技場，因此決策的過程需要有強大的專業力量作為後盾（蔡進雄，2018）。在國內，有一些自期為教育智庫的單位，例如：國家教育研究院（國家教育研究院，2022a）、國立臺灣師範大學教育研究與創新中心（國立臺灣師範大學，2022）等。台灣教育研究院社亦曾於2022年初辦理「教育智庫：回顧與前瞻」學術研討會，會中回顧了我國教育智庫的發展，並針對大學、研究機構，及屬於社團法人的教育學術團體如何扮演教育智庫之角色進行研討，期許教育學術團體能在教育決策與政策推動中，發揮關鍵性的功能（台灣教育研究院社，2022a）。

　　臺灣教育領域過去長時間與師資培育畫上等號，讓其在學術發展上受到影響，也連帶使得現今亟需教育學術團體發揮智庫功能時，面臨了令人憂心和有待克服的困難；但儘管有困難，似乎也總有一群熱心奉獻的教育學術工作者，在自身工作繁重之餘，仍願意投入學術團體的運作，展現出可貴和美麗的一面。筆者參與教育學術團體的行政運作近20年，從學術團體的會員招募、刊物編輯發行、活動辦理，乃至於經費的管理等，均有相當程度的參與，本文以「教育學術團體作為智庫的美麗與哀愁」為主

題，期盼從教育智庫應當發揮之作用為出發；依據筆者的實務經驗，先分析現行國內教育學術團體的特性，再說明教育學術團體作為智庫之困境；最後再提出展望與結語。

貳　教育智庫應當發揮之作用

西方國家智庫所發揮之影響力與立法、行政、司法，及媒體齊名（洪鑫誠、石之瑜，2017；王文，2014　），可見智庫在國家運作中的重要地位。若比擬林碧炤（1993）、洪鑫誠、石之瑜（2017）、陳添枝（2021）、蕭乃沂、黃東益、陳敦源、羅晉（2007）等人對於智庫功能之分析和期許，在教育決策中，智庫應發揮之功能如下：

一、引領趨勢促進教育發展

P. K. Weaver 在智庫分類時，以研究為導向的智庫是類型之一（轉引自林官蓓、林佳穎、林立生、羅栩純，2015）；在智庫的組成中，學者專家是重要的成員，而其最重要的工作便是前瞻社會發展，帶領人類追尋至真、至善和至美的生活。柯銀彬、呂曉莉（2016）便指出，成立於 20 世紀前期美國著名智庫之一「布魯金斯學會」（Brookings Institution），在近 300 位的成員中便網羅了超過 200 名的專家學者，進行各領域的研究，所發表的研究成果更是備受肯定。其實，不僅在北美，在歐洲的許多國家，智庫近來對於政治、經濟、外交、環保等多項議題都發揮了相當大的影響力（O'neill, 2008; Christensen & Holst, 2020）；臺灣亦復如此，例如中華經濟研究院（陳添枝，2021）、臺灣營建研究院（王明德，2004）等。在許多領域的學者紛紛希望能對國家發展扮演引領角色時，教育學術團體對於引領教育的發展自不能置身於事外。

二、研提解決策略促進理論和實務之結合

林碧炤（1993）認為：智庫應該發揮找出問題、研究問題，及設法找出解決策略的功能。專業知識的需求乃智庫存在之基本理由，其之所以被

需要，並非只侷限在知識的研究、推廣；更重要的是知識轉化與實踐，以為實務指引方針。儘管智庫具有研究性質的功能，也唯有轉化、實踐進而促進理論與實務結合，方能讓其與大學中純研究性質的機構有所區別，而成為「智庫」。因此，教育學術團體若要作為智庫，不應只侷限於發揮研究、推廣新知的作用；尤其，教育的場域有其複雜性，如何發現問題並依情境、對象等轉化為具體的實踐與政策，更是必須展現的智庫特性（蔡進雄，2018）。

三、針砭教育時事提供建言

在國家機器運作的過程中，各系統間的運作不僅相互影響，系統內次級系統更會產生連動作用。教育是社會中大系統之一，任何的改變都會牽動系統內外的眾多利害關係人，故政策擬定和執行的期間必須多方關照。王文（2015）認為智庫除了理論性的研究外，尚必須具備對於多元背景與對現實問題更強的覺知性，以直擊問題。同時，智庫乃專業人士的結合，而所謂專業人士不僅擁有專業的智慧，更應具有專業倫理，在專業知識的基礎上言所當言。因之，具有智庫功能的教育學術團體，應洞察、批判政策研擬和執行中的問題，以促進教育發展，方能展現其作為智庫的價值。

四、集結既有人力資源進行人才培育

「智庫」顧名思義就是專業人才的匯集。智庫中的專業人才，可能是由智庫直接聘任，但成熟的智庫人才需要歷練，因此智庫也會成為人才培育之地，而培育出的人才也常為政府機關所用。柯銀彬、呂曉莉（2016）就曾指出，在歐巴馬（B. H. Obama II）當選美國總統後，著名的布魯金斯學會，其成員加入歐巴馬政府就有 32 人，其中 15 人更擔任政府大使以上級別的要職。其實，智庫人才也不僅為政府所用，對於關注相關議題的私人民間團體而言，也是研發和決策人才的最佳來源（潘兆民，2017）。近來，臺灣隨著社會的開放，關注教育的民間團體愈來愈多，主管教育機關也在眾多的機構監督下面臨重大挑戰，需才孔急。教育學術團體乃專業人

士之匯聚，善用既有之專業之力，培育更多人才理所當然爲其應發揮的功能之一。

 ## 參　我國教育學術團體的特性

依據國家教育研究院電子版「教育大辭書」中對於教育學術團體的記載，我國教育學術團體起自 18 世紀末，以上書變法、講述新學，推動教育研究爲主要任務；20 世紀初開始逐漸發展（國家教育研究院，2022b）。現今（2022 年 6 月）在內政部合作及人民團體司籌備處的網站，以教育學會爲關鍵字進行查詢，可以查到 232 筆紀錄，其中含括：美容健髮、擬眞醫療、養生，及各類各級教育團體。若從定期於國立臺灣師範大學舉辦之中華民國教育學術團體聯合年會參與的學術團體觀之，每年約有近 40 個教育學術團體參與（國立臺灣師範大學，2021）。年會中，各團體會推薦成員接受象徵學術榮譽之木鐸獎，及會務人員的服務獎，而定期參與之團體應屬臺灣現今具代表性之教育學術團體。筆者曾參與部分團體的會務，且因屬教育領域的一員，對於各學術團體的會員有一定的熟識度，據筆者之觀察，這些團體具有下列之特性：

一、各級學校的師資、師資培育大學研究生為主要來源

教育學術團體的成立，常起因教育過程中特定受到關注的焦點，但不論何種教育焦點，最終都與學校的落實有關，學校中的成員遂容易成爲這些焦點的利害關係人。同時，在 1994 年《師資培育法》修法之前，我國學校教師採計畫性培育，修法後，師資培育管道邁向多元，但受過去計畫性師培觀念影響，進入各級學校擔任教職，仍爲大多數就學者的進路選擇。因之，從幼兒到高等教育各階段的教師遂成爲教育學術團體的主要成員。

雖然許多教育學術團體的組織章程或會員徵求的相關文件中，例如：台灣教育研究院社（2022b）、中華民國課程與教學學會（2022a）等，對於會員的資格大都未有明確的限制，但當特定教育學術團體成立時，也因

為所關注的議題與各級學校中的教育人員有關，其也將會為會員招募的主要對象。此外，在師培機構的相關系所中，就學的研究生也常會因系所發展的方向與特定學術團體有關，或受到系所教師的影響，成為教育學術團體的一員。

二、加入之大學成員重疊現象常見

110 學年度時（教育部，2022），高級中等以下學校各級學校教師數約在 25 萬人左右。教育學術團體的參與屬於自由性質，不若一些特定行業的公會專業團體，例如醫師、律師、諮商心理師等，這些專業團體和執業與否或專業認證有著密切的關係。同時，我國高級中等以下學校以政府成立為大宗，其認證與短期進修也多由主管機關提供或掌理，故教師加入專業團體的必要性與需要性也較低；且加入這些團體常需定期繳交費用，會加入教育學術團體的高級中等以下學校教師常有限。

此外，我國教育學術團體的成立，有不少是由大學校院中的教師發起。雖然師資培育多元化後，許多大學增設教育系所或師資培育中心，但自從少子化，師資需求降低，及大學生的數量減少後，不僅教育系所增設減緩，部分學校的師資培育中心也裁撤，甚至過去專門培育師資的師範校院也逐漸轉型，邁向綜合性大學。同時，教育部對於系所的增設、招生數、生師比有嚴格的規範，因此教育相關系所的師資數量有限。所以，各團體間在成員必須維持一定的數量下，成員重疊也成避免不了的現象，例如：臺灣教育社會學學會（2022）、臺灣教育哲學學會（2022）、中華民國比較教育學會（2022）的理監事名單中就多有重疊，此現象亦存在於其他教育學術團體中。

三、會員會費是主要的收入來源

經費乃智庫得以運作的關鍵（柯銀彬、呂曉莉，2016），而其要有獨立的經費維持並不容易（陳添枝，2021）。一般人民團體的收入不外乎為會費、捐助，與執行業務收入。在捐助方面，因為會員多屬教師收入有

限，若有捐助也限於小額；許多的企業團體多有自己的基金會，甚少會以教育學術專業團體爲捐助對象。

在執行業務收入方面，許多教育學術團體多發行刊物和書籍，刊物可收取服務或發行費用，例如：中華民國課程與教學學會所發行之《課程與教學》季刊，投稿與刊登需繳交費用（中華民國課程與教學學會，2022b）；臺灣教育評論學會發行之《臺灣教育評論月刊》需繳交投稿費（臺灣教育評論學會，2022）。這些刊物由投稿者所繳交的費用，主要支應出版人員的工作費與審稿費，若能收支平衡已屬不易，若祈盈餘恐是奢求。至於，出版書籍方面，近來面對數位媒體的興盛，紙本書籍銷售的數量銳減，學術性書籍購買的人口更是降低，因此許多專業書籍出版常需仰賴出版社的支持，若想要從出版銷售中獲取利益，實屬不易；且因爲這些團體大多未提供認證、課程等服務，每人每年會費也多在千元左右。雖然，有些學術團體在辦理活動時，也會向相關的政府部會或單位申請經費補助，但近年因政府預算並不寬裕，補助經費有限，在支應活動所需下也幾乎未能有盈餘。

綜言之，學術團體杯水車薪的會費便成爲收入的主要來源。

四、附屬特定單位未能爲獨立運作

團體運作有一定的行政事務需要處理，行政事務的處理需要人力、經費及辦公地點。如前述已言，學術團體的經費多仰賴有限的會費收入，所以無法聘請專人處理會務，更難有經費租賃辦公場所，所以其多隨著學會的主要負責人，附屬在與學術團體關注焦點有關的大學系所之下，借用系所的辦公空間，由附屬單位的師生兼任相關的行政工作。例如：中華民國師範教育學會（2022）、臺灣地方教育發展學會（2022），網頁的通訊處所載均爲國立臺灣師範大學教育學系。

五、出版與研討辦理是發聲管道

智庫的成立必有其關注和影響的課題（王文，2014），而這些課題激發大眾關注的作法多元，或可激烈，或可溫和。教育學術團體在教育人員

循規蹈矩的形象、附屬在學校以及欠缺經費和人員的情況下，出版與研討辦理便成為其發聲的主要管道。科技部補助人文社會科學研究中心每三年一次期刊評比，教育學門最近一次評比為 2019 年，所收錄的 TSSCI 的 24 種期刊中，由教育學術團體發行之為：《體育學報》—中華民國體育學會、《課程與教學季刊》—中華民國課程與教學學會、《數位科技學習期刊》—台灣數位學習與內容學會、《台灣運動心理學報》—台灣運動心理學會、《臺灣教育社會學研究》—臺灣教育社會學學會、《圖書資訊學研究》—中華民國圖書館學會、《科學教育學刊》—中華民國科學教育學會、《中華體育季刊》—中華民國體育學會等（科技部補助人文社會科學研究中心，2022a）。此外，也有一些不屬於 TSSCI 由教育學術團體所發行的刊物，例如：《教育行政研究》—中華民國行政學會、《比較教育》—中華民國比較教育學會、《高等教育》—台灣高等教育學會、《臺灣教育評論月刊》—臺灣教育評論學會等。

 ## 肆　教育學術團體作為智庫的困境

在前項所說明之我國教育學術團體所展現之運作特性下，若要發揮智庫的功能時，其面臨著下列的困境：

一、兼職行政人力影響行政運作與功能

因為臺灣教育學術團體之運作，多數附屬於主要負責人的服務單位，除了在有限會費而欠缺固定經費來源外；會務的運作多由主要負責人員商請任職單位的師生或行政人員義務兼任，因為處理會務人員多有本職，僅能在主管的支持下，運用原有單位的資源，及上班或下班後的時間處理。且負責人員隨主要負責人改選而更迭，處理會務人員的異動也甚為常見。

教育學術團體如要成為智庫，對於研究主題及方向的評估、研究行政事務、經費來源、研究結果作用的發揮等都需運籌帷幄，但在承辦人員多屬兼職的狀況下，其能投入的程度有限，也難以做前瞻性的規劃，能讓會務可以維持運作已實屬不易。

二、經費短缺且來源不穩定，維運不易

　　經費關係著智庫能否進行運轉。有限的會費收入是臺灣教育學術團體的主要經費來源，因爲實在有限，所以必須附屬在特定機關之下。早期，臺灣的高等教育學府有限，政府的補助經費較爲充裕，且這些學術團體所附屬的單位，多與單位本身的領域關係密切，所以二者存在具相輔相成之效，故系所主管對於這些單位的附屬，或者是人員兼辦業務也多支持。同時，早期臺灣社會對於公共議題的關注有限，教育學術團體的智庫功能較受重視，所以辦理相關活動時，主管教育機關也多能給予較充裕的經費支持。

　　隨著社會的多元開放，教育受到關注的議題愈來愈多，高級中等以下學校也進行各種改革，各大學校院可以分配到的經費十分有限；同時，關注教育事務的民間團體愈來愈多，也開始瓜分公部門資源。因此，也連帶影響附屬在機構下的教育學術團體所能得到的支持。就以科技部補助人文社會科學研究中心（2022b）對於期刊編輯費用的補助觀之，每年申請一次，一份期刊最高每年補助六萬元，平均每個月五千元，申請過程手續繁瑣，不一定能通過；即便通過，所獲還可能不到該數額。在基本工資年年調整、萬物齊漲，且尚須支出勞健保補充費用的現況下，每月至多五千元的補助金額實在是少得可憐，根本不足以支持刊物編輯最基本的人力支出，這樣的情勢，讓教育專業團體的編務運作日益困難。

三、中立、自主之立場難以保持

　　智庫最早出現是無黨派色彩的（McGann, 2021）；王麗雲（2006）傾向將智庫視爲一種相對中立、自主、非利益導向的中立機構；孫克難（2011）也主張，智庫評估政策時應從國家整體利益爲之，而非站在委託單位利益來看，而 Allern & Pollack（2020）則發現部分智庫常具有明確的意識型態和政治形象。臺灣的教育學術團體附屬在特定大學系所下的情形常見。近年來，主管教育機關將許多原屬於經常性的經費調整爲競爭型的計畫，教育學術團體所附屬單位無可避免的都需參與計畫的爭取。而計畫

是否能獲得青睞、獲補助，除了計畫本身的良窳外，也受到許多外在因素的影響，尤其在資本主義社會下，政府運用經費進行控制也是常態。所以，教育學術團體的運作雖非直接受到這些政策的影響，但基於附屬單位會受其影響，不免也間接受到影響。當其間接受到影響時，運作的方向與針砭時事的功能則會受限。

四、兼任研究人力難以展現成果與特色

智庫各項功能的發揮乃奠基於高質量的長期研究，及研究團隊之上（王麗雲，2006；王文，2015；柯銀彬、呂曉莉，2016）。因此，智庫的人力運作除行政事務人員外，研究人員更是決定其是否能成為智庫的關鍵因素。我國教育學術團體在經費不足、得長期附屬在特定機構的情形下，不僅行政人員仰賴兼任，聘任長期從事研究工作的人員更是困難，因此研究工作多為兼職人員進行。

當教育學術團體由兼任人員所負責的研究工作，其面臨著下列的問題：1. 研究成果不易累積：教育學術團體中兼任的研究人員多有本職，研究工作亦為本職的一部分，在本職亦有研究工作的情形下，無法長期投入教育學術團體的研究工作，故研究成果累積不易。2. 難以建立專屬的研究成果：研究績效的追求是所有研究單位必須追求的目標，教育學術團體的研究績效如何歸屬，卻也是一個難題，因為學術團體有其所附屬單位，兼職的研究團隊成員亦可能歸屬不同的研究單位。若研究成果不納入績效計算時，可展現跨單位合作的一面，但一旦有必要細究績效時，如何分配績效歸屬，則又是一個可能造成紛爭和困擾的問題。3. 研究的立場易受原屬單位影響：智庫必須有特色才容易受到關注，而特色的建立肇因於研究立場，研究立場又關乎著特定群體的利益。在研究資源有限的情形下，教育學術團體和兼任研究人員所屬團體有時亦不免存在著競爭關係；因此兼任研究人員進行研究時不免要考慮本職單位之立場與利益，當有衝突而要其展現教育學術團體的立場時有其困難。

五、人才培育功能不易實現

研究和人才是智庫之所以被稱爲智庫的原因，而人才和研究之間存在著相輔相成的關係，研究仰賴人才，研究的過程中也培育了人才，所以培育的人才除了繼續進行智庫的研究外，也可能被關注相關議題的政府和民間單位所網羅，並繼續發揮影響力，同時也展現智庫的意義與價值。

現行的教育學術團體不僅經費來源有限；又附屬在特定的單位之下，行政也多由附屬單位兼任；所進行的研究，也常由有本職之團體成員，秉持專業團體一員的責任感義務相助，幾乎難以聘任專任的研究人員。只仰賴兼任的研究人員，要進行長期系統化的研究不易，當然要發揮培養人才的功能更是有困難。

六、出版工作在困頓中進行

出版與研討辦理是現行教育學術團體發揮智庫功能的主要方式，其中研討辦理可以和附屬單位合辦並由兼任人員處理，且研討的辦理並非常態性的業務，對於附屬單位而言，也是日常的業務之一，不太會造成困擾。但刊物的發行則不同，刊物雖然是定期出版，但平日有收稿、審稿、編輯、發行等事務；不同層級編輯者、投撰稿者、審稿者間的聯繫甚爲繁瑣，需要耗費大量人力，實非兼任人員所能處理負荷。雖然，許多期刊已有收費制度，但所收取的費用在支應基本的審稿費用後，常所剩無幾，能支付助理的費用也十分有限；儘管國家科學及技術委員會（簡稱國科會）能提供部分經費補助，但有限的經費與繁瑣的申請作業似乎不成比例，補助對於期刊發行和維持有如杯水車薪。目前，有部分的民間出版社願意協助教育學術團體處理刊物出版發行工作，但無償協助者甚少，一些單位發行後必須回購的條件，對於收入有限者而言是財務上的沉重負擔，甚至無法支應。

七、成員角色多重遊說與爭取經費不易進行

教育學術團體若要成爲智庫，除了自詡爲智庫外，尚需有單位實際

將其視爲智庫，也就是要發揮實際的影響力。在民主開放的社會中，影響力的發揮除藉由刊物發行、活動辦理宣導理念與作法外，針對關鍵與決策人員進行遊說也是必要的途徑。不管是政府部門或是民間機構的遊說，都必須要以良好的公共關係爲基礎；尤其政府部門的遊說必須遵守《遊說法》，所以遊說有其專業性。

教育人員常具有淡泊名利、謙恭誠正、是是非非的特質。教育學術團體在不可能聘任專人的情況下，要其由成員擔任說客，爲團體之主張進行遊說，一來會受限於其本職單位的規範，另一方面似也不符合教育人員的特質，執行有其困難。同時，遊說不僅關乎主張能被採納形成政策，也關乎經費的獲得與爭取，所以當遊說功能無法發揮時，教育團體智庫的運作功能受影響甚鉅。

伍 教育學術團體作為智庫之展望

促進人類社會的發展是每個學術領域共同的責任；而啟發人類的潛能，傳遞與創新文化，進而增進人類的發展，更是教育存在的理由。智庫的概念若從 1831 年英國成立的「皇家聯合研究所」（Royal United Services Institute）算起，已兩百年（澳門月刊，2015），在許多專業團體都企圖以智庫的概念，召喚大眾關心特定議題，影響政策之際，教育專業團體實應起而效尤。但不可否認，臺灣的教育領域在過去特殊的發展背景之下，若要發揮智庫功能，實有許多待突破的困境，茲提出以下的作法供參考：

一、以穩定收入及財務規劃奠定永續經營之基

過去教育相關單位多屬於公部門，教育領域的成員在十年樹木、百年樹人的理念下，往往不若一般企業組織具有利潤獲取的經營思考，所以讓會務的運作僅依賴會費收入。在經費欠缺下，要成爲智庫實不可能，因此教育學術團體在會費收入外，一定要有其他的收入，經費收入除會費外，還可以有捐助、專業服務等；在專業服務方面可以是出版收費、提供專

業諮詢等。所以，教育學術團體應先針對長期發展成為智庫的財務需求進行規劃，針對收入項目訂財務的目標，再依據會務發展進行支用與經費累積。在經費逐步累積後，支應協助會務者合理報酬，並逐步聘用專職行政與研究人員，讓學術團體從人員、辦公處所，及會務運作逐步邁向獨立。唯有獨立運作的組織，才能有自己經營的方向並永續發展，也才有成為智庫的可能。

二、具相同理念者結盟擴大力量

過去臺灣教育領域的人才多進入學校服務，因此教育領域的發展有其侷限，願意加入學術團體的人員也有限，不同團體間人員的重疊也就屢見不鮮，若每一個教育學術團體都要成為智庫有其困難。性質類似、成員重疊高，或理念相近的團體或許可以嘗試結盟合作。教育學術團體的結盟合作，可以提供更多元的專業服務，對於會員而言也可避免在不同的團體間奔波；並且還可以共同聘用處理會務的人員，節省營運的支出。

三、先選擇可促進發展的主題進行研究

教育領域除了自身領域所追求的理論知識外，其知識更具有實用性，而有實用性就會有需求性。教育學術團體聚集了所關注主題的專家，這些專家在為學術團體進行研究時，或可從實用的角度加以思考，研究的結果除了如何促進學校教育發展，更可以關注學校之外相關人士的需求。一旦關注到校外人士的需求時，就可能擴大影響力，擴大影響力就可能會有下列的結果：1.讓更多的人願意加入團體、2.會有更多的人認識和關注團體、3.可以創造學術團體的被需要感、4.創造出新的產業。在上述四項中的第一項可以增加會費的收入；第二、三項則彰顯作為智庫的價值，所提出的觀點也有可能成為政策加以實踐；第四項若能創造新的產業，將會提升學術團體的地位，更可能因此提供服務增加收入，並讓智庫的形成更為可能。

四、善用媒體發表專業意見，展現遊說力量

智庫影響力的發揮需仰賴傳播（柯銀彬、呂曉莉，2016）。網路的產生改變了世界，尤其近來許多的自媒體更成為人們獲取新知及認識議題的新途徑。過去，教育人個性普遍保守，不善於自我宣傳，但面對新時代與新世代人們的學習方式，此種經營方式必須改變。網路的經營可以避免直接的面對面，在時間、對象等方面都更具彈性；除了文字外，運用影音有時也能更有效地傳達訴求與理念，且傳播發揮影響力也更加快速。同時，媒體的經營在工作地點上也更有彈性，可以符合學術團體普遍缺乏辦公場所的困境。

五、爭取計畫與經費時，莫忘以學生為主體及教育的三大規準

爭取計畫既可以幫助教育學術團體展現智庫功能，也可以有經費維持團體的運作，但計畫提供單位的動機及立場，在爭取計畫時也必須有所考量。不管公務或者私人的民間團體都有其自身的立場與意識型態，在為其扮演智庫角色、提供教育的專業服務時，以學生為主體，符合認知性、價值性，和自願性的規準是必須遵守的底線。教育學術團體作為智庫若無法堅持以學生為主體，及教育的三大規準時，不僅教育的專業性將淪喪，還會成為特定團體的工具，淹沒於意識型態起伏的洪流中。

 陸 結語

當接受教育成為國家對於人民必須履行的責任時，教育就成為所有人都會接觸的領域。當所有人都接觸教育，對於學校運作有一定程度了解時，並不意味接觸過教育者都能理解教育的專業性，或者在教育的決策過程中都適合獨自扮演關鍵的決定性角色。因此，教育學術團體在公務部門和民間教育相關機構的決策中，智庫角色的發揮更有其必要性與重要性。

然而，近來在師資培育政策的開放、少子女化等因素下，讓教育領域學子的出路受限，也影響到教育領域在高等教育和一般民眾的心中地位。

同時，在民意至上的選舉文化中，專業不受重視並向世俗靠攏已是常態，這是教育學術團體欲扮演智庫角色時深感悲哀之處，如果再加上自身運作上的困境，教育學術團體的處境確實令人有些憂心。

　　雖然教育學術團體的窘境已有一段時日，但刻苦、韌性似乎也是教育人共同的特質，不少團體仍都有一群願意犧牲奉獻的成員，在本職繁重的學術工作外，以幾乎完全義務並且長期的方式投入，讓智庫的功能得以發揮，其所散發的美麗，在前述的境遇之下更顯可貴。然而，最黑暗的時刻卻也是最接近光明的時刻，各教育學術團體在此勉力支撐之際，也是教育人需要改變保守思維、思考如何永續經營之時，也唯有透過團體自身的改變，方能借助外在光芒更加閃耀。

參考文獻

一、中文部分

中華民國比較教育學會（2022）。第39屆理監事名單。取自https://ctces.wee-bly.com/2970230435201072151721934.html

中華民國師範教育學會（2022）。中華民國師範教育學會臉書。取自https://www.facebook.com/groups/138537411434529/

中華民國課程與教學學會（2022a）。徵求會員。取自http://www.aci-taiwan.org.tw/main25.htm

中華民國課程與教學學會（2022b）。課程與教學季刊稿約。取自http://www.aci-taiwan.org.tw/pdf/NoticetoContributors/25-3%E7%A8%BF%E7%B4%84.pdf

王文（2014）。我們需要怎樣的智庫文化與學者品格。取自https://kknews.cc/education/a8nlepn.html

王文（2015）。王文智庫專欄之十五：真正的中國智庫熱還沒到來。取自https://kknews.cc/finance/gq2oqnl.html

王明德（2004）。臺灣營建研究院以國家智庫自許。營建知訊，(263)，4-9。doi:10.30144/CNR.200412.0001

王麗雲（2006）。智庫對於教育政策歷程影響之研究。當代教育研究，14(3)，91-126。

台灣教育研究院社（2022a）。教育智庫：回顧與前瞻學術研討會。取自https://sites.google.com/view/ites-tw/meeting-and-publishment

台灣教育研究院社（2022b）。台灣教育研究院社章程。取自https://sites.google.com/view/ites-tw/ites/rules

林官蓓、林佳穎、林立生、羅栩淳（2015）。兩岸教育研究智庫組織內容、功能、與運作方式之比較研究。彰化師大教育學報，(27)，21-42。

林碧炤（1993）。開放社會與現代智庫。問題與研究，32(5)，1-10。

柯銀彬、呂曉莉（2016）。國外頂級智庫是怎樣煉成的？取自https://kknews.cc/news/kxqrq4v.html

洪鑫誠、石之瑜（2017）。中國學界研究美國智庫文獻述評：以外交關係協會爲主要對象。**東亞研究，48**(2)，1-40。

科技部補助人文社會科學研究中心（2022a）。2019年「臺灣人文及社會科學期刊評比暨核心期刊收錄」期刊名單。取自http://www.hss.ntu.edu.tw/model.aspx?no=354

科技部補助人文社會科學研究中心（2022b）。期刊編輯費用。取自http://www.hss.ntu.edu.tw/model.aspx?no=104。

孫克難（2011）。智庫角色、政策研究與專業培養——中經院與我三十年。**經濟前瞻，136**，31-36。doi:10.30071/EOB.201107.0005

國立臺灣師範大學（2021）。**教育學術團體聯合年會表揚教育專業人與優秀服務者**。取自https://alumni.ntnu.edu.tw/ActiveMessage/MessageView?itemid=1677&mid=8&GroupName=%E6%9C%80%E6%96%B0%E6%B6%88%E6%81%AF

國立臺灣師範大學（2022）。**教育研究與創新中心**。取自https://www.ceri.ntnu.edu.tw/index.php/4-0/

國家教育研究院（2022a）。**國家教育研究院——關於本院**。取自https://www.naer.edu.tw/PageDoc/Detail?fid=20&id=3

國家教育研究院（2022b）。**教育大辭書——教育學術團體**。取自https://terms.naer.edu.tw/detail/1310175/?index=7

教育部（2022）。**高級中學以下各級學校教師人數**。取自教育部統計處資料庫https://depart.moe.edu.tw/ed4500/cp.aspx?n=C1EE66D2D9BD36A5

陳添枝（2021）。中經院四十年：回顧一個智庫的形成。**經濟前瞻，196**，12-18。

臺灣地方教育發展學會（2022）。**臺灣地方教育發展學會首頁**。取自http://taled.blogspot.com/search/label/%E7%90%86%E7%9B%A3%E4%BA%8B%E5%90%8D%E5%96%AE

臺灣教育社會學學會（2022）。**理監事**。取自https://www.tase.url.tw/%E9%9

7%9C%E6%96%BC%E5%AD%B8%E6%9C%83/%E7%90%86%E7%9B%A3%E4%BA%8B

臺灣教育哲學學會（2022）。第四屆理監事暨秘書處。取自https://tpes. website/?p=2927

臺灣教育評論學會（2022a）。章程。取自http://www.ater.org.tw/ater3.html

臺灣教育評論學會（2022b）。臺灣教育評論月刊稿約。取自http://www.ater. org.tw/%E7%A8%BF%E7%B4%84.pdf

潘兆民（2017）。探索中國大陸國家高端智庫。展望與探索月刊，**15**(12)，32-40。

蔡進雄（2018）。我國智庫與教育政策關係之展望。教育行政論壇，**10**(1)，1-20。

澳門月刊（2015）。全球大搜索：你不知道的智庫生態。澳門月刊，**221**，21-23。

蕭乃沂、黃東益、陳敦源、羅晉（2007）。數位治理的實踐──「國家政策網路智庫」初評與前瞻。研考雙月刊，**31**(3)，71-80。doi:10.6978/ YKSYK.200706.0071

二、英文部分

Allern, S., & Pollack, E. (2020). The Role of Think Tanks in the Swedish Political Landscape. *Scandinavian Political Studies*, *43*(3), 145-169. https://doi.org/10. 1111/1467-9477.12180

Christensen, J., & Holst, C. (2020). How Do Advocacy Think Tanks Relate to Academic Knowledge? The Case of Norway. *Scandinavian Political Studies*, *43*(3), 223-239. https://doi.org/10.1111/1467-9477.12184

Lounasmeri, L. I. (2020). The Finnish Think Tank Landscape - A Mixture of Consensualism and Adversity? *Scandinavian Political Studies*, *43*(3), 187-206. https://doi.org/10.1111/1467-9477.12182

McGann, J. (2021). *The Future of Think Tanks and Policy Advice Around the World*. https://eresources.utaipei.edu.tw:4054/book/10.1007/978-3-030-60379-3

Miragliotta, N. (2021). Party think tanks as adaptation to the challenge of party link-age: Lessons from Australia. *Politics*, *41*(2), 240-256. https://doi.org/10.1177/0263395720939035

O'neill, R. (2008). Think Tanks and Their Impact. *Asia-Pacific Review*, *15*(2), 9-12. https://doi.org/10.1080/13439000802511091

第十一章

教育學會作爲教育智庫的可能性探究

朱俊彥

國立中正大學戰略暨國際事務研究所碩士
國立暨南國際大學教育學院USR計畫辦公室專案經理

楊洲松

國立臺灣師範大學教育學系博士
國立暨南國際大學課程教學與科技研究所教授

前言

　　智庫（Think tank）是現代社會重要的政策機構，大英百科全書中認為智庫一詞出自軍事術語，指涉「可以討論計畫和戰略的安全場所」（Britanica, n.d.），也有人提出歷史上第一個智庫是英國的費邊社。Levien（1969）認為智庫是獨立單位，提供政府部門政策分析支持，為公共政策議題尋找解決方案。有些學者如 Dror 則認為智庫是 1940 年代被「發明」的（Dror, 1985）。McGann（2000）則認為智庫可以提供政策導向研究、構想、分析，以及國內外議題的建議，同時智庫也是學術和政策社群之間的橋梁，為忙碌的立法者提供轉譯過後的基本研究，以對應立法需求（轉引自 Melnick, 1999）。

　　肇因於我國的政經環境，臺灣發展較早的智庫與政治、經濟、外交議題相關，如中華經濟研究院、政治大學國際關係研究中心、台灣經濟研究院等，大規模投入外交政策、國際經濟貿易政策、兩岸政策等。相較於國內政黨智庫或政策智庫的多樣發展和蓬勃行動，教育方面較為直接標示「教育智庫」者則為國家教育研究院。2010 年 11 月，《國家教育研究院組織法》三讀通過，教育部將國家教育研究院（下稱國教院）定位為隸屬教育部的教育智庫，進行教育行政與發展（羅智華，2010）。國教院則以「致力成為具有公信力與影響力的教育智庫，經由長期進行整體性、系統性之教育研究，提出體系完善的對策與配套，促進國家教育之永續發展」定位自身的工作（國家教育研究院，n.d.）。惟國教院為官方組織，其功能與任務仍受官方身分影響，未能充分發揮建言之效果，如陳榮政、劉品萱（2016）即指出國教院隸屬教育部，運作上有欠缺自主性的問題存在。

　　但國內民間其實有許多教育基金會及教育學會，尤其是學會，因其無設置基金額度要求，設立門檻較基金會低，登錄有案之數量不少，幾乎每個教育次類均有對應之學會，如中華民國課程與教學學會、臺灣教育哲學學會、臺灣教育社會學學會、中華民國師範教育學會……等，惟這些學會除少數能以遊說立法以影響政策為其任務外，多數學會每年例行性活動多以辦理研討會與專業期刊為主，較少充分發揮可能之智庫功能如教育政策

研究推動、政策與法案遊說、教育施政調查與回應、公民社會對話空間、影子政府（Shadow Government）等，肇因於缺乏面對公眾的主動性，智庫尚未深植社會影響力，也因此未能較為深刻地影響政府教育政策之擬定與實施，乃至於推動教育議題於公共場域的思辨討論與公民審議等。本文即擬就智庫之功能與任務，思考教育學會作為教育智庫之可能性。

教育智庫的關心面向

目前國內較為活躍之具「教育智庫」功能之機構，可參考本文「表1：國內教育領域具智庫功能之機構比較表」。這些機構未必有「智庫」的名稱，但是推動內容與任務與智庫較近，有些以發展教育政策為主軸，如國教院，有些則積極推動法案，如人本基金會。這些機構對於教育事務有下列幾項共同關心面向：

一、教育政策的研究與推動

教育政策的研究和推動，是所有具智庫功能的機構都會觸及的任務。國教院本就是教育部制訂教育政策和教育制度的智庫，其他如黃昆輝基金會、人本教育基金會和各大學的研究中心等，也都參與過各項教育政策的擬定或調整過程。又如中華資優教育基金會推出《資優教育白皮書》、中華民國資訊學教育學會擬定《教育部中小學資訊教育白皮書》等，都是和教育部密切配合，產出政策綱要的實例。2009 年，中華民國教育改革協會、人本教育基金會和全國家長團體聯盟一同組成「我要十二年國教聯盟」，要求政府儘速推動十二年國教，也是公民社會自發性，且不能忽視的教育政策推動之動能展現。

二、教育法案的遊說或公共參與

法案遊說或與立法者合作，是人本教育基金會的專業工作，智庫是否適合介入立法和遊說工作，不同學門或有不同看法。然而在提供立法者參考資料和推動自身理念的觀點上，人本教育基金會是積極參與政策與法案

的智庫。一般民間組織遊說途徑包括：政策遊說、立法遊說、司法遊說、國際性遊說等（江明修，1999）等，人本教育基金會長期推動的反體罰、不適任教師解聘等，都是教育政策重要的一環。這些政策未必是和現下關心的108課綱、十二年國教、STEAM教育等主題有關，然而卻是教育場域不可或缺的重要行動。

三、教育施政的調查和回應

　　針對政策或公共議題進行民意調查，事實上是智庫最常見的功能之一。以美國為例，許多智庫如布魯金斯學會（Brookings Institution）皮尤研究中心（Pew Research Center）、東西中心（East West Center）、戰略與國際研究中心（Center for Strategic and International Studies）等，都會以民意調查，甚至是跨國民意調查方式進行研究分析。目前黃昆輝教授教育基金會是國內少數針對教育政策進行民調的類智庫單位，教育政策民調分析是國教院或其他機構較少涉及的行動，亦是教育智庫未來發展的重要前景之一。

　　上述對於教育事務的關懷面向，所反映者正是新公共管理（New Public Management）的特性和治理（Governance）的興起。回顧威權時代，民間社會對於教育政策並沒有太多著墨空間，如人本教育基金會常態性的揭發各類校園醜聞，或者家長集結抗議不當的教育政策或體罰，在威權時代無法想像。治理代表的是決策過程由一元化邁向網絡（Network）擴展，亦即政府不再是單一制訂政策的角色，政策的推動過程轉為由下而上（Bottom-up approach），以面對政府失靈的危機（蔡允棟，2006），許多關心教育事務的行動者如家長團體、非政府組織（Non-Governmental Organizations, NGOs）、非營利組織（Non-Profit Organizations, NPOs），民間智庫的決策必須納入決策過程之中，形成的政策才可能因為溝通和合作，在共同目標的基礎上獲得共識（孫本初，2005）。

　　談及治理，多會再進一步談論善治（Good Governance），善治的要件包括了課責（Accountability）、參與（Participation）、可預測性（Pre-

dictability）和透明度（Transparency）等（Asian Development Bank, 2006）。
若將智庫視爲教育治理（Education Governance）的重要角色，那麼智庫如
何在與政府的互動過程中，充分實踐上述的善治要件，將成爲重要課題。
在課責部分，智庫如何強化政府的政策實踐能力，以及確認教育行政體系
之中誰該被處罰或獎勵？在參與部分，教育智庫如何帶動更多人參與教
育政策形成和推動，落實民主機制？在可預測性方面，教育智庫如何透過
參與立法過程，使教育政策不至於爲政府所壟斷？在透明度方面，如何增
加民眾與和關心教育政策，使更多人了解政策推動過程？如果治理一事在
公民社會如此重要，那麼智庫應該是決策界和研究連結的重要機制（王麗
雲，2006）。

　　善治的四項要素，事實上互相關聯，而智庫在善治中扮演的角色，正
因爲政府和民間社會之間的關係扁平化，而更顯重要。舉例而言，目前臺
灣社會之中類似智庫功能的機構，可比較如下表 1：

表 1　國內教育領域具智庫功能之機構比較表

智庫名稱／ 成立時間	類型	所屬單位	願景、目標或任務
國家教育研究院 成立時間：2011 年 3 月 30 日	智庫	教育部	從事整體性、系統性之教育研究，促進國家 教育之永續發展，推動願景如下（吳清山， 2011）： 一、教育政策發展智庫。 二、課程測評研發基地。 三、領導人才培育重鎮。
國立臺灣師範大學 教育研究與創新中 心 成立時間：2021 年（改組自 2008 年整併成立之教育 研究與評鑑中心）	研究中心	國立臺灣師 範大學	一、結合臺灣師範大學校內外教育研究人力， 　　提供跨領域溝通合作平台。 二、轉譯以實證爲基礎的教育研究知識，協助 　　社會及各界了解教育議題。 三、創造教育議題思辨空間，促進公民關心公 　　共議題之能力與素養。 四、凝聚教育政策之共識與提出建言，發揮教 　　育智庫功能。

智庫名稱／ 成立時間	類型	所屬單位	願景、目標或任務
黃昆輝教授教育基金會 成立時間：2016年12月17日	基金會	黃昆輝創辦	以探究教育問題，提振教育人員工作士氣、激勵學生向善向上學習精神，促進教育發展為宗旨，依有關法令規定辦理下列業務： 一、探究教育問題，並研議其解決途徑。 二、設立獎項，表揚表現卓越教育人員。 三、扶助弱勢學生，提升其學習成就。 四、獎勵表現傑出學生，激發其繼續向上動力。 五、結合政府機關機構、教育學術機構團體、媒體機構、民間團體舉辦教育活動。 六、其他符合設立宗旨之相關公益性教育事務。
人本教育基金會 成立時間：1987年11月	基金會	人本教育基金會董事會	一、設立教育申訴專線「教育正常化申訴專線」，接受老師、家長及學生的申訴，協助敦促學校落實正常教育。 二、進行「國會遊說」工作結合立委，處理教育重大政策與改造教育環境所需的重大法案。 三、推動成立「校園支援系統」。 四、針對各項教改議題舉辦公聽會或記者會。

資料來源：作者整理，各機構官方網站。

　　由上述四個具有智庫功能的機構觀之，可以發現無論機構所屬單位是政府、大學或民間，教育政策和教育議題都是共同關心的重要項目，同時也關心教育體制和教育環境的發展。然而仍可由所屬機構的不同，發現不同的功能取向，如黃昆輝教授教育基金會和人本教育基金會由民間支持，其功能便有較多部分與公民社會和教育現場接壤，主動觸及師生事務如獎項、扶助、遊說和申訴等；而由大學或政府機構成立的智庫，便較少處理個體層次事務，以政策論述為核心工作目標，因取向和理念的差異，呈現出不同的組織屬性和行動特色，並隱然形成連結第一部門、第二部門和第三部門的跨域共同治理過程（謝卓君，2022）。同時，在形成政策的過程中，智庫可以藉由轉化不同部門訴求形成共同語言的過程，扮演磨合角色

（許家豪，2018），舒緩不同利益者，如 NGOs 和政府部門之間的衝突。

 ## 教育智庫的發展和挑戰

一、智庫的中介角色

　　發展路徑上，教育智庫與國際、政治、經濟類智庫有著顯著差異。在國際關係領域，智庫除了擬訂政策和調查研究，也往往以學術自由空間為號召，推動公民社會探討，深具爭議性，或政府部門基於種種主客觀限制，無法主動接觸或論述之議題，此時，智庫的閉門對話就成為重要的意向接觸和交流場合。比較常見的例子是我國總統大選前，各黨候選人及團隊往往安排訪美，並藉由美國的智庫或大學研究機構安排會談，發表自身未來施政主軸，也拜會美國政壇重要人士，實則是美國政府藉由智庫交流場合，了解各黨候選人的政策與施政方向，是否符合美國的臺海政策與戰略安排。

　　臺灣的教育智庫是否提供這樣的空間，讓不同的政黨或教育團體進行交流？依現下臺灣重大議題如 LBGTQ、統獨等事件於教育現場的發展，似乎國內智庫對於政治團體、社會團體和利益團體，採取了敬而遠之的態度，而非提供自身因學術自由而生的超然立場，建構可以對話的平台空間。如此導致各類團體往往運用政治手段去表達和保護和自己的利益，而無法回到政策對話的空間取得妥協，建構未來具共識的教育政策，殊為可惜。

二、智庫的經費來源

　　智庫發展的侷限，往往源於經費。若智庫長期接受政府補助或標案，或政黨的資金挹注，其研究成果必然遭到質疑。然而若智庫缺乏長期穩定的經費奧援，則難以推動長期且穩定的教育政策論述與建構。一般智庫常見的經費來源，不外乎來自於政府經費、大型標案、企業或民間基金會捐款等。若需有長期且穩定的政策產出或推動，聘用具學術背景的研究人員

和行政職員將是重中之重。如孫克難（2011）在回顧中經院營運過程中，即提到若只是為了經費做政府外包工作，專業研究無法穩定持續，將不利於智庫產出良好公共政策。

依據外交部資料，以美國布魯金斯學會為例，每年預算有 18% 源於基金孳息，25% 係五年以上之長期贊助，50% 來自五年以下短期贊助（馬博元，2011）。和國內的學會或智庫不同，由上述比可看出布魯金斯學會的兩大中長期財源係基金孳息及長期贊助，這也是布魯金斯學會可以維持獨立自主營運的關鍵。對照國內學會和智庫，在財務結構上截然不同，這也導致目前國內較無大規模且不依賴政府計畫案的教育智庫存在。

三、智庫的所屬單位

智庫所屬單位，也往往影響智庫的公共形象，以及社會公信力。同時，所屬單位也可能影響智庫的自主性和信任度，以國教院為例，國教院係隸屬教育部的智庫，陳榮政和劉品萱就認為有缺乏自主性，以及例行性與任務性研究影響中立地位的問題（陳榮政、劉品萱，2016）。又比如政黨內部的智庫，也常被指認具特定政治立場。即使是獨立的商業智庫，其商業利益也極可能影響專業判斷和價值判準，如 Walt Bogdanich 和傅才德（2018）就在《紐約時報》的報導中揭露過麥肯錫如何透過智庫和公關公司，支持對其有利的商業投資項目，最終因商業利益與威權政府愈行愈近。

四、智庫的公共形象

國內的國際關係或公共政策智庫如政治大學國際關係研究中心、中國大陸研究中心等，都有委託或與民調機構合作進行大型研究調查的慣例，除了可以獲得第一手研究調查資料，若能穩定發展民調業務，也能為智庫本身帶來收益。而透過媒體發表大型民調結果，對於建立智庫公共形象和社會公信力亦有助益。相較於臺灣政治學界和公共行政學界長期執行的臺灣選舉民主化調查（Taiwan's Election and Democratization Study, TEDS）等大型調查案，目前國內並無長期且固定追蹤的大型教育政策調查，若國內

教育智庫能共同合作推動臺灣教育政策調查，無論對於公共形象或政策資料蒐集，都將有其積極意義。

 ## 肆　結語：學會作為教育智庫之可能性

除了前述幾個具備智庫功能的機構，承續上述對於教育智庫的觀察，針對目前臺灣的教育學會發展為教育智庫，結合 Weaver（1989）對於智庫扮演決策者理念來源、公共政策議題評論者、政府方案評估者、高級官員人才庫、新聞資料權威來源等不同角色此一論述，提出數點觀察。

一、參與公共領域教育議題與政策建議

在國內數個較有規模的學會中，臺灣教育哲學學會在任務宗旨中提到：「聯繫教育哲學之理論與實務，針砭臺灣教育政策之沿革與發展」，臺灣教育社會學學會則提到「經由教育社會學理論體系的探究結果，提供教育政策和教育革新的參考」等。比如當國家考試決定減少「教育哲學」和「比較教育」的比分和考科比例時，臺灣教育哲學學會即曾聯合其他學會，發動由各教育學會提出建言書與聲明，並藉由正式、非正式管道遊說立法委員，向考試院表達異議（臺灣教育哲學學會，2017），這是教育政策議題參與的典範。

二、高度獨立與包容多樣性

教育學會的獨立性無需置疑，相較於國教院有為政策背書的政治結構限制，教育學會較之國教院更為獨立和自主，政府不會也沒有管道要求教育學會提供政策背書或政令宣導，而學會的學術自主和專業性，更為自身作為智庫的潛力與可能性奠定極為正向的基礎。然而，智庫的獨立性事實上也取決於其提供的內容，以及屬性和導向。若智庫扮演的角色是影子政府或旋轉門，由於其作為在野黨和執政黨之間穿梭的中介部門，便很難在獨立性上有所堅持，邏輯上而言，當智庫對於政府決策的影響力愈大，獲得的補助愈多，便也難以主張百分之百的獨立性和自主性。這是智庫發展

過程中的必經路程，也提供國內有意發展智庫功能的教育學會參考。

三、高度社會影響力

如何擴展社會影響力，咸以為是當下教育學會最為迫切的議題。相較於人本教育基金會等類智庫機構，目前臺灣的教育學會的曝光度和社會影響力，仍有許多改善的空間。學會在專業領域的代表性不容忽視，然而當踏出學術圈，如何向公眾傳達自身的專業、理念和政策立場，是目前各學會較少論述之事。同時，吾人也較少看見國內各教育學會與媒體建立關係，經營專家意見的新聞露出與版面，與國外智庫甚至必須花費時間經營公共關係不同。如前節所述，持續辦理大型教育政策民調，以及辦理公眾講座和工作坊，或許是學會轉型為智庫時可以考慮的優先事項。

四、提供政府空間探討不適合官方討論的議題

提供中間地帶使政府進行政策建構，或者不同族群、利益團體和行動者溝通，乃是學會最為珍貴的功能之一。首先是學會因專業和經費架構，較不受政府限制，而由於學術專業和學術自由所建構起的討論或談判空間，在民主社會之中，彌足珍貴。此部分也是學會可以拓展社會影響力的窗口，比如在縣市長選舉或總統大選期間邀請各黨候選人進行教育政策發表與辯論，或者在敏感教育政策推動時，主動提供不同群體的對話空間，並以學會專業協助分析等，都是未來學會朝智庫轉型的重要基礎。

五、影子政府或政府人才庫

影子政府是內閣制國家的政治慣習，原意是最大在野黨面對執政黨時，由相對應的政治職務議員組成，比如影子國防部長、影子外交部長等，當在野黨勝選取得議會多數，贏回政權時，這些影子政府的成員往往也就會成為正式的閣員。而在非內閣制國家，智庫也往往扮演專業官僚的旋轉門，提供其下臺後的政策研究職缺，當專業官僚又再次回到政府內部，則智庫的公眾影響力和政策影響力也往往會隨之提高。現階段臺灣的

教育學會囿於經費規模，似乎仍無法提供影子政府和旋轉門的機制，然而學會成員擔任政府官僚並不少見，這是未來學會發展智庫功能時可著墨之處。

　　綜上，本文建議教育學會在評估發展為智庫的可能性時，可考慮由現階段研討會與專業期刊之功能性，對應上述五點進行功能強化與擴充。如在研討會流程設計中，可參考臺灣各協會、大學、大型計畫團隊發展審議式民主之經驗，加入公民會議（Consensus Conference）、願景工作坊（Scenario Workshop）、學習圈（Study Circles）、開放空間（Open Space Technology）、世界咖啡館（Open Café）等已於臺灣發展成熟的審議式民主參與模式（宋威穎，2021），驅策專業研討會向公眾開放和對話，與現實社會就重要教育議題對接連結，並降低群眾對於學會因學術專業導致之距離感。如蔡進雄（2018）所提及，教育類智庫應強化連結與交流，並在大學增設各類教育政策研究中心，也是擴展教育類智庫功能的重要前進基礎，而林官蓓等（2015）則建議必須建立智庫績效評估的制度，使得智庫的發展更為完備。專業期刊部分，亦建議由社會影響力（Social Impact）概念著手，於專業研討會以上述民主審議參與模式向公眾揭露重要議題研究成果，並由公眾對話獲得反饋，由此逐漸引導學會朝向具社會影響力、包容性和公共論述空間的教育智庫轉型。

參考文獻

一、中文部分

Bogdanich, Walt & 傅才德（2018年12月19日）。麥肯錫在中國：如何與威權政府做生意。**紐約時報中文網**。https://cn.nytimes.com/asia-pacific/20181219/mckinsey-china-russia/zh-hant/

王揚宇（2022年5月10日）。人本：過半家長贊成立法禁止家內體罰盼有配套措施。**中央社**。https://www.cna.com.tw/news/aipl/202205100247.aspx

王麗雲（2006）。智庫對教育政策歷程影響之研究。**當代教育研究季刊，14**(3)，91-126。

江明修（1999）。**非營利組織遊說功能之研究**。行政院國家科學委員會專題研究計畫成果報告。NSC 88-2416-H-004026-E21。

吳清山（2011）。**開創教育研究新境界**。國家教育研究院電子報。https://epaper.naer.edu.tw/edm.php?grp_no=1&edm_no=13&content_no=304

宋威穎（2021）。**公民審議的多元參與模式與型態：審議民主實務操作介紹**。新作坊。https://www.hisp.ntu.edu.tw/report_paper?id=401

林官蓓、林佳穎、林立生、羅栩淳（2015）。兩岸教育研究智庫組織內容、功能、與運作方式之比較研究。**彰化師大教育學報，27**，21-42。

孫本初（2005）。論治理模式在政府與非營利組織互動中之應用。人事月刊，**241**(3)，8-19。

孫克難（2011）。智庫角色、政策研究與專業培養－中經院與我三十年。**經濟前瞻，136**，31-36。

馬博元（2011）。智庫在華府。**外交部通訊，29**，2。

國家教育研究院（n.d.）。**發展願景**。國家教育研究院官方網站。https://www.naer.edu.tw/PageDoc/Detail?fid=39&id=5

許家豪（2018）。**從非政府組織以科學倫理觀點看政府決策制定之現況與建議**。財團法人國家實驗研究院科技政策研究與資訊中心。

陳榮政、劉品萱（2016）。我國教育政策智庫之定位與角色分析：以國家教育研究院為例。**教育行政與評鑑學刊**，**20**，1-26。

臺灣教育哲學學會。**本學會對擬廢除高考教育行政「比較教育」及「教育哲學」兩門考科之建議**。臺灣教育哲學學會官方網站。https://tpes.website/?p=1242

蔡允棟（2006）。民主行政與網絡治理：「新治理」的理論探討及類型分析。**臺灣政治學刊**，**10**(1)，163-209。

蔡進雄（2018）。我國智庫與教育政策關係之展望。**教育行政論壇**，**10**(1)，1-20。

謝卓君（2022）。教育治理之跨域途徑與協力策略。**教育研究集刊**，**68**(2)，39-79。

羅智華（2010年11月17日）。教研院定位最高教智庫。人間福報。https://www.merit-times.com/NewsPage.aspx?unid=209186

二、英文部分

Asian Development Bank (2006). *Review of the Implementation of ADB's Governance and Anticorruption Policies: Findings and Recommendations*. Manila.

Dror, Y. (1984). Required Breakthroughs in Think Tanks. *Policy Sciences*, *16*(3), 199-225.

Levien, Roger E. (1969). *Independent Policy Analysis Organizations — A Major Social Invention*. Santa Monica, CA: The Rand Corporation, P-4231.

Melnick, Rob (1999). University Policy Centers and Institutes: The Think Tank as Public Service Function. *Metropolitan Universities*, *10*(1), 9-20.

Weaver, R. (1989). The Changing World of Think Tanks. *PS: Political Science & Politics*, *22*(3), 563-578. doi:10.2307/419623.

Weaver, R. Kent. & McGann, James G. (2000). *Think tanks & civil societies: catalysts for ideas and action*. New Brunswick, N.J.; London: Transaction Publishers.

國家圖書館出版品預行編目資料

教育智庫／王如哲，蘇永明，陳榮政，李重
毅，黃耀農，楊思偉，李宜麟，梁忠銘，潘
慧玲，吳清山，林明地，楊慶煜，葉興華，
朱俊彥，楊洲松合著；黃政傑，吳麗君主
編.--初版.--臺北市：五南圖書出版股份有
限公司, 2023.10
面 ； 公分. -- (前瞻教育系列)
ISBN 978-626-366-006-9(平裝)
1.CST: 教育發展 2.CST: 比較教育
3.CST: 文集
520.7   112004826

117R

教育智庫

主　　　編 — 黃政傑、吳麗君

作　　　者 — 王如哲、蘇永明、陳榮政、李重毅、黃耀農
　　　　　　楊思偉、李宜麟、梁忠銘、潘慧玲、吳清山
　　　　　　林明地、楊慶煜、葉興華、朱俊彥、楊洲松

發 行 人 — 楊榮川

總 經 理 — 楊士清

總 編 輯 — 楊秀麗

副總編輯 — 黃文瓊

責任編輯 — 李敏華

封面設計 — 陳亭瑋

出 版 者 — 五南圖書出版股份有限公司

地　　　址：106台北市大安區和平東路二段339號4樓

電　　　話：(02)2705-5066　　傳　　真：(02)2706-6100

網　　　址：https://www.wunan.com.tw

電子郵件：wunan@wunan.com.tw

劃撥帳號：01068953

戶　　　名：五南圖書出版股份有限公司

法律顧問　林勝安律師

出版日期　2023年10月初版一刷

定　　　價　新臺幣420元

經典永恆·名著常在

五十週年的獻禮——經典名著文庫

五南，五十年了，半個世紀，人生旅程的一大半，走過來了。

思索著，邁向百年的未來歷程，能為知識界、文化學術界作些什麼？

在速食文化的生態下，有什麼值得讓人雋永品味的？

歷代經典·當今名著，經過時間的洗禮，千錘百鍊，流傳至今，光芒耀人；

不僅使我們能領悟前人的智慧，同時也增深加廣我們思考的深度與視野。

我們決心投入巨資，有計畫的系統梳選，成立「經典名著文庫」，

希望收入古今中外思想性的、充滿睿智與獨見的經典、名著。

這是一項理想性的、永續性的巨大出版工程。

不在意讀者的眾寡，只考慮它的學術價值，力求完整展現先哲思想的軌跡；

為知識界開啟一片智慧之窗，營造一座百花綻放的世界文明公園，

任君遨遊、取菁吸蜜、嘉惠學子！